汽车专业"1+X"课证融通创新教材
高职高专汽车类专业创新一体化教材

汽车底盘电控系统原理与检修一体化教程

（彩色版）

主 编 杨智勇 金艳秋 翟 静

机械工业出版社

本书是"1+X"课证融通模式理实一体化教材，紧密围绕"1+X"汽车运用与维修职业技能等级证书的等级标准和考核项目，系统地介绍了汽车底盘电控系统各总成和部件的结构、工作原理及拆装与检修职业技能，将具体内容按照项目描述、岗位核心能力、相关知识、相关技能及维修实例的形式进行编排。本书共分四个项目：电控自动变速器的检修，电控悬架系统的检修，电控动力转向系统的检修，防滑控制系统、巡航控制系统与轮胎胎压监测系统的检修。本书内有微课二维码，随书附赠《复习题及实训工作页》分册，便于教学使用。

本书可作为高职高专院校相关课程的教材，也可作为汽车技术人员的培训教材和参考用书。

本书配备教学课件，选用本书作为教材的教师可在机械工业出版社教育服务网（www.cmpedu.com）注册后免费下载，或添加客服人员微信13070116286获取。

图书在版编目（CIP）数据

汽车底盘电控系统原理与检修一体化教程：彩色版 / 杨智勇，金艳秋，翟静主编 . — 北京：机械工业出版社，2021.8（2025.7 重印）
高职高专汽车类专业创新一体化教材
ISBN 978-7-111-68921-8

Ⅰ. ①汽⋯ Ⅱ. ①杨⋯ ②金⋯ ③翟⋯ Ⅲ. ①汽车-底盘-电气控制系统-理论-高等职业教育-教材 ②汽车-底盘-电气控制系统-车辆修理-高等职业教育-教材 Ⅳ. ① U472.41

中国版本图书馆CIP数据核字（2021）第162148号

机械工业出版社（北京市百万庄大街22号　邮政编码100037）
策划编辑：齐福江　　　　　　责任编辑：齐福江
责任校对：潘　蕊　　　　　　封面设计：张　静
责任印制：李　昂
涿州市殷润文化传播有限公司印刷
2025年7月第1版第6次印刷
184mm×260mm·16.75印张·412千字
标准书号：ISBN 978-7-111-68921-8
定价：69.00元（含实训工作页）

电话服务	网络服务
客服电话：010-88361066	机 工 官 网：www.cmpbook.com
010-88379833	机 工 官 博：weibo.com/cmp1952
010-68326294	金　书　网：www.golden-book.com
封底无防伪标均为盗版	机工教育服务网：www.cmpedu.com

Preface 前　言

汽车底盘电控系统是高职院校汽车检测与维修、汽车电子技术等专业的一门核心专业课程。为了适应新的高职教育模式的要求，使学生能够系统地学习汽车底盘电控系统的知识与技能，并体现"做中学"和"基于工作过程"的教学理念，我们组织高职院校教师及企业专家编写了本书。

为了符合高等职业"1+X"课证融通教育教学的特点，达到课程内容与职业标准对接、教学过程与生产过程对接的目的，本书紧紧围绕汽车专业教育教学改革的要求，注重职业教育的特点，按技能型、应用型人才培养的模式进行设计构思。

本书根据项目教学的要求，将具体内容按照项目描述、岗位核心能力、相关知识、相关技能及维修实例的形式进行编排。本书共分四个项目：电控自动变速器的检修，电控悬架系统的检修，电控转向系统的检修，防滑控制系统、巡航控制系统与轮胎胎压监测系统的检修。本书在编写时，从高等职业教育的实际出发，结合教学和行业实际的需要，在内容上注重实训教学环节的重要性和动手能力的培养，具有针对性和实用性，强化了实践教学。

为了适应汽车技术的飞速发展与不断更新，本书在编写过程中突出以下特点：

（1）按照汽车结构特点编写，与汽车类专业规划教材的分类相对应，在总体设计上根据"1+X"汽车专业领域职业技能等级证书的内容，采用项目任务形式，每个任务均能够体现工作过程，使学生能够通过每个任务的学习，循序渐进地由初级、中级和高级逐步掌握汽车底盘电控系统检修的知识和技能。

（2）在内容组织上，采用项目化、任务驱动设计，将技能点、知识点进行有效融合，以"1+X"职业技能等级证书标准为依据，注重对学生操作规范化、职业化的素质培养。

（3）在表现形式上，使用了大量的便于学生理解的实物图片，介绍了汽车新技术和实用技术知识。

（4）学习任务的选取，是在"1+X"课证融通相应的项目上进行知识、技能的整合，提炼出满足要求的知识点和技能点，突出以知识为目标，以实践为载体，以学习能力的培养为核心。

（5）配备有相关技能训练工单和复习题，用于检验学习效果。

（6）采用"互联网＋教育"的形式，即可通过手机扫描二维码来观看动画、视频的形式进行学习，解决从抽象思维到形象思维的转变，有效提高学生的学习兴趣。

（7）列举一些典型车型的维修实例，注意理论与实践的紧密结合。

本书由辽宁省交通高等专科学校杨智勇、金艳秋、翟静任主编，南昌汽车机电学校陈百强、宋晓、辽宁交通高等专科学校刘杨、耿炎任副主编，全书由杨智勇统稿。参加本书编写工作的还有辽宁省交通高等专科学校卢中德和郭明华、鞍山和佳汽车销售服务有限公司贾宏波等。

本书可作为高职高专院校汽车类专业相关课程的教材，也可作为汽车技术人员的培训教材和参考用书。

为了方便教学，本书提供了大量的教学资源，包括PPT课件、实训工作页、复习题答案、课程标准、电子教案、动画或视频、维修手册及"1+X"考核模式资料等，使用本书的教师可在机械工业出版社教材服务网下载课件。

由于作者水平所限，书中难免有不当之处，恳请使用本书的师生和读者批评指正。

编者

目录

前言

项目一　电控自动变速器的检修　001

任务一　常规电控自动变速器的检修 // 001
相关知识
一、自动变速器的基本组成及工作原理 // 002
二、液力变矩器的组成及工作原理 // 006
三、齿轮变速机构的组成及工作原理 // 010
四、液压控制系统的组成及工作原理 // 025
五、电子控制系统的组成及工作原理 // 032
六、自动变速器性能试验 // 041
七、自动变速器的常见故障 // 043

相关技能
一、液力变矩器的检修 // 045
二、齿轮变速机构的检修 // 046
三、自动变速器控制系统的检修 // 050
四、自动变速器的基本检查与性能试验 // 053

维修实例

任务二　无级变速器的检修 // 056
相关知识
一、无级变速器的组成与基本工作原理 // 056
二、典型车型无级变速器的结构与工作原理 // 059

相关技能
一、ATF 油位的检查 // 069
二、更换 ATF // 069
三、无级变速器的检修流程 // 069

维修实例

任务三　双离合器自动变速器的检修 // 070
相关知识
一、双离合器自动变速器基本知识 // 071
二、双离合器自动变速器的结构与工作原理 // 073

相关技能
一、ATF 的检查 // 088
二、更换 ATF // 088
三、双离合器端盖的拆装 // 088
四、双离合器的拆装 // 089

维修实例

项目二　电控悬架系统的检修　095

相关知识
一、电控悬架的类型与控制功能 // 096
二、电控悬架系统主要部件结构 // 100
三、典型车型电控悬架系统简介 // 110
四、电控悬架常见故障分析 // 112

相关技能

一、电控悬架系统的功能检查 // 114

二、电控悬架系统故障自诊断 // 115

三、电控悬架系统输入信号的检查 // 116

四、电控悬架系统线路及元件检查 // 117

维修实例

项目三　电控动力转向系统的检修　　127

相关知识

一、电控动力转向系统的类型与优点 // 128

二、液压式电控动力转向系统 // 128

三、电动式电控动力转向系统 // 136

四、大众车系电动式电控动力转向系统 // 141

五、四轮转向系统 // 148

相关技能

一、液压式电控动力转向系统的检修 // 149

二、电动式电控动力转向系统的检修 // 152

维修实例

项目四　防滑控制系统、巡航控制系统与轮胎胎压监测系统的检修　　154

任务一　防抱死制动系统的检修 // 155

相关知识

一、ABS 的基本特性与类型 // 155

二、ABS 的基本组成与工作原理 // 158

三、ABS 的主要部件 // 159

四、大众车型 ABS 简介 // 168

五、电子制动力分配系统 // 170

六、ABS 的检修与维护 // 172

相关技能

一、ABS 主要部件的检查 // 176

二、车辆的路试 // 177

三、制动液的更换 // 177

维修实例

任务二　驱动防滑控制系统与电子稳定程序控制系统的检修 // 179

相关知识

一、驱动防滑控制系统 // 180

二、电子稳定程序控制系统 // 191

相关技能

一、驱动防滑控制系统的检修 // 200

二、电子稳定程序控制系统的检修 // 203

维修实例

任务三　巡航控制系统与轮胎胎压监测系统的检修 // 207

相关知识

一、巡航控制系统 // 207

二、轮胎胎压监测系统 // 213

相关技能

一、巡航控制系统的检修 // 215

二、轮胎胎压监测系统的检修 // 216

维修实例

参考文献 // 219

项目一
电控自动变速器的检修

→ 项目描述

随着电子技术和计算机技术的迅速发展,由微型计算机控制的自动变速器已经在各种车辆上得到了广泛的应用和普及。使用自动变速器的车辆,驾驶人不需经常地变换档位,自动变速器会根据汽车道路行驶条件和载荷情况,以最低油耗及最佳换档时间进行自动换档,使自动变速器的综合性能指标均达到最佳优化水平。自动变速器必须满足车辆的正常行驶需要。如果自动变速器维护或使用不当,会导致车辆行驶无力或不能行驶,直接影响车辆的正常使用。因此在汽车维修过程中,对自动变速器应进行检查、维护等作业。

本项目主要介绍汽车传动系统的结构、工作原理及检修方法。本项目包括以下三个任务:

任务一　常规电控自动变速器的检修
任务二　无级变速器的检修
任务三　双离合器自动变速器的检修

通过以上三个任务的学习,学生将能够描述汽车电控自动变速器的基本组成、总体构造和工作原理,熟悉电控自动变速器的检修方法,学会常规电控自动变速器、无级变速器和双离合自动变速器的拆装、检查、调整、维护及故障诊断与排除方法等知识。

任务一　常规电控自动变速器的检修

岗位核心能力

◎ 知识目标

1)能够熟悉自动变速器的基本组成与工作原理。
2)能够熟悉自动变速器主要部件的结构、工作过程和检修方法。

◎ 技能目标

1)能够对自动变速器进行正确的检查。

2）能够对自动变速器进行正确的使用与维护。

3）能够对自动变速器的常见故障进行检修。

案例导入

一辆2011款奔驰C200 CGI时尚型轿车，装备1.8T发动机和7档常规电控自动变速器（7G-TRONIC PLUS），行驶里程为8.3万km，该车在加速行驶时，发动机转速很高但不能使车速很快提高，在平直的路面行驶时基本正常，但在上坡时发动机转速很高，车辆却行驶无力。根据该车的故障现象，初步分析为自动变速器有故障。

为了正确地判断自动变速器的故障，查明故障原因，作为汽车维修人员必须了解自动变速器分类、组成等相关的基础知识，熟悉自动变速器的结构、工作原理与故障诊断方法，为排除相关故障打下基础。

相关知识

一、自动变速器的基本组成及工作原理

自动变速器（Automatic Transmission AT）是指汽车驾驶中离合器的操纵和变速器的操纵都实现自动化的变速装置。目前自动变速器的自动换档过程都是自动变速器的电子控制单元（ECU，俗称电脑）控制的，因此自动变速器又可简称为EAT、ECAT、ECT等。

1. 自动变速器的类型

自动变速器的类型可以按车辆驱动方式、控制方式、变速机构、档位数的不同来区分，见表1-1-1。

表1-1-1 自动变速器的类型

序号	分类方法	分　　类
1	按驱动方式分类	可分为前驱动自动变速器和后驱动自动变速器两种
2	按控制方式分类	可分为液压控制自动变速器和电子控制自动变速器两种。目前各大汽车制造厂商生产的自动变速器都采用了电子控制自动变速器
3	按变速机构分类	可以分为行星齿轮自动变速器和非行星齿轮自动变速器（又称平行轴式变速器）。行星齿轮自动变速器应用最广泛，又可以分为辛普森式、拉维娜式等。非行星齿轮自动变速器应用较少只在本田等个别车系中应用
4	按自动变速器前进档的档位数分类	按照自动变速器变速杆置于前进档时的档位数，可以分为5档、6档、7档等自动变速器，目前比较常见的是5档和6档自动变速器

前轮驱动车型的自动变速器与驱动桥合为一体，又常称为自动变速驱动桥；后轮驱动车型的自动变速器与驱动桥是分开的。这两种自动变速器在结构与布置上有很大的不同，如图1-1-1所示。

项目一　电控自动变速器的检修

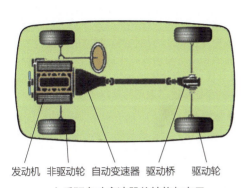

a) 后驱自动变速器的结构与布置　　　　b) 前驱自动变速器的结构与布置

图 1-1-1　前驱和后驱自动变速器的结构与布置

2. 自动变速器的组成

如图 1-1-2 所示,液力自动变速器主要由液力变矩器、齿轮变速机构、换档执行机构、液压控制系统、电子控制系统和冷却滤油装置（图中未画出）等组成,液力自动变速器组成部件的作用见表 1-1-2。

自动变速器的组成

图 1-1-2　液力自动变速器的组成

表 1-1-2　液力自动变速器组成部件的作用

序号	组成部件	作　用
1	液力变矩器	液力变矩器位于自动变速器的最前端,安装在发动机的飞轮上。它是一个通过自动变速器油（ATF）传递动力的装置,可以实现动力的柔和传递。液力变矩器的主要作用是利用油液循环流动将发动机的动力传递给自动变速器的输入轴,并能根据汽车行驶阻力的变化,在一定范围内自动改变传动比和转矩比,具有一定的减速增矩功能。液力变矩器还具有自动离合器的功用,在发动机不熄火、自动变速器位于动力档（D 位或 R 位）的情况下,汽车可以处于停车状态

003

（续）

序号	组成部件	作　用
2	齿轮变速机构	齿轮式变速机构是实现变速或变向传递动力的机构。自动变速器中的齿轮变速机构所采用的形式有行星齿轮式和非行星齿轮式（普通齿轮式）两种。采用非行星齿轮式的变速器，由于尺寸较大，最大传动比较小，只有少数车型采用。目前绝大多数轿车自动变速器中的齿轮变速器采用的是行星齿轮式
3	换档执行机构	换档执行机构用来改变齿轮变速机构中的主动元件或限制某个元件的运动，改变动力传递的方向和速比，主要由多片式离合器、制动器和单向离合器等组成
4	液压控制系统	液压控制系统主要包括供油部分和液压控制部分。供油部分由油泵、调压阀、油箱、过滤器及管道等组成。液压控制部分由各种控制阀和相应的油路组成。各种控制阀和油路设置在一个板块内，称为阀体总成。液压控制系统是由油泵、各种控制阀及与之相连通的液压换档执行元件（如离合器、制动器）组成的液压控制回路。汽车行驶中根据驾驶人的要求和行驶条件的需要，控制离合器和制动器工作状况的改变来实现变速器的自动换档
5	电子控制系统	电子控制系统将自动变速器的各种控制信号输入ECU，经ECU处理后发出控制指令，控制各种电磁阀的接通或断开，通过控制液压系统控制换档离合器和制动器的供油油路，使离合器接合或分开、制动器制动或释放，实现自动换档，并改善换档性能
6	冷却滤油装置	ATF在自动变速器工作过程中会因冲击、摩擦产生热量，并且还会吸收齿轮传动过程中所产生的热量，油温会升高。油温升高将导致ATF黏度下降，传动效率降低，因此必须对ATF进行冷却，保持油温在80~90℃。自动变速器是通过油冷却器与冷却液或空气进行热量交换来实现冷却的。自动变速器工作中各部件磨损产生的机械杂质，由滤油器从油中过滤分离出去，以减小机械的磨损、液压油路的堵塞和控制阀的卡滞

3. 自动变速器的工作原理

（1）液压控制自动变速器的工作原理　图1-1-3所示为液控自动变速器的组成与工作原理图。液控自动变速器是通过机械传动方式，将汽车行驶时的车速和节气门开度这两个主控制参数转变为液压控制信号；液压控制系统的阀板总成中的各控制阀根据这些液压控制信号的变化，按照设定的换档规律，操纵换档执行元件动作以实现自动换档。

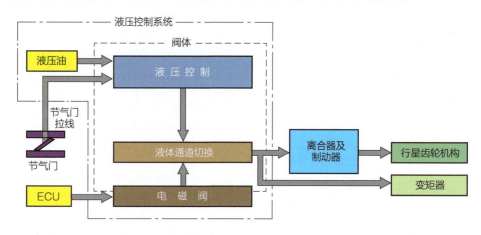

图1-1-3　液控自动变速器的组成与工作原理

（2）电控自动变速器的工作原理 图 1-1-4 所示为电控自动变速器的工作原理图。它是通过各种传感器，将发动机的转速、节气门开度、车速、发动机冷却液温度、ATF 温度等参数信号输入 ECU，ECU 根据这些信号，按照设定的换档规律，向换档控制电磁阀发出控制信号，换档电磁阀再将 ECU 的控制信号转变为液压控制信号，阀板中的各控制阀根据这些液压控制信号，控制换档执行元件的动作，从而实现自动换档。

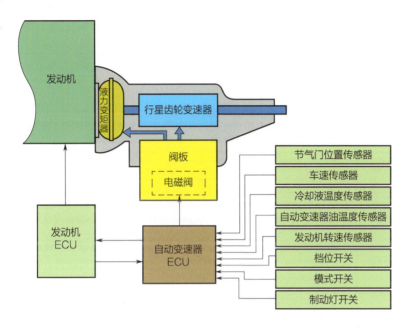

图 1-1-4 电控自动变速器工作原理图

4. 自动变速器变速杆的布置与使用

自动变速器的换档操纵方式有变速杆式和按键（按钮）式两种。驾驶人通过操纵变速杆或按键进行档位选择，使车辆前进、停止或倒退。常见的变速杆一般布置在驾驶室地板上或转向柱（已很少见）上，按键式一般布置在驾驶室地板上或仪表板上，如图 1-1-5 所示。

a）自动变速器变速杆　　b）手自一体变速器变速杆　　c）按键式电子换档装置

图 1-1-5 自动变速器变速杆位置示意图

自动变速器变速杆一般设有 P 位、R 位、N 位、D 位，有的自动变速器变速杆设有 OD、3、2（S）、L（1）位等。

自动变速器各档位名称及功用见表1-1-3。

表1-1-3 自动变速器各档位名称及功用

档位	档位名称	档位功用
P	驻车档	驻车时使用。变速杆在P位时,驻车锁定机构将变速器的输出轴锁住,使驱动轮不能转动,可防止车辆移动。当换入其他档位时,停车锁定机构被解除锁定
R	倒档	倒车时使用。变速杆在R位时,自动变速器处于倒档状态,驱动轮反转,实现倒档行驶
N	空档	起动及临时停车时使用。变速杆处于N位时,换档执行机构的动作和停车档相同,处于空档状态。发动机只有在变速杆处于P位或N位时,才能起动。该功能依靠空档起动开关来实现
D	前进档	一般行驶条件下使用。当变速杆处于D位时,换档执行机构使变速器处在前进档中,并能实现自动升降档
3	前进低档	用于一般和上下坡行驶条件下使用。当变速杆处在3位时,变速器根据换档条件可在前进1~3档间自动升降
2(S)	前进低档	用于发动机制动或在松软打滑路面上行驶。当变速杆处在2位时,自动变速器只能在1、2档间自动换档,并使汽车获得发动机的制动作用
L(1)	前进低档	用于发动机制动。当变速杆位于1位时,变速器被锁定在前进档的1档,这时发动机的制动作用更强,该档多用于山区行驶、爬陡坡或下坡时,能有效地利用发动机的制动作用来稳定车速
OD	超速档	用于高速行驶。一般为最高前进档,设有专门的锁止开关,只有在规定条件达到后才能接通开关

5. 自动变速器的特点

自动变速器的特点见表1-1-4。

表1-1-4 自动变速器的特点

优 点	缺 点
1. 操纵简单省力,减轻驾驶人的劳动强度,提高行车安全性,行驶平稳、舒适性好	1. 与手动变速器相比结构较为复杂,制造难度大,生产成本高
2. 有效地衰减传动系的扭转振动,并能防止传动系过载	2. 维修较困难,维修费用稍高
3. 延长发动机及传动部件的寿命,改善和提高了汽车的动力性	3. 传动效率较低
4. 减少了燃油消耗,降低了排放污染	—

二、液力变矩器的组成及工作原理

液力变矩器安装在发动机的飞轮上,是构成自动变速器不可缺少的重要组成部分。液力变矩器的结构和性能直接决定自动变速器的传动效率。

1. 液力变矩器的功用与组成

(1)液力变矩器的功用 液力变矩器位于发动机和齿轮变速器之间,以ATF为工作介质,主要功用见表 1-1-5。

表 1-1-5 液力变矩器的功用

序号	功用	说明
1	传递动力	发动机的动力通过液力变矩器的主动元件，再通过 ATF 传给液力变矩器的从动元件，最后传给变速器，由于采用 ATF 传递动力，液力变矩器的动力传递柔和，且能防止传动系统过载
2	无级变速	根据工况的不同，液力变矩器可以在一定范围内实现转速和转矩的无级变化
3	自动离合	液力变矩器由于采用 ATF 传递动力，当踩下制动踏板时，发动机也不会熄火，此时相当于离合器分离；当抬起制动踏板时，汽车可以起步，此时相当于离合器接合
4	降速增矩、缓冲振动	在涡轮转速较低时，可增大发动机的输出转矩及减小变速器的输出转速，易于车辆起步；由于采用 ATF 作为传力介质，故可减小发动机的振动
5	驱动油泵	ATF 在工作的时候需要油泵提供一定的压力，而油泵一般是由液力变矩器壳体驱动的

（2）液力变矩器的组成　如图 1-1-6 所示，液力变矩器一般由泵轮、涡轮、导轮、单向离合器和锁止机构组成，其中，单向离合器安装在导轮内。液力变矩器主要部件的作用见表 1-1-6。

图 1-1-6 液力变矩器的组成

表 1-1-6 液力变矩器主要部件的作用

序号	部件	作用
1	泵轮	泵轮位于液力变矩器的后端与变矩器壳体刚性连接，变矩器壳体总成用螺栓固定于发动机曲轴后端，随发动机曲轴一起旋转。因此，泵轮是液力变矩器的输入元件，将发动机的机械能转变为 ATF 的液力能以驱动涡轮旋转，同时，泵轮还是 ATF 油泵的驱动装置
2	涡轮	涡轮位于泵轮前方，涡轮通过花键孔与自动变速器的输入轴相连，是液力变矩器的输出元件。涡轮上也装有弯曲方向与泵轮叶片相反的叶片，其叶片与泵轮叶片相对放置，中间留有 3mm 的间隙。涡轮是自动变速器的输入元件，将 ATF 液力能转变为机械能，传给变速器
3	导轮	导轮是液力变矩器的反应元件，位于泵轮和涡轮之间，其上也装有许多弯曲的叶片，通过单向离合器单方向固定在导轮轴或导轮套管上。因此，导轮只能向一个方向自由转动，可以在汽车起步和低速行驶时，增大变速器的输入转矩

（续）

序号	部件	作　用
4	单向离合器	单向离合器又称为自由轮机构、超越离合器，其功用是实现导轮的单向锁止。常见的单向离合器有楔块式和滚柱式两种。楔块式单向离合器的结构和工作原理如图1-1-7所示。当外座圈顺时针转动时，外座圈和内座圈的相对运动使楔块顺时针转动，因此，楔块不干涉外座圈的顺时针旋转；当外座圈逆时针旋转时，外座圈和内座圈的相对运动使楔块逆时针转动，楔块将内外座圈锁成一体
5	锁止机构	由于液力变矩器的泵轮和涡轮之间存在着转速差和液力损失，其效率不如普通机械式变速器高，为了提高液力变矩器在高转速比工况下的效率，绝大部分液力变矩器中都增设了锁止机构，使变矩器输入轴与输出轴刚性连接，提高传动效率，提高汽车在正常行驶时的燃油经济性，并防止ATF过热。目前多数液力变矩器上采用锁止离合器作为锁止装置，其接合和分开是由液力变矩器中的液压油的流向改变决定的，如图1-1-8所示。当车辆起步、低速或在坏路面上行驶时，此时ATF按图1-1-8a所示的方向流动，锁止离合器分离，此时液力变矩器具有变矩作用；当车速增高时，ATF按图1-1-8b所示的方向流动，锁止离合器接合（锁止），将涡轮与泵轮连接成一体，此时液力变矩器无变矩作用

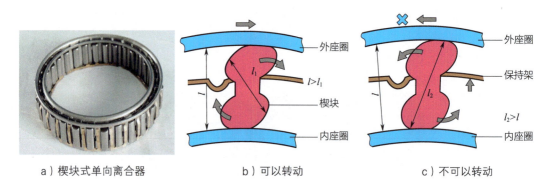

图1-1-7　楔块式单向离合器的结构与工作原理图

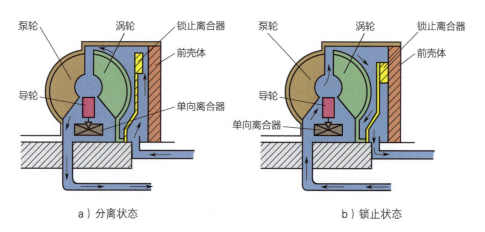

图1-1-8　锁止离合器的结构及工作原理

2. 液力变矩器的工作原理及特性

（1）液力变矩器的工作原理　液力变矩器工作时，壳体内充满ATF，发动机带动壳体旋转,壳体带动泵轮旋转,泵轮的叶片将ATF带动起来,并冲击到涡轮的叶片;如果作用在涡轮叶片上的冲击力大于作用在涡轮上的阻力,涡轮将开始转动,并使机械变速器的输入轴一起转动。泵轮和涡轮油液的流动如图1-1-9所示。

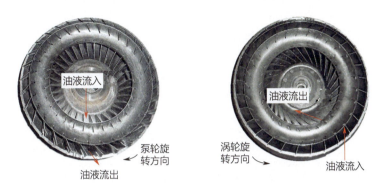

a) 泵轮油液的流动　　　　　　b) 涡轮油液的流动

图 1-1-9　泵轮和涡轮油液的流动

由涡轮叶片流出的 ATF 经过导轮后再流回到泵轮,形成如图 1-1-10 所示的循环流动。

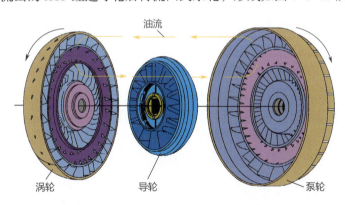

图 1-1-10　ATF 在液力变矩器中的循环流动

上述 ATF 的循环流动是两种运动的合运动。当液力变矩器工作,泵轮旋转时,泵轮叶片带动 ATF 旋转起来,ATF 绕着泵轮轴线作圆周运动;同样随着涡轮的旋转,ATF 也绕着涡轮轴线作圆周运动。旋转起来的 ATF 在离心力的作用下,沿着泵轮和涡轮的叶片从内缘流向外缘。当泵轮转速大于涡轮转速时,泵轮叶片外缘的液压大于涡轮外缘的液压。因此,ATF 在作圆周运动的同时,在上述压差的作用下由泵轮流向涡轮,再流向导轮,最后返回泵轮,形成在液力变矩器环形腔内的循环运动。

（2）液力变矩器的工作特性　液力变矩器的工作特性主要包括转矩放大特性、耦合工作特性和失速特性,具体内容可扫描二维码"液力变矩器的工作特性"学习。

液力变矩器的工作特性

3. 四元件液力变矩器

为了使液力变矩器的工作效率在进入耦合区之前不会显著下降,可采用两个导轮,分别安装在各自的单向离合器上，形成双导轮，即四元件液力变矩器，如图1-1-11所示。

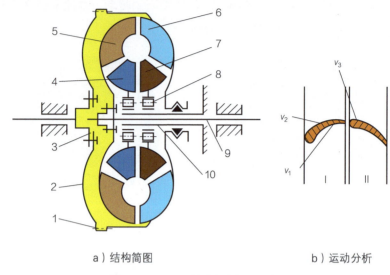

a）结构简图　　　　　　　　　　b）运动分析

图 1-1-11　四元件液力变矩器示意图

1—起动齿圈　2—变矩器壳　3—曲轴凸缘　4—第一导轮（Ⅰ）　5—涡轮　6—泵轮
7—第二导轮（Ⅱ）　8—单向离合器　9—输出轴　10—导轮固定套管
v_1—低转速比　v_2—中转速比　v_3—高转速比

四元件液力变矩器中的两个导轮具有不同的叶片进口角度，在低转速比时，两个导轮均被单向离合器锁住，按变矩器工况工作。在中转速比时，涡轮出口液流开始冲击第一导轮叶片背面，第一单向离合器松开，第一导轮与涡轮同向旋转，仅第二导轮仍在起变矩作用。在高转速比时，涡轮出口液流开始冲击第二导轮叶片背面，其单向离合器松开，第二导轮也与涡轮作同向旋转，变矩器全部转入耦合器工况工作。

➡ **小提示**：四元件液力变矩器虽然可增大变矩器的高效率工作范围，但结构更加复杂，很少使用。

三、齿轮变速机构的组成及工作原理

齿轮变速机构是自动变速器的重要组成部分，与液力变矩器串联组合，可以使转矩、转速的变化范围再扩大2~4倍，以满足汽车行驶的要求，同时实现倒档和空档。

齿轮变速机构可分为行星齿轮变速机构和非行星齿轮变速机构两种，目前多数齿轮变速机构都采用行星齿轮变速机构。行星齿轮变速机构由行星齿轮机构和换档执行机构组成，换档执行机构根据自动变速器控制系统的命令来接合或分离、制动或放松行星齿轮机构的某个元件，以改变动力传递路线来实现传动比的变化。

1. 行星齿轮机构

行星齿轮机构根据其组合形式的不同可分为单排行星齿轮机构和单排双级行星齿轮机构。

（1）单排行星齿轮机构　如图1-1-12所示，单排行星齿轮机构主要由一个太阳轮（也称中心轮）、一个带有若干个行星齿轮的行星架和一个齿圈（也称内齿圈）组成。

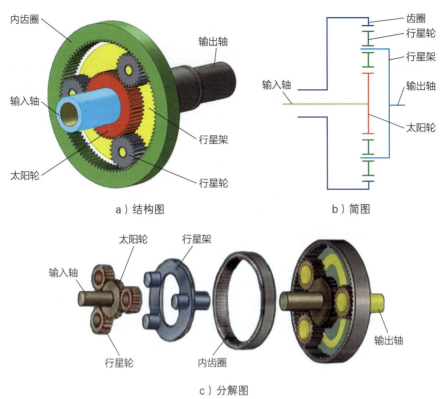

图 1-1-12 单排行星齿轮机构

齿圈上制有内齿，其余齿轮均为外齿。太阳轮位于机构的中心，行星轮与之外啮合，行星轮与齿圈内啮合。通常行星轮有 3~6 个，通过滚针轴承安装在行星轮轴上，行星轮轴对称、均匀地安装在行星架上。行星齿轮机构工作时，行星轮除了绕自身的轴线自转外，同时还绕着太阳轮公转，行星齿轮绕太阳轮公转，行星架也绕太阳轮旋转。

➡ **小提示**：因为太阳轮与行星轮是外啮合，所以二者的旋转方向是相反的；而行星轮与齿圈是内啮合，所以二者的旋转方向是相同的。

设太阳轮、齿圈、行星架的转速分别为 n_1、n_2、n_3，齿数分别为 z_1、z_2、z_3，齿圈齿数与太阳轮齿数之比 α，即 $\alpha=z_2/z_1$。根据能量守恒定律，由作用在单排行星齿轮机构各元件上的力矩和结构参数，可得出表示单排行星齿轮机构运动规律的特性方程式为

$$n_1+\alpha n_2-(1+\alpha)n_3=0$$

➡ **小提示**：由上式可知，单排行星齿轮机构有两个自由度，通过对太阳轮、齿圈和行星架三者中的某个元件的运动进行约束和限制，则机构就可以得到一个自由度，整个行星齿轮机构就可以以一定的传动比传递动力。

单排行星齿轮机构的动力传动方式如图 1-1-13 所示。

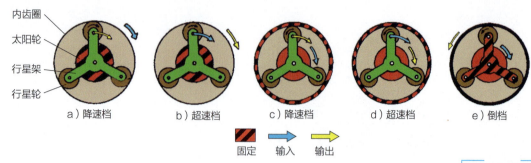

图 1-1-13　单排行星齿轮机构的动力传动方式

单排行星齿轮机构

1）齿圈为主动件（输入），行星架为从动件（输出），太阳轮固定，如图 1-1-13a 所示。此时，$n_1 = 0$，则传动比 i_{23} 为

$$i_{23} = \frac{n_2}{n_3} = 1 + \frac{1}{\alpha} > 1$$

由于传动比大于 1，说明为减速传动，可以作为降速档。

2）行星架为主动件（输入），齿圈为从动件（输出），太阳轮固定，如图 1-1-13b 所示。此时，$n_1 = 0$，则传动比 i_{32} 为

$$i_{32} = \frac{n_3}{n_2} = \frac{\alpha}{(1+\alpha)} < 1$$

由于传动比小于 1，说明为增速传动，可以作为超速档。

3）太阳轮为主动件（输入），行星架为从动件（输出），齿圈固定，如图 1-1-13c 所示。此时，$n_2 = 0$，则传动比 i_{13} 为

$$i_{13} = \frac{n_1}{n_3} = 1 + \alpha > 1$$

由于传动比大于 1，说明为减速传动，可以作为降速档。

对比这两种情况的传动比，由于 $i_{13} > i_{23}$，虽然都为降速档，但 i_{13} 是降速档中的低档，而 i_{23} 为降速档中的高档。

4）行星架为主动件（输入），太阳轮为从动件（输出），齿圈固定，如图 1-1-13d 所示。此时，$n_2 = 0$，则传动比 i_{31} 为

$$i_{31} = \frac{n_3}{n_1} = \frac{1}{(1+\alpha)} < 1$$

由于传动比小于 1，说明为增速传动，可以作为超速档。

5）太阳轮为主动件（输入），齿圈为从动件（输出），行星架固定，如图 1-1-13e 所示。此时，$n_3 = 0$，则传动比 i_{12} 为

$$i_{12} = \frac{n_1}{n_2} = -\alpha$$

由于传动比为负值，说明主从动件的旋转方向相反；又由于 $\alpha > 1$，说明为减速传动，可以作为倒档。

6）若使太阳轮、齿圈和行星架三个元件中的任何两个元件连为一体转动，即 $n_1 = n_2$，

$n_1=n_3$ 或 $n_2=n_3$ 时,则可以得到 $n_3=n_1=n_2$,传动比 $i=1$。整个行星齿轮机构中所有元件之间均无相对运动,用于变速器的直接档传动。

7)如果所有元件没有任何约束,则各元件的运动是不确定的,此时为空档。

(2)单排双级行星齿轮机构 单排双级行星齿轮机构的结构示意图和简图如图1-1-14所示。设太阳轮、齿圈和行星架的转速分别为 n_1、n_2 和 n_3,齿数分别为 z_1、z_2 和 z_3,齿圈与太阳轮的齿数比为 α,则其运动规律为

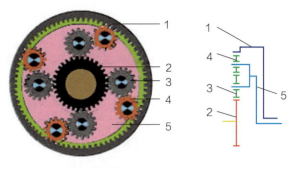

a)结构示意图　　　b)简图

图1-1-14　单排双级行星齿轮机构

1—内齿圈　2—太阳轮　3—内行星轮
4—外行星轮　5—行星架

$$n_1 - \alpha n_2 + (\alpha - 1)n_3 = 0$$

单排双级行星齿轮机构的运动分析与单行星排相同。

→ **小提示**:自动变速器中的行星齿轮变速器一般采用两排以上行星齿轮机构传动,其各档传动比就是按照上述单排行星齿轮机构传动规律进行合理组合而得到的。常见的行星齿轮变速器有辛普森式和拉维娜式的两种。

2. 换档执行机构

自动变速器若要实现传动比和传动方向的改变,就必须利用换档执行机构对行星齿轮机构中的不同元件进行约束和限制(固定或连接某些元件)。换档执行元件包括离合器、制动器和单向离合器。离合器和制动器以液压方式控制行星齿轮机构元件的运动方式,单向离合器以机械方式控制行星齿轮机构元件的运动方式。

(1)离合器　离合器的功用是连接轴和行星齿轮机构中的元件或连接行星齿轮机构中的不同元件。自动变速器上的离合器多采用多片湿式离合器。

1)离合器的组成。离合器主要由摩擦片、钢片、离合器鼓、活塞、复位弹簧等组成,如图1-1-15所示。

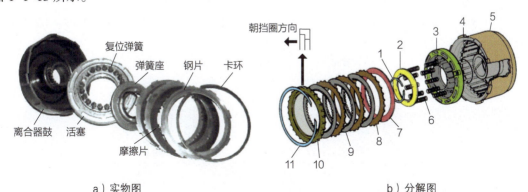

a)实物图　　　　　　　　　　　b)分解图

图1-1-15　离合器

1—卡环(卡簧)　2—弹簧座　3—活塞　4—O形圈　5—离合器鼓　6—复位弹簧
7—碟形弹簧　8—钢片　9—摩擦片　10—压盘　11—卡环

离合器鼓是一个液压缸，内圆轴颈上有进油孔与控制油路相通，通过花键与主动元件相连或与其制成一体，鼓内有内花键，钢片通过外缘键齿与离合器鼓的内花键槽配合，与主动元件同步旋转。摩擦片通过内缘键齿与花键毂相连，钢片和摩擦片均可以轴向移动，钢片和摩擦片交错排列，二者的接合与分离由离合器的活塞控制。压盘固定于离合器鼓键槽中，用以限制钢片、摩擦片的位移量，其外侧安装了限位卡环，活塞装于离合器鼓内，复位弹簧一端抵于活塞端面上；另一端支撑在保持座上，复位弹簧有周置螺旋弹簧、中央布置螺旋弹簧和中央布置碟形弹簧三种不同形式。

2）离合器的工作过程。离合器的工作原理如图 1-1-16 所示。

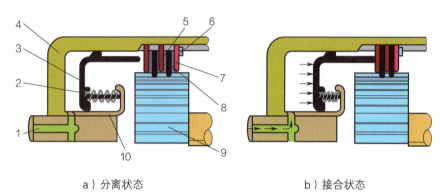

a）分离状态　　　　　　　　　b）接合状态

图 1-1-16　离合器工作原理

1—控制油道　2—复位弹簧　3—活塞　4—离合器鼓　5—主动片　6—卡环
7—压盘　8—从动片　9—花键毂　10—弹簧座

当一定压力的 ATF 经控制油道进入活塞左侧的液压缸时，液压作用力便克服弹簧力使活塞右移，将所有离合器片压紧，即离合器接合，与离合器主、从动部分相连的元件也被连接在一起，以相同的速度旋转。

当控制阀将作用在离合器液压缸的油压撤除后，离合器活塞在复位弹簧的作用下回复原位，并将缸内的变速器油从进油孔排出，使离合器分离，离合器主从动部分可以以不同转速旋转。

为了快速泄油，保证离合器彻底分离，一般在液压缸中都有一个单向球阀，如图 1-1-17 所示。当 ATF 被泄除时，球体在离心力的作用下离开阀座，开启辅助泄油通道，使 ATF 迅速泄除。

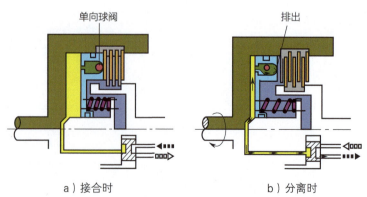

a）接合时　　　　　　　　　b）分离时

图 1-1-17　带单向安全阀的离合器

（2）制动器　制动器的功用是固定行星齿轮机构中的元件，防止其转动。自动变速器中采用的制动器有片式和带式两种形式。

1）片式制动器。片式制动器与片式离合器的结构和原理相同，不同之处是离合器是起连接作用而传递动力，而片式制动器是通过连接而起制动作用。片式制动器的结构如图 1-1-18 所示。

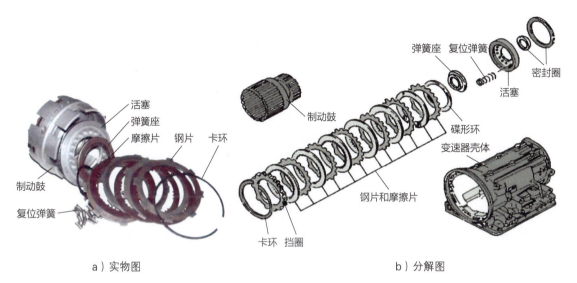

a）实物图　　　　　　　　　　　　b）分解图

图 1-1-18　片式制动器的结构

片式制动器的工作原理如图 1-1-19 所示，当活塞受到控制油压的作用时，活塞在活塞缸内运动，使摩擦片与钢片相互接触。其结果是，在每个摩擦片与钢片之间产生很大的摩擦力，使行星齿轮机构某一元件或单向离合器锁定在变速器壳体上。当控制油压降低时，由于复位弹簧的作用，活塞至原位，使制动解除。

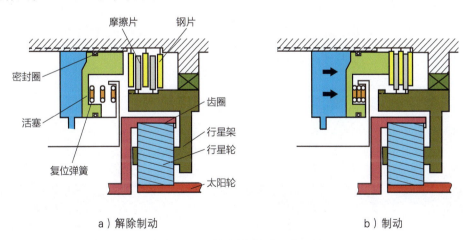

a）解除制动　　　　　　　　　　　　b）制动

图 1-1-19　片式制动器的工作原理

2）带式制动器。带式制动器由制动带和控制油缸等组成，如图 1-1-20 所示为带式制动器的零件分解图。制动带是内表面带有镀层的开口式环形钢带。制动带的一端支承在与变速器壳体固连的支座上，另一端与控制油缸的活塞杆相连。

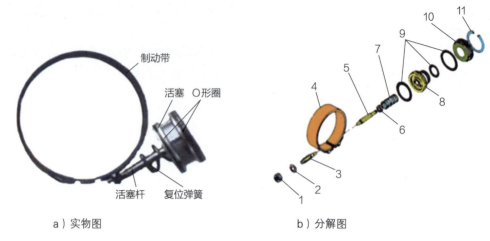

图1-1-20 带式制动器的零件分解图

1—锁紧螺母 2—垫圈 3—调整螺钉 4—制动带 5—活塞杆 6—止推垫圈 7—复位弹簧
8—活塞 9—O形圈 10—活塞定位架 11—卡环

制动器的工作原理如图1-1-21所示,制动带开口处的一端通过支柱支撑于固定在变速器壳体的调整螺钉上,另一端支撑于油缸活塞杆端部,活塞在复位弹簧和左腔油压作用下位于右极限位置,此时,制动带和制动鼓之间存在一定间隙。

制动时,压力油进入活塞右腔,克服左腔油压和复位弹簧的作用力推动活塞左移,制动带以固定支座为支点收紧。在制动力矩的作用下,制动鼓停止旋转,行星齿轮机构某元件被锁止。随着油压撤除,活塞逐渐回位,制动解除。

➡ **小提示**:若仅依靠弹簧张力,则活塞回位速度较慢,目前大多数制动器设置了左腔进油道。在右腔撤除油压的同时,左腔进油,活塞在油压和复位弹簧的共同作用下回位,可迅速解除制动。

图1-1-22所示为间接作用式伺服装置,活塞杆通过杠杆控制推杆的动作,由于采用杠杆结构将活塞作用力放大,制动力矩进一步增加。

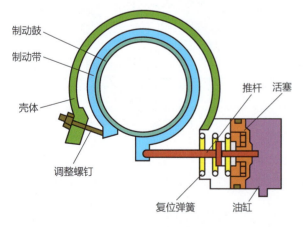

图1-1-21 制动器的工作原理

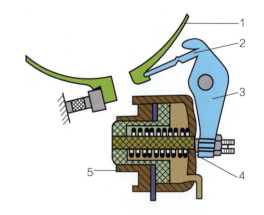

图1-1-22 间接作用式伺服装置

1—制动带 2—推杆 3—杠杆 4—活塞杆 5—壳体

（3）单向离合器　单向离合器的作用是使某一元件只能按一定方向旋转，而在另一方向上锁止。常见的单向离合器有楔块式和滚柱式两种结构形式，其结构和工作过程与液力变矩器中的单向离合器相同。

3. 辛普森行星齿轮机构

应用在自动变速器中的行星齿轮机构是由两排或三排以上的简单的行星齿轮机构组成的，归纳起来，使用比较普遍的两种复合式的行星齿轮机构是辛普森行星齿轮机构和拉维娜行星齿轮机构。尽管目前自动变速器品种、规格很多，但多数都是采用这两种典型行星齿轮机构与其他齿轮机构的组合。

现以丰田卡罗拉轿车 U341E 型自动变速器为例，介绍辛普森式行星齿轮自动变速器。

（1）辛普森式行星齿轮自动变速器的结构　丰田卡罗拉轿车配备的 U341E 型自动变速器采用了 CR-CR 式行星齿轮机构，即将两组间行星排的行星架 C 和齿圈 R 分别组配，该行星齿轮机构仅有四个独立元件（前太阳轮、后太阳轮、前行星架和后齿圈组件、后行星架和前齿圈组件），其特点是变速比大、效率高、元件轴的转速低。

如图 1-1-23 所示为 U341E 型自动变速器行星齿轮变速传动机构的结构，主要部件的功能见表 1-1-7，各换档执行元件的工作情况见表 1-1-8。

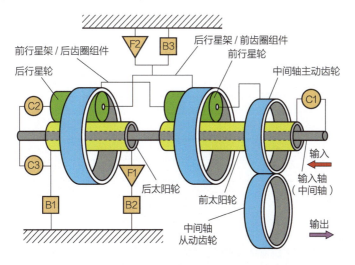

辛普森式行星齿轮变速机构及动力传递路线

图 1-1-23　U341E 型自动变速器行星齿轮变速传动机构的结构

表 1-1-7　U341E 型自动变速器行星齿轮变速传动机构主要部件功能

部件	功能
C1	前进档离合器	连接输入轴和前排太阳轮
C2	直接档离合器	连接输入轴和后排行星架
C3	倒档离合器	连接输入轴和后太阳轮
B1	OD 档和 2 档制动器	固定后排太阳轮
B2	2 档制动器	固定 F1 的外圈
B3	1 档和倒档制动器	固定后行星架/前齿圈组件

(续)

部件		功能
F1	1号单向离合器	与B2配合，阻止后太阳轮逆时针转动
F2	2号单向离合器	阻止后行星架/前齿圈组件逆时针转动
前行星轮组		根据各换档执行元件的工作情况，改变齿轮动力传递路线，以升高或降低输出转速
后行星轮组		
中间轴齿轮副		将动力传递给差速器，并改变传动方向，降低输出转速

表1-1-8　U341E型自动变速器行星齿轮变速传动机构各换档执行元件的工作情况

变速杆位置	档位	离合器			制动器			单向离合器	
		C1	C2	C3	B1	B2	B3	F1	F2
P	驻车档								
R	倒档			○			○		
N	空档								
D	1档	○							○
	2档	○				○		○	
	3档	○	○			○			
	4档		○		○				
3	1档	○							○
	2档	○				○		○	
	3档	○	○			○			
2	1档	○							○
	2档	○			○			○	
L	1档	○					○		○

注："○"表示工作。

（2）动力传递路线分析

1）1档。变速杆处于D位、3位和2位的1档时，参与工作的换档执行元件有C1、F2，动力传递路线如图1-1-24所示。1档时动力传递发生在前行星排，F2阻止前齿圈逆输入轴的旋转方向转动，此时，后排行星齿轮组没有元件被约束，因此处于空转状态，动力传递路线如下：

输入轴→C1→前太阳轮→前行星轮→前行星架→中间轴主、从动齿轮→输出轴

放松加速踏板时，前行星架转速高（接驱动轮），前太阳轮转速低（接发动机），使前齿圈试图被带动加速顺着前行星架（前太阳轮）的旋转方向转动。因为单向离合器F2不阻止前齿圈顺着行星架的旋转方向转动，整个行星排不能反向传递动力，所以无发动机制动效果。

为了提供有发动机制动的1档，在L位1档时，除了使上述的1档换档执行元件工作外，还使B3也工作，使得车辆行驶时，不论是踩下还是放松加速踏板，行星排都有动力传递能力，从而获得发动机制动效果。

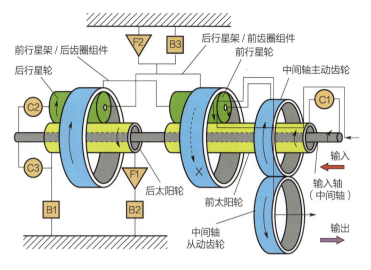

图 1-1-24 1 档动力传递路线

2) 2 档。变速杆处于 D 位和 3 位的 2 档时，参与工作的换档执行元件有 C1、B2、F1，动力传递路线如图 1-1-25 所示。2 档时动力传递发生在前、后两个行星排，B2、F1 联合作用，阻止后太阳轮逆输入轴的旋转方向转动，动力传递路线如下：

输入轴→C1→前太阳轮→前行星轮 → 前行星架 ─┐
　　　　　　　　　　　　　　　　前齿圈→后行星架 ─┼→中间轴主、从动齿轮→输出轴
　　　　　　　　　　　　　　　　后行星轮→后齿圈 ─┘

放松加速踏板时，前行星架和后齿圈组件转速高（接驱动轮），前太阳轮转速低（接发动机），使前齿圈和后行星架组件加速转动，进而使后太阳轮试图被带动加速顺着前行星架（前太阳轮）的旋转方向转动。因为单向离合器 F1 不阻止后太阳轮顺着行星架的旋转方向转动，整个行星排不能反向传递动力，所以无发动机制动效果。

为了提供有发动机制动的 2 档，在 2 位 2 档时，除了使上述的 2 档换档执行元件工作外，还使 B1 也工作，使得车辆获得发动机制动效果。

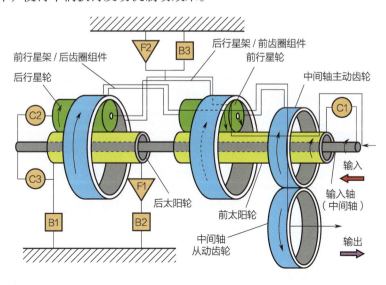

图 1-1-25 2 档动力传递路线

3）3档。变速杆处于D位和3位的3档时,参与工作的换档执行元件有C1、C2、B2,动力传递路线如图1-1-26所示。3档时前、后排行星齿轮机构互锁为一体旋转,动力传递路线如下:

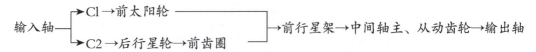

行星齿轮机构的三个元件(太阳轮、行星架、齿圈)中有两个转速相等(前太阳轮、前行星架都与输入轴相连),因此在放松加速踏板时,驱动轮的动力可以经前行星架传给前太阳轮,有发动机制动效果。

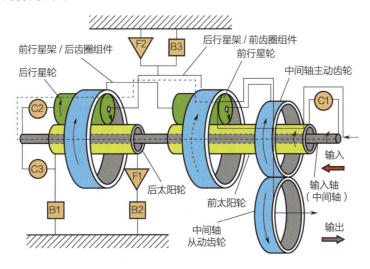

图1-1-26　3档动力传递路线

4）4档。变速杆处于D位的4档时,参与工作的换档执行元件有C2、B1、B2,动力传递路线如图1-1-27所示。4档时动力传递发生在后行星排,此时前排行星齿轮组处于空转状态,动力传递路线如下:

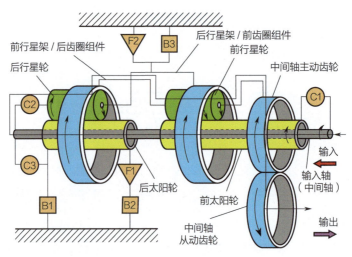

图1-1-27　4档动力传递路线

输入轴→C2→后行星架→后行星轮→后齿圈→中间轴主、从动齿轮→输出轴

因为行星齿轮机构的三个元件（太阳轮、行星架、齿圈）中有一个固定（后太阳轮被固定），因此在放松加速踏板时，驱动轮的动力可以经后齿圈传给后行星架，所以有发动机制动效果。

5）倒档。变速杆处于R位时，参与工作的换档执行元件有C3、B3，动力传递路线如图1-1-28所示。倒档时动力传递发生在后行星排，此时前排行星齿轮组处于空转状态，动力传递路线如下：

输入轴→C3→后太阳轮→后行星轮→后齿圈→中间轴主、从动齿轮→输出轴

行星齿轮机构的三个元件（太阳轮、行星架、齿圈）中有一个固定（后行星架被固定），因此在放松加速踏板时，驱动轮的动力可以经后太阳轮传给后齿圈，有发动机制动效果。

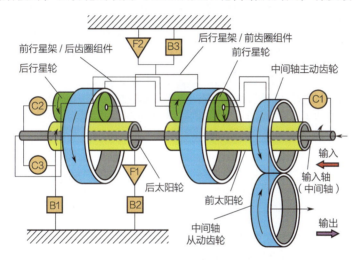

图1-1-28 倒档动力传递路线

4. 拉维娜式行星齿轮机构

下面以大众01V型自动变速器为例，介绍拉维娜式（Ravigneaux）行星齿轮机构。

（1）结构 大众01V型自动变速器行星齿轮机构与换档执行元件的位置如图1-1-29所示，动力传递路线示意图如图1-1-30所示。

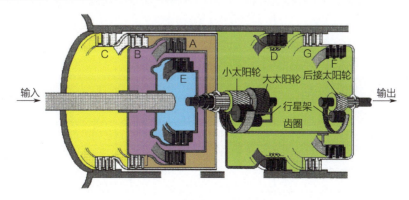

图1-1-29 大众01V型自动变速器行星齿轮机构与换档执行元件的位置

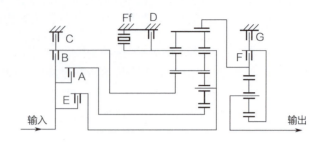

图 1-1-30　大众 01V 型自动变速器动力传递路线示意图

由图 1-1-29 和图 1-1-30 可知，其行星齿轮机构由一个主行星齿轮组（拉维娜式行星齿轮组）和一个次行星齿轮组（简单的单排单级行星齿轮机构）组合而成，其构件包括小太阳轮、大太阳轮、共用内齿圈、前行星架、后接太阳轮和后行星架（最终输出端）。换档执行元件包括四个片式离合器 A、B、E、F 和三个片制动器 C、D、G 以及一个单向离合器，各换档执行元件的作用见表 1-1-9。不同档位时，各换档执行元件的工作状态见表 1-1-10。

表 1-1-9　换档执行元件作用

换档执行元件	作　　用
离合器 A	驱动大太阳轮
离合器 B	驱动小太阳轮
离合器 E	驱动前行星架
离合器 F	驱动后接太阳轮
离合器 C	固定小太阳轮
离合器 D	固定前行星架
离合器 G	固定后接太阳轮
离合器 Ff	单向固定前行星架

表 1-1-10　换档执行元件工作状态

档　位	离合器				制动器			单向离合器
	A	B	E	F	C	D	G	Ff
直接1档	○					○		○
直接2档	○				○		○	
直接3档	○			○	○			
直接4档	○		○	○				
直接5档	○		○		○			
倒档（R）		○				○		
2.1档	○					○		○
直接5档到4档	(○)		○	○	(○)			

注："○"代表元件工作；"（○）"代表根据行驶状态起作用。

（2）动力传递路线分析　动力传递路线分析可扫描二维码"大众01V型自动变速器动力传递路线分析"学习。

大众01V型自动变速器动力传递路线分析

5. 平行轴式自动变速器

下面以本田MAXA型自动变速器为例，介绍平行轴式自动变速器。

广州本田雅阁轿车MAXA自动变速器采用电子控制式，主要由定轴式齿轮变速传动机构、液压控制系统和电子控制系统等三大部分组成，可以提供四个前进档和一个倒档。

（1）MAXA自动变速器的结构　如图1-1-31所示为广州本田雅阁轿车用MAXA自动变速器的结构，图1-1-32所示为纵剖视图，图1-1-33为MAXA自动变速器的齿轮机构。平行轴式齿轮变速传动机构主要由平行轴、各档齿轮和湿式多片离合器等组成。平行轴有三根，即主轴（输入轴）、中间轴和副轴（输出轴）。各档离合器的特点见表1-1-11。

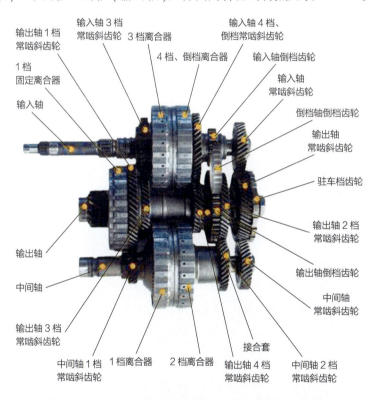

图1-1-31　广州本田雅阁轿车用MAXA自动变速器的结构

表1-1-11　各档离合器的特点

序号	离合器	特　　点
1	1档离合器	1档离合器可使1档齿轮实现啮合或脱离。1档离合器位于中间轴中部，它与2档离合器背向相接。1档离合器由中间轴内的ATF供油管提供液压
2	2档离合器	2档离合器可使2档齿轮实现啮合或脱离。2档离合器位于中间轴中部，它与1档离合器背向相接。2档离合器由来自中间轴与液压回路相连的回路提供液压

(续)

序号	离合器	特　点
3	3档离合器	3档离合器可使3档齿轮实现啮合或脱离。3档离合器位于主轴中部，它与4档离合器背向相接。3档离合器由主轴内与调节器阀相连的油道提供压力
4	4档离合器	4档离合器可使4档齿轮及倒档齿轮实现啮合或脱离。4档离合器与倒档齿轮一起位于主轴中部，4档离合器与3档离合器背向相接。4档离合器由主轴内ATF供油管提供液压
5	1档固定离合器	用于接合/分离1档或1档位置，它位于副轴的端部，液力变矩器的后面。1档固定离合器由副轴内的油道供给压力
6	单向离合器	单向离合器固定在副轴的1档齿轮和3档齿轮中间，通过3档齿轮花键与副轴连接在一起，3档齿轮为它提供内座圈表面；1档齿轮为它提供外座圈表面；当动力从中间轴的1档齿轮传递给副轴的1档齿轮时，单向离合器锁止；在D4位、D3位、2位的1档、2档、3档和4档时，1档离合器和1档齿轮保持啮合。但是，当2档、3档、4档离合器/齿轮在D4位、D3位、2位作用时，单向离合器分离，这是因为副轴上的齿轮增加的转速超过了单向离合器锁止的"转速范围"

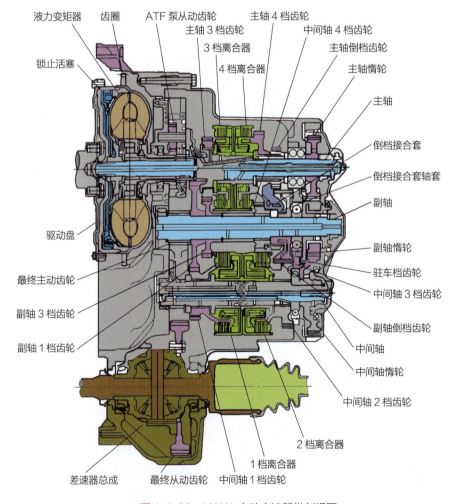

图1-1-32　MAXA自动变速器纵剖视图

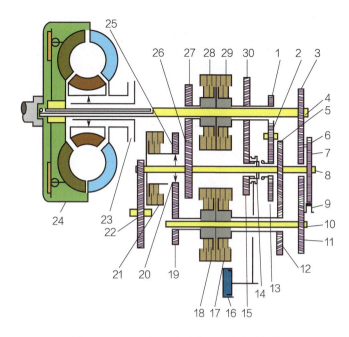

图 1-1-33 MAXA 自动变速器的齿轮机构

1—主轴倒档齿轮 2—倒档齿轮 3—主轴惰轮 4—主轴 5—副轴 2 档齿轮 6—副轴惰轮 7—驻车档齿轮 8—副轴 9—驻车锁销 10—中间轴 11—中间轴惰轮 12—中间轴 2 档齿轮 13—副轴倒档齿轮 14—倒档滑套 15—副轴 4 档齿轮 16—伺服液压缸 17—2 档离合器 18—1 档离合器 19—中间轴 1 档齿轮 20—单向离合器 21—1 档固定离合器 22—最终驱动齿轮 23—油泵 24—液力变矩器 25—副轴 1 档齿轮 26—副轴 3 档齿轮 27—主轴 3 档齿轮 28—3 档离合器 29—4 档离合器 30—主轴 4 档齿轮

（2）MAXA 自动变速器动力传递路线分析　MAXA 自动变速器动力传递路线分析具体内容可扫描二维码"MAXA 自动变速器动力传递路线分析"学习。

四、液压控制系统的组成及工作原理

自动变速器的自动换档控制是由电子控制系统控制液压控制系统的各种滑阀，通过改变液压系统的油路来实现的。因此，自动变速器的控制系统可分为液压控制系统和电子控制系统两部分，掌握好相关控制系统的结构、工作原理及检修的相关知识，是学习自动变速器的重要内容。

液压控制系统担负着为液力传动装置提供传动介质，对齿轮变速机构进行换档控制的重要任务。同时它还保证为变速器的各部分提供可靠的润滑和冷却。

1. 液压控制系统的基本组成

液压控制系统主要由动力源、执行机构和控制机构三大部分组成，其组成部件及功用见表 1-1-12。

表 1-1-12 液压控制系统组成部件及功用

序号	组成部件	功用
1	动力源	液压控制系统的动力源是油泵（或称为液压泵），它是整个液压控制系统的工作基础。如各种阀体的动作、换档执行元件的工作等都需要一定压力的ATF。油泵的基本功用就是提供满足需求的ATF油量和油压
2	执行机构	执行机构主要由离合器、制动器油缸等组成。其功用是在控制油压的作用下实现离合器的接合和分离、制动器的制动和松开动作，以便得到相应的档位
3	控制机构	控制机构包括阀体和各种阀，包括主调压阀、手动阀、换档阀等。液压控制系统还包括一些辅助装置，如用于防止换档冲击的蓄能器、单向阀等

2. 液压控制系统主要元件

（1）油泵　油泵是液压控制系统的动力源，一般位于液力变矩器和行星齿轮系统之间，由液力变矩器泵轮驱动。其功用是产生一定压力和流量的ATF，供给液力变矩器、液压控制系统和行星齿轮机构。其类型主要有月牙齿轮泵、转子泵和叶片泵，如图1-1-34所示。三种泵的共同特点是：内部元件（转子）由液力变矩器花键毂或驱动轴驱动，外部元件与内部元件之间有一定的偏心距。

a）月牙齿轮泵

b）转子泵

c）叶片泵

图 1-1-34　液压泵

图1-1-35所示为内啮合齿轮泵的结构及工作原理。其主要由主动齿轮、从动齿轮、月牙板、壳体等组成。主动齿轮为外齿轮，从动齿轮为内齿轮，在壳体上有一个月牙板，把主、从动齿轮不啮合的部分隔开，并形成两个工作腔，分别为进油腔和出油腔。进油腔与泵体上的进油口相通，出油腔与泵体上的出油口相通。主动齿轮内径上有两个对称的凸键，与液力变矩器后端油泵驱动毂的键槽或平面相配合。因此，只要发动机转动，油泵便转动并开始供油。

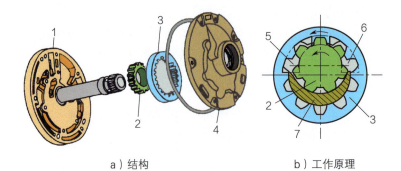

a）结构　　　　　　　　　b）工作原理

图 1-1-35　内啮合齿轮泵的结构及工作原理

1—泵盖　2—主动齿轮　3—从动齿轮　4—壳体　5—进油腔　6—出油腔　7—月牙板

油泵在工作过程中，主动齿轮带动从动齿轮转动，在齿轮脱离啮合的一端（进油腔），容积不断变大，产生真空吸力，把ATF从油底壳经滤网吸入油泵。在齿轮进入啮合的一端（出油腔），容积不断减小，油压升高，把ATF从出油腔挤压出去。这样，油泵不断地运转，就形成了具有一定压力的油液，供给自动变速器工作。

这种油泵要求具有严格的加工制造精度。因为齿轮之间、齿轮与泵体之间，过大的磨损和间隙会导致油泵的性能下降，油压过低。而油压对于自动变速器的正常工作是非常重要的。

油泵使用应注意以下事项：

①发动机不工作，油泵不转，自动变速器无油压，即使在D位和R位，也不能靠推车起动发动机。

②长距离拖车时，由于发动机不转，油泵也不转，齿轮系统没有润滑油，磨损会加剧，因此要求车速慢、距离短。如丰田车系要求拖车车速不高于30km/h，距离不超过80km；奔驰车系要求拖车车速不高于50km/h，距离不超过50km。

③变速器齿轮系统有故障或严重漏油时，牵引车辆应将传动轴脱开。对于前轮驱动的汽车，应将前轮悬空牵引。

（2）主调压阀　液压油从油泵输出后，即进入主油路系统，油泵是由发动机直接驱动的，输出流量和压力均受发动机运转状况的影响，变化很大。当主油路压力过高时，会引起换档冲击和增加功率消耗；而主油路压力过低时，又会使离合器、制动器等执行元件打滑，因此在主油路系统中必须设置主油路调压阀。其作用是将油泵输出压力精确调节到所需值后再输入主油路。应满足主油路系统在不同工况、不同档位时，具有不同油压的要求：

1）节气门开度较小时，自动变速器所传递的转矩较小，执行机构中的离合器、制动器不易打滑，主油路压力可以降低。而当发动机节气门开度较大时，因传递的转矩增大，为防止离合器、制动器打滑，主油路压力要升高。

2）汽车低速档行驶时，所传递的转矩较大，主油路压力要高。而在高速档行驶时，自动变速器传递的转矩较小，可降低主油路油压，以减少油泵的运转阻力。

3）倒档的使用时间较少，为减小自动变速器尺寸，倒档执行机构被做得较小，为避免出现打滑，需提高操纵油压。

主油路调压阀结构如图1-1-36所示。油压的调节是靠电子控制调压，电磁阀调整出不同的油压值，使滑阀改变节流口a的大小，通过节流作用控制主油压的大小。节流口b泄出的油压经二次调压阀的节流作用，调整出变矩器油压。

（3）二次调压阀　二次调压阀是把主调压阀泄出的油压调节成变矩器油压，其结构如图1-1-37所示。作用于滑阀向下的力有手动阀和油道8的油压力，向上的力有弹簧弹力和来自主调压阀调节后的油压力，向上和向下两种力的平衡决定了节流口a的开度，即通过节流口的开度将主油压调节成变矩器油压。

（4）手动阀　手动阀又称为手控阀或手动换档阀，与驾驶室内的变速杆相连，其功用是控制各档位油路的转换。如图1-1-38所示，当驾驶人操纵变速杆时，手动阀会移动，使主油压通往不同的油道。如当变速杆置于P位时，主油压会通往P位、R位和L位油道；当变速杆置于R位时，主油压会同时通往P位、R位和L位油道与R位油道；当变速杆置于N位时，

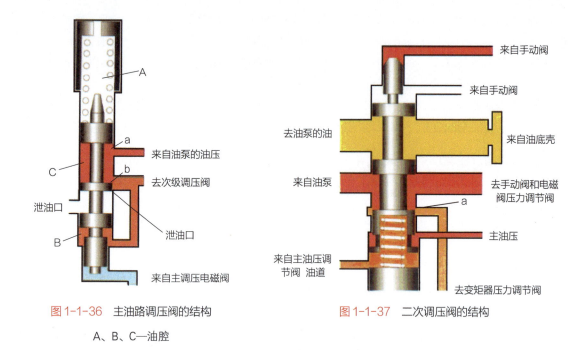

图 1-1-36　主油路调压阀的结构　　　　图 1-1-37　二次调压阀的结构
A、B、C—油腔

手动阀会将主油压进油道切断，便不会有主油压通往各换档阀；当变速杆置于 D 位时，主油压会通往 D 位、2 位和 L 位油道；当变速杆置于 2 位时，主油压会同时通往 D 位、2 位和 L 位油道与 2 位和 L 位油道；当变速杆置于 L 位时，主油压会同时通往 D 位、2 位和 L 位油道与 2 位和 L 位油道及 P 位、R 位和 L 位油道。

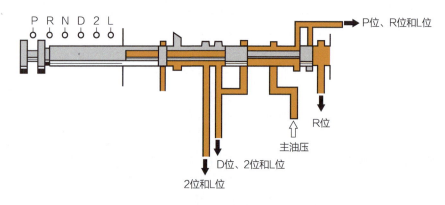

图 1-1-38　手动阀的结构

（5）换档阀　电控自动变速器换档阀的工作由换档电磁阀控制，其控制方式有两种：一种是加压控制，即通过开启或关闭换档阀控制油路进油孔来控制换档阀的工作；另一种是泄压控制，即通过开启或关闭换档阀控制油路泄油孔来控制换档阀的工作。加压控制方式的工作原理如图 1-1-39 所示，压力油经电磁阀后通至换档阀的左端。当电磁阀关闭时，没有油压作用在换档阀左端，换档阀在右端弹簧力的作用下移向左端，如图 1-1-39a 所示；当电磁阀开启时，压力油作用在换档阀左端，使换档阀克服弹簧力右移，如图 1-1-39b 所示，从而改变油路，实现档位变换。

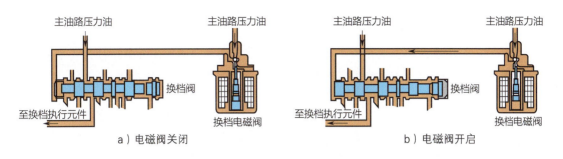

图 1-1-39　电控换档阀工作原理

（6）锁止离合器控制阀　目前在一些新型电控自动变速器上，锁止电磁阀采用脉冲式电磁阀，ECU 可利用脉冲电信号的大小来调节锁止电磁阀的开度，以控制作用在锁止离合器控制阀右端的油压，由此调节锁止离合器控制阀左移时排油孔的开度，从而控制锁止离合器活塞右侧油压的大小，如图 1-1-40 所示。

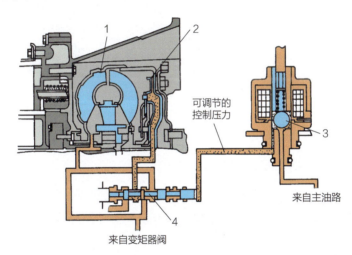

图 1-1-40　电控系统锁止离合器控制阀工作原理（脉冲式电子阀）
1—变矩器　2—锁止离合器　3—脉冲线性式锁止电磁阀　4—锁止离合器控制阀

当作用在锁止电磁阀上的脉冲电信号为 0 时，电磁阀关闭，没有油压作用在锁止离合器控制阀的右端，此时锁止离合器活塞左右两侧的油压相同，锁止离合器处于分离状态；当作用在锁止电磁阀上的脉冲电信号较小时，电磁阀的开度和作用在锁止离合器控制阀右端的油压以及锁止控制阀左移打开的排油孔开度均较小，锁止离合器活塞左右两侧油压差以及由此产生的锁止离合器接合力也较小，使锁止离合器处于半接合状态。脉冲信号越大，锁止离合器活塞左右两侧油压差以及锁止离合器接合力也越大。当脉冲信号达到一定数值时，锁止离合器即可完全接合。

➔ 小提示：ECU 在控制锁止离合器接合时，可以通过电磁阀来调节其接合速度，让接合力逐渐增大，使接合过程更加柔和。

（7）节流控制阀　在自动变速器内，为改善换档质量，减轻换档冲击和延长离合器制动的使用寿命，在通往离合器或制动器的油路中加装了许多节流控制阀。

➡ **小提示：** 节流控制阀的作用有两个，一是使作用在离合器和制动器上的油压缓慢上升，以减轻接合时的冲击；二是使作用在离合器和制动器的油压泄油时尽快泄出，使分离迅速彻底，防止摩擦片分离不彻底造成的磨损。

如图1-1-41所示，当工作油液从进排液口①流入进排液口②时，油压使防松球压靠在一个节流孔上，因此工作油液仅能流经一个节流孔，使流至进排液口②的工作油液压力上升比较缓慢，减小了离合器和制动器接合时的冲击；当工作油液反转流动时，工作油液将防松球从受阻的节流口处推开，泄油迅速，使离合器和制动器片能够快速分离。

（8）储能减振器　储能减振器也称蓄能器，通常用于防止离合器和制动器在接合时的冲击，一般安装在自动变速器的壳体上，如图1-1-42所示。

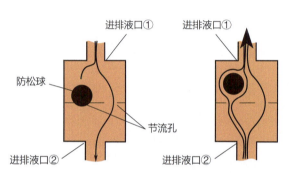

图1-1-41　节流控制阀的结构与工作原理

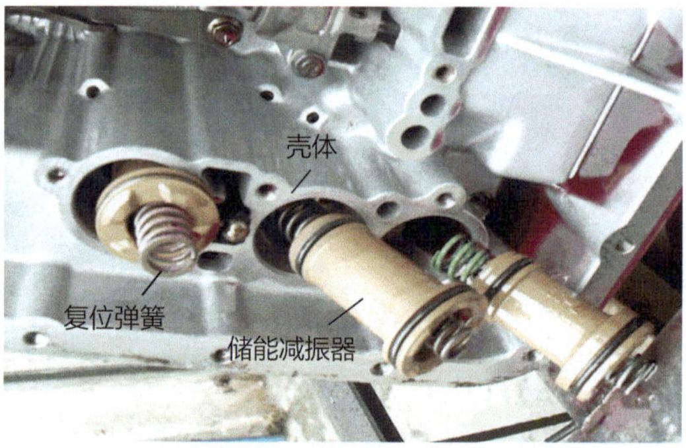

图1-1-42　储能减振器

如图1-1-43所示，油压从进排液口将活塞1推至右端，同时将活塞2向下推。用此方式不但可减小活塞1上的油压冲击，防止离合器或制动器片快速接合时引起冲击，而且在推下活塞2压缩弹簧时又储存了能量。

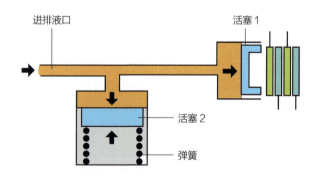

图1-1-43　储能减振器的结构与工作原理

（9）阀体　液压控制系统的阀体用于装载各种电磁阀和液压阀，其上制造有许多密集复杂的油道，用于控制液压及切换液压通道。阀体通常分为上阀体、下阀体和手动阀体，图1-1-44所示为典型的液压控制阀体实物。

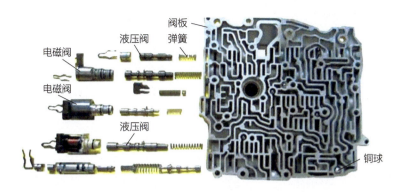

a）分解的阀体

b）阀体总成

图 1-1-44　阀体

3. 液压控制系统的工作原理

目前大部分电子控制自动变速器采用两个电磁阀操纵三个换档阀实现四个档位的变换。电控自动变速器换档液压系统原理如图 1-1-45 所示，它采用泄压控制方式。由图中可知，1—2 换档阀和 3—4 换档阀由电磁阀 A 控制，2—3 换档阀由电磁阀 B 控制。电磁阀不通电时关闭泄油孔，来自手动阀的主油路压力油通过节流孔后作用在各换档阀右端，使阀芯克服弹簧力左移。电磁阀通电时泄油孔开启，换档阀右端压力油被泄空，阀芯在左端弹簧力的作用下右移。

1）1 档控制。图 1-1-45a 为 1 档控制过程，此时电磁阀 A 断电，电磁阀 B 通电，1—2 档换档阀阀芯左移，关闭 2 档油路；2—3 档换档阀阀芯右移，关闭 3 档油路。同时使主油路油压作用在 3—4 档换档阀阀芯右端，使 3—4 档换档阀阀芯停留在右位。

2）2 档控制。图 1-1-45b 为 2 档控制过程，此时电磁阀 A 和电磁阀 B 同时通电，1—2 换档阀右端油压下降，阀芯右移，打开 2 档油路。

3）3 档控制。图 1-1-45c 为 3 档控制过程，此时电磁阀 A 通电，电磁阀 B 断电，2—3 档电磁阀右端油压上升，阀芯左移，打开 3 档油路。同时使主油路油压作用在 1—2 档换档阀左端，并让 3—4 档换档阀阀芯左端控制油压泄空。

4）4 档控制。图 1-1-45d 为 4 档控制过程，此时电磁阀 A 和电磁阀 B 均不通电，3—4 档换档阀阀芯右端控制压力上升，阀芯左移，关闭直接档离合器油路，接通超速制动器油路，由于1—2档换档阀阀芯左端作用着主油路油压,虽然右端有压力油作用,但阀芯仍然保持在右端不能左移。

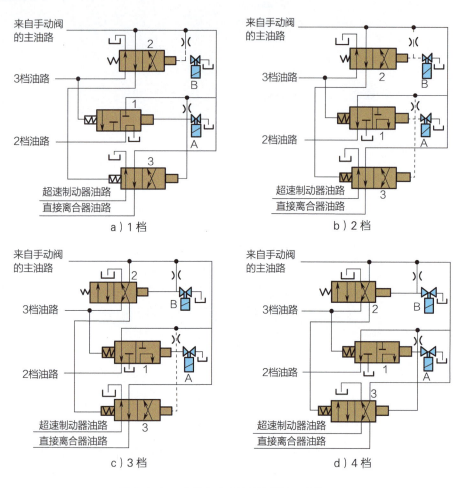

图1-1-45 电控自动变速器换档液压系统原理

A—换档电磁阀　B—换档电磁阀　1—1—2换档阀　2—2—3换档阀　3—3—4换档阀

五、电子控制系统的组成及工作原理

电子控制系统是自动变速器的控制核心,它接收各传感器的信息并通过运算、分析、比较,根据自动变速器的工作状态向电子控制系统执行器发出控制指令,对变速器进行最优化的控制。

1. 电子控制系统的组成

自动变速器的电子控制系统包括传感器、电子控制单元(ECU)和执行器三部分,其组成框图如图1-1-46所示。

传感器部分主要包括节气门位置传感器、车速传感器、发动机转速传感器(图中未画出)、输入轴转速传感器(图中未画出)、冷却液温度传感器、ATF油温传感器、空档起动开关、强制降档开关、制动灯开关、模式选择开关、OD开关等。

执行器部分主要包括各种电磁阀和故障指示灯等。

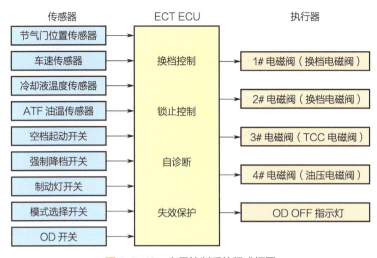

图 1-1-46　电子控制系统组成框图

ECU 是电子控制系统的核心，主要完成换档控制、锁止离合器控制、油压控制、故障诊断和失效保护等功能。

2. 输入信号

自动变速器的输入信号主要指各种传感器和开关。

（1）节气门位置传感器（TPS）

1）功用。节气门位置传感器安装在节气门体上，用于检测节气门开度的大小，并将数据传送给 ECU，ECU 根据此信号判断发动机负荷，从而控制自动变速器的换档、调节主油压和对锁止离合器控制。节气门位置信号相当于液控自动变速器中的节气门油压。

2）结构与工作原理。节气门位置传感器一般采用线性输出型可变电阻式传感器，其结构、原理如图 1-1-47 所示。它实际上是一个滑动变阻器，有四个接线端子，E 是搭铁端子，IDL 是怠速端子，V_{TA} 是节气门开度信号端子，V_C 是 ECU 供电端子，由 ECU 提供恒定 5V 电压。当节气门开度增加，节气门开度信号触点逆时针转动，V_{TA} 端子输出电压也随之线性增大，如图 1-1-48 所示，V_{TA} 端子输出电压与节气门开度成正比。当怠速时，怠速开关闭合，IDL 端子电压为 0V。

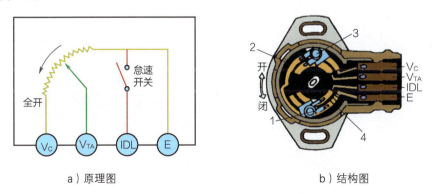

a）原理图　　　　　　　　　　b）结构图

图 1-1-47　节气门位置传感器的结构、原理

1—怠速信号触点　2—电阻器　3—节气门开度信号触点　4—绝缘体

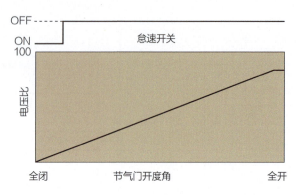

图 1-1-48 V_{TA} 端子输出电压与节气门开度的关系

（2）车速传感器（VSS）

1）作用与类型。车速传感器用于检测自动变速器输出轴转速，自动变速器ECU根据车速传感器输入的信号计算出车速，并以此信号控制自动变速器的换档和锁止离合器的锁止。

常见的车速传感器有电磁式、舌簧开关式、光电式三种形式。一般自动变速器装有两个车速传感器，分别为1号和2号。2号车速传感器一般为电磁式的，它装在变速器输出轴附近的壳体上，为主车速传感器。1号车速传感器一般为舌簧开关式的，为副车速传感器，它装在车速表的转子附近，负责车速的传输，它同时也是2号车速传感器的备用件，当2号车速传感器失效后，由1号车速传感器代替工作。

2）结构与工作原理。如图1-1-49a所示为电磁式车速传感器的结构、原理。电磁式车速传感器主要由永久磁铁、电磁感应线圈、转子等组成。转子一般安装在变速器输出轴上，永久磁铁和电磁感应线圈安装在变速器壳体上，如图1-1-49c所示。当输出轴转动，转子也转动，转子与传感器之间的空气间隙发生周期性变化，使电磁感应线圈中磁通量也发生变化，从而产生交流感应电压，如图1-1-49b所示，并输送给ECU。交流感应电压随着车速（输出轴转速）具有两个响应特性，一是随着车速的增加，交流感应电压增高；二是随着车速的增加，交流感应电压脉冲频率也增加。ECU是根据交流感应电压脉冲频率大小计算车速，并以此控制自动变速器的换档。车速传感器信号相当于液控自动变速器中的速控油压，电控自动变速器没有速控阀。

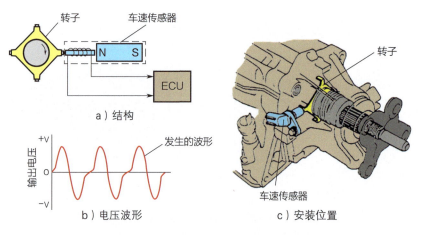

图 1-1-49 电磁式车速传感器的结构、原理

（3）输入轴转速传感器　多数自动变速器在输入轴附近的壳体上装有检测输入轴转速的输入轴转速传感器。该传感器一般也是采用电磁式，其结构、原理及检测与车速传感器一样。

自动变速器 ECU 根据输入轴转速传感器的信号可以更精确地控制换档。另外，ECU 还可以把该信号与发动机转速信号进行比较，计算出变矩器的转速比，使主油压和锁止离合器的控制得到优化，以改善换档、提高行驶性能。

（4）冷却液温度传感器　冷却液温度传感器的信号不仅用于发动机的控制，还用于自动变速器的控制，用于检测发动机冷却液温度。冷却液温度传感器一般都是一个负温度系数的热敏电阻，即温度升高，电阻下降，其结构和线路连接如图 1-1-50 所示。当发动机冷却液温度低于设定温度（如 60℃），发动机 ECU 会发送一个信号给自动变速器 ECU，以防止自动变速器换入超速档，同时锁止离合器也不能工作。当发动机冷却液温度过高时，自动变速器 ECU 会让锁止离合器工作以帮助发动机降低冷却液的温度，防止变速器过热。

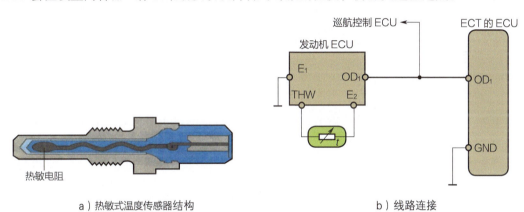

a）热敏式温度传感器结构　　　　　　b）线路连接

图 1-1-50　冷却液温度传感器结构及线路连接

如果冷却液温度传感器故障，发动机 ECU 会自动将冷却液温度设定为 80℃，以便发动机和自动变速器可以继续工作。

（5）模式选择开关

1）功用。模式选择开关是供驾驶人选择所需要的行驶或换档模式的开关。大部分车型都具有常规模式（NORM）和动力模式（PWR），有些车型还有经济模式（ECO）。自动变速器 ECU 根据所选择的行驶模式执行不同的换档程序，控制换档和锁止正时。若选择动力模式，自动变速器会推迟升档，以提高动力性，而选择经济模式，自动变速器会提前升档，以提高经济性，常规模式介于二者之间。

2）结构与工作原理。图 1-1-51 所示为常见的具有常规和动力两种模式的模式选择开关外形及线路图，当开关接通 NORM（常规模式），仪表板上 NORM 指示灯点亮，同时自动变速器 ECU 的 PWR 端子的电压为 0V，ECU 从而知道选择了常规模式。当开关接通 PWR（动力模式），仪表板上 PWR 指示灯点亮，同时自动变速器 ECU 的 PWR 端子的电压为 12V，ECU 从而知道选择了动力模式。

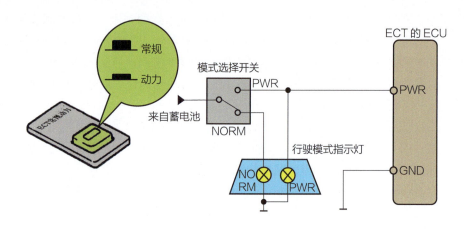

图 1-1-51 模式选择开关外形及线路图

(6) 空档起动开关

1) 功用。空档起动开关有两个功用，一是给自动变速器 ECU 提供档位信息，二是保证只有变速杆置于 P 位或 N 位才能起动发动机。

2) 结构与工作原理。图 1-1-52 所示为空档起动开关外形及线路图，当变速杆置于不同的档位时，仪表板上相应的档位指示灯会点亮。当 ECU 的端子 N、端子 2 或端子 L 与端子 E 接通时，ECU 便分别确定变速器位于 N 位、2 位或 L 位；否则，ECU 便确定变速器位于 D 位。只有当变速杆置于 P 位或 N 位时，端子 B 与 NB 接通，才能给起动机通电，使发动机起动。

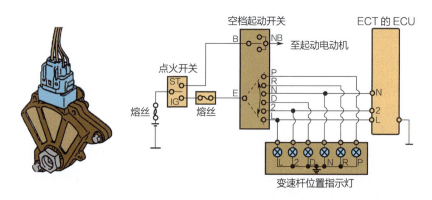

图 1-1-52 空档起动开关外形及线路图

(7) OD 开关

1) 功用。OD 开关（超速档开关）一般安装在变速杆上，由驾驶人操作控制，可以使自动变速器有或没有超速档。

2) 结构与工作原理。空档起动开关的结构和原理如图 1-1-53 所示。当按下 OD 开关（ON），OD 开关的触点实际为断开，此时 ECU 的 OD_2 端子的电压为 12V，自动变速器可以升至超速档，且 OD OFF 指示灯不亮；当再次按下 OD 开关，OD 开关会弹起（OFF），OD 开关的触点实际为闭合，此时 ECU 的 OD_2 端子的电压为 0V，自动变速器不能升至超速档，且 OD OFF 指示灯点亮。

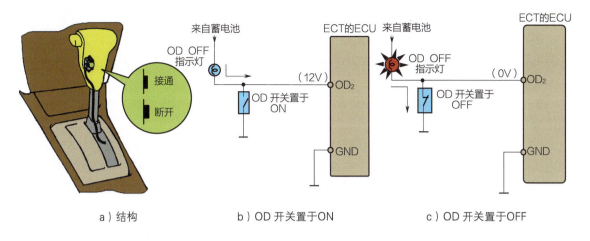

图 1-1-53 OD 开关结构及原理图

（8）制动灯开关

1）功用。自动变速器 ECU 通过制动灯开关检测是否踩下制动踏板，如果踩下制动踏板，ECU 会取消锁止离合器的工作。

2）结构与工作原理。制动灯开关安装在制动踏板支架上，其结构、原理如图 1-1-54 所示。当踩下制动踏板，开关接通，ECU 的 STP 端子电压为 12V；当松开制动踏板，开关断开，STP 端子电压为 0V。ECU 根据 STP 端子的电压变化了解制动踏板的工作情况。

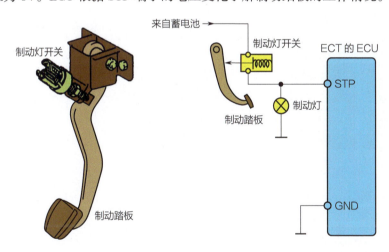

图 1-1-54 制动灯开关结构及原理图

3. 执行器

电子控制系统的执行器主要指各种电磁阀。

电磁阀根据功能的不同可以分为换档电磁阀、锁止离合器电磁阀和油压电磁阀。根据工作原理的不同可以分为开关式电磁阀和占空比式（脉冲线性式）电磁阀。不同的自动变速器使用的电磁阀数量不同。例如上海通用 4T65-E 自动变速器电控系统有 4 个电磁阀，其中 2 个是换档电磁阀、1 个是油压电磁阀、1 个是锁止离合器电磁阀。而一汽大众的 01M 自动变速器电控系统则采用了 7 个电磁阀。

绝大多数换档电磁阀采用开关式电磁阀，油压电磁阀是采用占空比式电磁阀，而锁止离合器电磁阀采用开关式的和占空比式的都有。

（1）开关式电磁阀

1）功用。开关式电磁阀的功用是开启或关闭液压油路，通常用于控制换档阀和部分车型锁止离合器的工作。

2）结构与工作原理。开关式电磁阀由电磁线圈、衔铁、阀芯等组成，如图 1-1-55 所示。当电磁阀通电时，在电磁吸力作用下衔铁和阀芯下移，关闭泄油口，主油压供给到控制油路。当电磁阀断电时，在复位弹簧的作用下衔铁和阀芯上移，打开泄油口，主油压被泄掉，控制油路压力很小。

（2）占空比式电磁阀

1）占空比的概念。占空比是指一个脉冲周期中通电时间所占的比例（百分数），如图 1-1-56 所示。

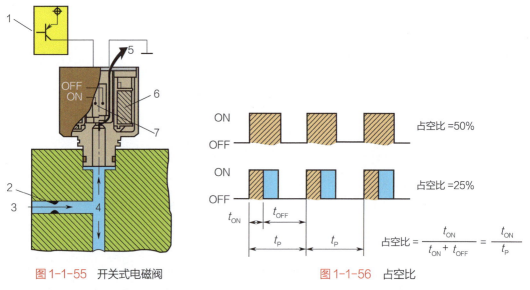

图 1-1-55　开关式电磁阀　　　　　　　图 1-1-56　占空比

1—ECU　2—节流口　3—主油路
4—控制油路　5—泄油口　6—电磁线圈
7—衔铁和阀芯

2）结构与工作原理。占空比式电磁阀与开关式电磁阀类似，是由电磁线圈、滑阀、弹簧等组成，如图 1-1-57 所示。它通常用于控制油路的油压，有的车型的锁止离合器也采用此种电磁阀控制。与开关式电磁阀不同的是，控制占空比式电磁阀的电信号不是恒定不变的电压信号，而是一个固定频率的脉冲电信号。在脉冲电信号的作用下，电磁阀不断开启、关闭泄油口。

占空比式电磁阀有两种工作方式，一是占空比越大，经电磁阀泄油越多，油压就越低；另一种是占空比越大，油压越高。

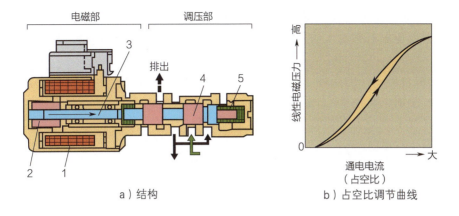

图 1-1-57　占空比式电磁阀

1—电磁线圈　2—滑阀　3—滑阀轴　4—控制阀　5—弹簧

4. 电子控制单元

电子控制单元（ECU），是自动变速器电子控制单元的核心，具有换档控制、锁止离合器控制锁、换档平顺性控制、故障诊断、失效保护等功能。

（1）换档控制　自动变速器换档时刻的控制是 ECU 最重要的控制内容之一。汽车在某个特定工况下都有一个与之对应的最佳换档时刻，使汽车发挥出最好的动力性和经济性。汽车行驶过程中，自动变速器 ECU 根据模式选择开关信号、节气门开度信号、车速信号等参数来打开或关闭换档电磁阀，从而打开或关闭通往离合器、制动器的油路，使变速器升档或降档。

图 1-1-58 所示为常见四档自动变速器的自动换档图，具有如下特点：

1）随着节气门开度增加，升档或降档车速增加。以2档升3档为例，当节气门开度为2/8时，升档车速为35km/h，降档车速为12km/h；当节气门开度为4/8时，升档车速为50km/h，降档车速为25km/h。因此在实际的换档操作过程中，一般可以采用"收油门"的方法来快速升档。

2）升档车速高于降档车速，以免自动变速器在某一车速附近频繁升档、降档而加速自动变速器的磨损。

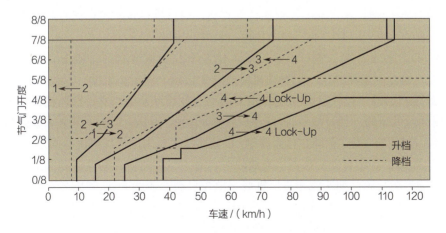

图 1-1-58　常见四档自动变速器的自动换档图

（2）锁止离合器控制　自动变速器ECU存储着各种行驶模式下锁止离合器的工作方式的控制程序，可根据各种输入信号，控制锁止离合器电磁阀的通、断电，从而控制锁止离合器的工作。

1）锁止离合器工作的条件。必须满足以下五个条件，自动变速器ECU才会接通锁止离合器电磁阀，使锁止离合器处于锁止状态：

①变速杆置于D位，且档位在D2、D3或D4档。
②车速高于规定值。
③节气门开启（节气门位置传感器IDL触点未闭合）。
④冷却液温度高于规定值。
⑤未踩下制动踏板（制动灯开关未接通）。

2）锁止的强制取消。如果符合以下条件中的任何一项，ECU就会给锁止离合器电磁阀断电，使锁止离合器分离：

①踩下制动踏板（制动灯开关接通）。
②发动机怠速（节气门位置传感器IDL触点未闭合）。
③冷却液温度低于规定值（如60℃）。
④当巡航系统工作时，如果车速降至设定车速以下至少10km/h。

➡ **小提示：** 早期的电控自动变速器中，控制锁止离合器的电磁阀是采用开关式电磁阀，即通电时锁止离合器接合，断电时锁止离合器分离。目前许多新型电控自动变速器采用占空比式电磁阀作为锁止离合器电磁阀，ECU在控制锁止离合器接合时，通过改变脉冲电信号的占空比，让锁止离合器电磁阀的开度缓慢增大，以减小锁止离合器接合时所产生的冲击，使锁止离合器的接合过程变得更加柔和。

（3）换档平顺性控制　自动变速器改善换档平顺性的方法有换档油压控制、减少转矩控制和N-D换档控制。

1）换档油压控制。自动变速器在升档和降档的瞬间，ECU会通过油压电磁阀适当降低主油压，以减少换档冲击，改善换档。也有的自动变速器是在换档时通过电磁阀来减小蓄能器背压，以减缓离合器或制动器油压的增长率，来减少换档冲击。

2）减少转矩控制。在自动变速器换档的瞬间，通过推迟发动机点火时刻或减少喷油量，减少发动机输出转矩，以减少换档冲击和输出轴的转矩波动。

3）N-D换档控制。当变速杆由P位或N位置于D位或R位时，或由D位或R位置于P位或N位时，通过调整喷油量，把发动机转速的变化减少到最小限度，以改善换档。

（4）故障自诊断　电控自动变速器ECU具有自我诊断功能，它不断监控各传感器、信号开关、电磁阀及其线路，当有故障时，ECU使故障指示灯闪烁，以提醒驾驶人或维修人员；并将故障内容以故障码的形式存储在存储器中，以便维修人员采用人工或仪器的方式读取故障码。

（5）失效保护　当自动变速器出现故障时，为了尽可能使自动变速器保持最基本的工作能力，以维持汽车行驶，便于汽车进厂维修，电控自动变速器ECU都具有失效保护功能。

1）当传感器出现故障时，ECU所采取的失效保护措施如下：

①节气门位置传感器出现故障时，ECU根据怠速开关的状态进行控制。当怠速开关断开时（加速踏板被踩下），按节气门开度为1/2进行控制，同时节气门油压为最大值；当怠速开

关接通时（加速踏板完全放松），按节气门处于全闭状态进行控制，同时节气门油压为最小值。

②车速传感器出现故障时，ECU 不能进行自动换档控制，此时自动变速器的档位由变速杆的位置决定。在 D 位和 2 位时固定为超速档或 3 档，在 L 位时固定为 2 档或 1 档；或不论变速杆在任何前进档位，都固定为 1 档，以保持汽车最基本的行驶能力。

③冷却液或 ATF 温度传感器出现故障时，ECU 按温度为 80℃的设定进行控制。

2）电磁阀出现故障时，ECU 所采取的失效保护措施如下：

①换档电磁阀出现故障时，ECU 一般会将自动变速器锁档，档位与变速杆的位置有关。如丰田车系锁档情况见表 1-1-13。

表 1-1-13　丰田车系锁档情况

变速杆位置	D	2	L	R
锁档档位	4 档	3 档	1 档	倒档

②锁止离合器电磁阀出现故障时，ECU 会停止锁止离合器的控制，使锁止离合器始终处于分离状态。

③油压电磁阀出现故障时，ECU 会停止油压的控制，使油路压力保持为最大。

六、自动变速器性能试验

自动变速器的性能实验是检测自动变速器性能好坏的有效方法，也是判断自动变速器故障诊断的有效途径，无论是在维修前还是在维修后都应进行相应的性能试验，以判断自动变速器的性能。自动变速器的性能试验包括道路试验、失速试验、油压试验、延时试验、手动换档试验等。

1. 道路试验

道路试验是诊断、分析自动变速器故障最有效的手段之一。此外，自动变速器在修复之后，也应进行道路试验，以检查其工作性能，检验修理质量。自动变速器的道路试验内容主要有检查换档车速、换档质量以及检查换档执行元件有无打滑等。

道路试验的内容和方法可扫描二维码"自动变速器道路试验的内容和方法"学习。

自动变速器道路试验的内容和方法

2. 手动换档试验

手动换档试验用于判断自动变速器故障是来自电控系统还是机械系统。手动换档试验是将电控自动变速器所有换档电磁阀的线束插接器全部脱开，此时 ECU 不能控制换档，自动变速器的档位取决于变速杆位置。不同车型电控自动变速器在脱开换档电磁阀插接器后的档位的变速杆的关系不同。丰田轿车的各种电子控制自动变速器在脱开换档电磁阀线束插接器后的档位和变速杆关系见表 1-1-14。

表 1-1-14　手动换档试验

变速杆位置	D	2	L	R	P
档位	4 档	3 档	1 档	倒档	锁定棘轮

试验步骤：

1）脱开电控自动变速器所有换档电磁阀的线束插接器。

2）起动发动机，将变速杆拨至不同位置，然后上路进行试车。

3）观察发动机转速和车速的对应关系，以判断自动变速器所处的档位。不同档位时发动机转速与车速的关系可参照表1-1-15。

表1-1-15 不同档位时发动机转速与车速的关系

档位	发动机转速 /(r/min)	车速 /(km/h)
1 档	2000	18~22
2 档	2000	34~38
3 档	2000	50~55
OD 档	2000	70~75

4）不同档位的发动机转速、车速与标准值相比较，如果出现异常，说明故障在机械系统。

5）试验结束后插上换档电磁阀插接器，清除故障码。

3. 失速试验

在前进档或倒档中，踩住制动踏板并完全踩下加速踏板时，发动机处于最大转矩工况，而此时自动变速器的输出轴及输入轴均静止不动，变矩器的涡轮不动，只有变矩器壳及泵轮随发动机一同转动，此工况称为失速工况，此时发动机的转速称为失速转速。失速试验用于检查发动机输出功率、变矩器及自动变速器中制动器和离合器等换档执行元件的工作是否正常。

失速试验的内容和方法可扫描二维码"自动变速器失速试验的内容和方法"学习。

自动变速器失速试验的内容和方法

4. 换档迟滞试验

在发动机怠速运转时将变速杆从空档拨至前进档或倒档后，需要一段时间的迟滞或延时才能使自动变速器完成换档工作，这一时间称为自动变速器换档迟滞时间。根据迟滞时间的长短可判断主油路油压及换档执行元件的工作是否正常。迟滞时间的大小取决于ATF的油路油压、油路密封情况以及离合器和制动器的磨损情况。

换档迟滞试验的内容和方法可扫描二维码"自动变速器换档迟滞试验的内容和方法"学习。

自动变速器换档迟滞试验的内容和方法

5. 油压试验

油压试验是在自动变速器工作时，通过测量液压控制系统各油路的压力来判断各元件的功能是否正常，目的是检查液压控制系统各管路及元件是否漏油及各元件（如液力变矩器、蓄能器等）是否工作正常，判别故障是在自动变速器机械系统还是在液压系统。油压过高，使自动变速器出现严重的换档冲击，甚至损坏控制系统；油压过低，会造成换档执行元件打滑，加剧其摩擦片的磨损，甚至使换档执行元件烧毁。因此，在分解修理自动变速器之前和自动变速器修复后，都要对自动变速器进行油压试验，以确保自动变速器的维修质量。

油压试验的内容和方法可扫描二维码"自动变速器油压试验的内容和方法"学习。

自动变速器油压试验的内容和方法

七、自动变速器的常见故障

自动变速器常见故障有汽车不能行驶、自动变速器打滑、换档冲击大、不能升档、升档过迟、无前进档、无倒档、频繁跳档、无发动机制动作用、不能强制降档、ATF易变质等，故障现象及原因分析见表1-1-16。

表1-1-16　自动变速器常见故障现象及原因分析表

故障	现　　象	原　　因
汽车不能行驶	1）无论变速杆位于倒档、前进档或前进低档，汽车都不能行驶 2）冷车起动后汽车能行驶一小段路程，但热车状态下汽车不能行驶	1）因泄漏而使变速器油过少或漏光，从而导致变矩器不能传递动力或变速器换档执行机构不能正常工作 2）油泵损坏或油泵进油滤网严重堵塞，导致自动变速器主油路不能建立正常油压，而使汽车不能行驶 3）变速杆与手动阀之间的连接杆或拉索松脱，使得变速杆置于倒档或前进档时，手动阀仍然在空档或停车档位置 4）液压控制系统中的主油路油压调节器有堵塞而导致变矩器不能传递动力后变速器换档执行机构不能正常工作 5）变速器齿轮机构损坏或不能传递动力 6）液力变矩器损坏或不能传递动力
自动变速器打滑	1）在起步踩下加速踏板时，发动机转速上升很快但车速上升很慢 2）在加速时，发动机转速很高但车速不能很快提高 3）平路行驶基本正常，但上坡行驶无力，且发动机转速很高	1）变速器油面过低而导致主油路油压太低，导致离合器和制动器打滑 2）自动变速器油油面太高，运转中被行星排搅动后产生大量气泡 3）离合器或制动器摩擦片（或制动器制动带）磨损严重或已烧焦而引起打滑 4）油泵磨损严重或主油路有泄漏而造成主油路油压过低 5）自动变速器中单向离合器打滑 6）离合器或制动器活塞密封圈损坏而漏油，导致油压过低 7）减振器活塞密封圈损坏，导致漏油
换档冲击大	在自动变速器变速杆从驻车档或空档挂入前进或倒档时汽车会有明显地振动；汽车行驶时，自动变速器升档的瞬间，汽车会有明显的冲击	1）发动机的怠速过高而引起换档时的冲击 2）节气门拉索或节气门位置传感器调整不当而使主油路的油压过高导致换档冲击 3）主油路油压调节器不良而使主油路的油压过高导致换档冲击 4）油压电磁阀或线路不良而使主油路油压异常 5）减振器不良（如活塞卡住）而使换档瞬间油压过高导致换档冲击 6）单向阀损坏或单向阀钢球漏装而导致换档执行元件接合过快 7）换档执行元件打滑 8）升档过迟而引起换档冲击 9）自动变速器ECU故障

（续）

故障	现象	原因
不能升档	汽车行驶中，自动变速器始终在1档，不能升入2档，或能升入2档，但不能升入3档或超速档	1）节气门拉索或节气门位置传感器位置不当 2）车速传感器不良 3）2档制动器或高档离合器有故障 4）换档阀卡滞 5）档位开关不良 6）换档执行元件打滑 7）自动变速器ECU故障
升档过迟	在汽车行驶中，自动变速器升档的车速明显过高，升档时发动机的转速也明显高于正常值	1）节气门拉索或节气门位置传感器调整不当 2）节气门位置传感器不良 3）车速传感器或其电路不良 4）主油路油压调节阀或油压电磁阀不良 5）自动变速器ECU故障
无前进档	1）汽车倒档行驶正常，在前进档不能行驶 2）变速杆置于D位时不能起步，在S位或L位时则可以起步	1）前进离合器打滑 2）前进单向离合器打滑或装反 3）前进离合器控制油路严重泄漏 4）变速杆位置调整不当
无倒档	汽车挂前进档能正常行驶，但挂入倒档时就不能行驶	1）自动变速器变速杆位置不当 2）倒档控制油路泄漏 3）倒档及高档离合器或低档及倒档制动器打滑
频繁跳档	汽车在行驶中，加速踏板没动，但经常会出现突然降档	1）节气门位置传感器不良或其线路连接不良 2）车速传感器不良或其线路连接不良 3）换档电磁阀或其线路连接不良 4）自动变速器ECU故障
无发动机制动作用	1）汽车在行驶过程中，变速杆在S位或L位时，松开制动踏板无发动机制动作用 2）下坡时，变速杆位于前进低档，但不能产生发动机制动作用	1）档位开关位置调整不当 2）自动变速器变速杆位置不当 3）2档强制动器打滑或低档及倒档制动器打滑 4）发动机制动控制电磁阀不良 5）自动变速器阀体有故障 6）自动变速器有故障（打滑） 7）电子控制系统有故障
不能强制降档	汽车在高档行驶时，突然将加速踏板踩到底，不能使自动变速器立即降低一个档位，导致汽车加速无力	1）节气门拉索或节气门位置传感器调整不当 2）强制降档开关接触不良或位置不对 3）强制降档控制阀损坏或其线路不良 4）强制降档控制阀卡滞
ATF易变质	更换后的自动变速器油在较短的时间里就会变质、变速器油温度过高（变速器油有焦味或可从加油口看到冒烟）	1）使用不当造成油温过高而导致变速器油过早变质，如过于频繁的急加速、经常超负荷行驶、经常超速行驶等 2）变速器油本身质量不佳，使用的变速器油本身质量达不到使用要求或受到污染 3）变速器至变速器油散热器通道有堵塞 4）变速器中离合器或制动器的间隙过小，在不工作时摩擦打滑，造成油温过高而变质 5）主油路油压过低，使得离合器或制动器在工作时打滑而造成油温过高

相关技能

一、液力变矩器的检修

检修要求及注意事项

1）拆装及检修前将车辆可靠驻停。

2）正确选用拆装与检修工具。

3）检修前对变矩器进行清洗。

4）拆卸液力变矩器时，最好打上装配位置标记，以便装复时按原位装回，避免影响动平衡。

5）将变速器总成与液力变矩器组合时，要注意油泵驱动轴与油泵主动齿轮之间的配合键槽应确实对齐、插牢，否则会造成液力变矩器或油泵的损坏。

1. 液力变矩器的外部检查

1）目视检查液力变矩器的外部有无损坏和裂纹

2）目视检查油泵驱动毂外径有无磨损、缺口有无损伤。

若有异常，应更换液力变矩器。

2. 单向离合器的检查

1）单向离合器的检查如图1-1-59所示，用专用工具插入油泵驱动毂和单向离合器外座圈的槽口中。

2）用手指压住单向离合器的内座圈并转动它，检查是否顺时针转动平稳而逆时针方向锁止。

如果单向离合器损坏，则需要更换液力变矩器总成。

3. 导轮和涡轮之间的干涉的检查

导轮和涡轮之间的干涉检查如图1-1-60所示。液力变矩器内部干涉主要是导轮和涡轮、导轮和泵轮之间的干涉。如果有干涉，液力变矩器运转时会有噪声。

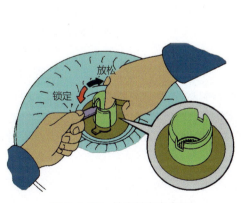

图1-1-59 检查单向离合器

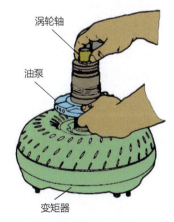

图1-1-60 导轮和涡轮之间的干涉检查

1）将液力变矩器与飞轮连接侧朝下放在台架上。

2）装入油泵总成，确保液力变矩器油泵驱动毂与油泵主动部分接合好。

3）把变速器输入轴（涡轮轴）插入涡轮轮毂，使油泵和液力变矩器保持不动。

4）顺时针、逆时针反复转动涡轮轴，如果转动不顺畅或有噪声，则更换液力变矩器。

4. 导轮和泵轮之间的干涉检查

导轮和泵轮之间的干涉检查如图 1-1-61 所示。

1）将油泵放在台架上，并把液力变矩器安装在油泵上。

2）旋转液力变矩器使液力变矩器的油泵驱动毂与油泵主动部分接合好。

3）固定住油泵并逆时针转动液力变矩器。

4）如果转动不顺畅或有噪声，则更换液力变矩器。

5. 液力变矩器轴套径向圆跳动的检查

1）将液力变矩器所在位置做个标记，暂时装到飞轮上。

2）用百分表检查变矩器轴套的径向圆跳动误差，如图 1-1-62 所示。

3）如果径向圆跳动超过 0.30mm，则重新调整液力变矩器的安装方位；如果径向圆跳动过大，而仍然得不到修正，则应更换液力变矩器。

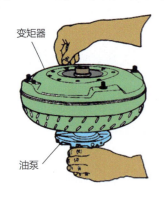

图 1-1-61　导轮和泵轮之间的干涉检查

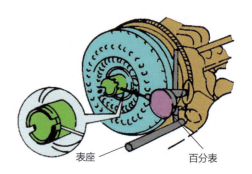

图 1-1-62　液力变矩器轴套径向圆跳动检查

6. 锁止离合器的检查

锁止离合器的常见故障有不锁止和常锁止。不锁止的现象是车辆的油耗高、发动机高速运转而车速不高。具体检查时要相应检查电路部分、阀体部分以及锁止离合器本身。常锁止的现象是发动机怠速正常，但变速杆置于动力档（R 位、D 位、2 位、L 位）后发动机熄火。

1）对车辆进行路试，将车速稳定在 80 km/h，在保持车速稳定的同时，轻踩制动踏板，此时应解除锁止，即发动机转速和进气管真空度都有所增加，如果无任何变化，则锁止离合器没有正常工作，可能根本就没锁止，也可能根本就不解除锁止。

2）若汽车保持稳定的 80km/h 车速，突然紧急制动，发动机熄火，说明锁止离合器不能解除锁止。

二、齿轮变速机构的检修

检修要求及注意事项

1）使用压缩空气时需戴护目镜。

2）要用尼龙布将零件擦干净，禁止使用一般纱布。

3）摩擦片在装配前要在洁净的 ATF 中浸泡，新摩擦片要浸泡 2h，旧摩擦片要浸泡 15~30min。

4）密封衬垫，密封圈和密封环一经拆卸都应更换。

1. 离合器摩擦片的使用极限的检查

如图 1-1-63 所示，离合器摩擦片上的沟槽是存 ATF 用的，沟槽磨平后，ATF 就无法进入摩擦片与钢片之间。失去了 ATF 的保护之后，磨损速度会急剧加快，沟槽磨平后必须更换。

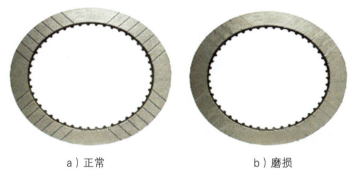

a）正常　　　　　　　b）磨损

图 1-1-63　离合器摩擦片

1）将新拆下来的摩擦片用无毛布将表面擦干，用手轻按摩擦表面时应有较多的 ATF 流出（摩擦表面上有一层保持 ATF 的含油层）。

2）轻按时若不出油，说明含油层（隔离层）已被抛光，无法保持 ATF，必须更换。

➡ **小提示：**
- 摩擦片上若有数字记号，数字记号磨掉后必须更换。
- 摩擦片出现翘曲变形必须更换。
- 摩擦片表面发黑（烧蚀）必须更换。
- 摩擦片表面出现剥落、有裂纹、内花键不光滑等现象都必须更换。

2. 离合器摩擦片的装配

1）摩擦片还可继续使用的，须单独进行清洗。用清洗剂做彻底清洗后，要用清洁的水反复冲洗零件表面，使其表面不含残存的清洗剂，然后用干燥清洁的压缩空气将所有的零件吹干，再在表面上涂一层 ATF，等待装配。

2）装配前，摩擦片要在洁净的 ATF 中浸泡。新摩擦片要浸泡 2h，旧摩擦片要浸泡 15~30min。

3）旧片要换位。装配时若使用旧摩擦片，最里边和最外边的摩擦片最好换一次位。

4）缺口要对正。部分离合器摩擦片花键上有一缺口，是动平衡标记，装配时注意将各片的缺口对正。

3. 离合器其他元件的检查

1）离合器活塞复位弹簧工作行程和油压较小，很少损坏。拆卸离合器时，外观上看复位弹簧没有折断、散乱就不必拆复位弹簧的卡环。复位弹簧主要检查其自由长度。凡变形、过短、折断的弹簧必须更换。

2）压盘和钢片上的齿要完好，不能拉毛，拉毛容易造成卡滞。压盘和钢片表面若有蓝色过热的斑迹，则应在平台上用高度尺测量其高度，或将两片叠在一起，检查其是否变形。出现变形或表面有裂纹的必须更换。

3）离合器间隙的检查。离合器重新装配后要检查离合器的间隙。间隙过大会使换档滞后、离合器打滑；间隙过小会使得离合器分离不彻底。检查离合器间隙一般用塞尺进行，如图1-1-64所示。

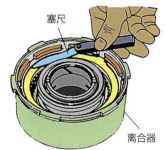

图1-1-64 检查离合器间隙

➡ **小提示**：检查离合器间隙时，可用空气压缩机、压缩空气枪、百分表和磁力表架。压缩空气应保持在0.4MPa的压力，把压缩空气枪对准进油孔，固定好离合器，把百分表抵住外侧压盘，开动压缩空气枪，从百分表摆差得到离合器间隙。

4. 带式制动器的检修

1）外观检查。检查制动带是否有破裂、过热、不均匀磨损、表面剥落等缺陷，检查制动带磨损是否均匀，检查摩擦材料上印制的数字是否磨掉，如果有任何一种，制动带都应更换。

2）检查制动带摩擦片表面的含油能力。擦净制动带摩擦片上的油，然后用手指轻压制动带摩擦片，应有油溢出，若轻压后无油溢出，说明制动带摩擦片表面含油能力下降，应更换。

3）制动鼓的检查。检查制动鼓表面是否磨损严重，是否有烧蚀，如果磨损严重或有烧蚀，应更换制动鼓。

4）带式制动器组装后检查。可用400~800kPa的气压向伺服缸内施压，此时制动带应抱紧制动鼓，说明伺服液压缸正常。继续加压到伺服液压缸工作通道的同时，用另一把压缩空气枪加压到伺服装置的释放通道，此时伺服装置应松开制动带。

➡ **小提示**：在检查制动带能否箍紧时，可用塞尺在加压前先测一下制动带的开口间隙，加压箍紧后再测一下制动带的开口间隙，便可推算出伺服推杆实际的工作行程。

5）制动器装配后工作间隙的调整。间隙过小会造成换档冲击以及摩擦片和制动鼓之间分离不彻底，间隙过大易造成制动带打滑。调整时可将调整螺钉松开，先使制动带完全抱死，然后将调整螺钉退回1.5~2.5圈后锁死。

➡ **小提示**：对于倒档制动带，因油压较高，制动带与制动鼓的间隙应稍大一些，一般是扭紧后将调整螺钉退回5圈后锁死。

5. 行星排的检查

1）目视检查太阳轮、行星轮和齿圈的齿面，若有磨损或疲劳剥落，应更换整个行星排。

2）检查行星轮与行星架之间的间隙，如图1-1-65所示，其标准间隙为0.2~0.6mm，最大不得超过1.0mm，

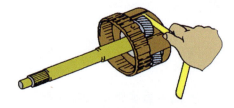

图1-1-65 行星轮与行星架间隙检查

否则应更换止推垫片或行星架和行星轮组件。

3）用百分表检查太阳轮、齿圈、行星架等零件的轴径或滑动轴承处有无磨损，如图1-1-66所示，若有异常应更换新件。

a）检查太阳轮　　　b）检查齿圈　　　　　c）检查行星架

图1-1-66　太阳轮、行星架、齿圈磨损检查

6. 单向离合器的检查

1）检查单向离合器是否存在滚柱破裂、保持架断裂或内外圈滚道磨损起槽等情况，如果发现应及时更换新件。

2）检查单向离合器的锁止情况，按图1-1-67所示，要求能在前后两个箭头所示的方向自由转动，而反方向锁止。

7. 油泵的检修

1）检查从动齿轮与泵体之间的间隙。如图1-1-68所示，用塞尺测量从动齿轮与泵体之间的间隙。

2）检查从动齿轮齿顶与月牙板之间的间隙。如图1-1-69所示，用塞尺测量从动齿轮齿顶与月牙板之间的间隙。

图1-1-67　单向离合器的检查

图1-1-68　用塞尺测量从动齿轮与泵体之间的间隙

图1-1-69　用塞尺测量从动齿轮齿顶与月牙板之间的间隙

3）检查主动齿轮齿顶与月牙板之间的间隙。如图1-1-70所示，用塞尺测量主动齿轮齿顶与月牙板之间的间隙。

4）检查主动齿轮与从动齿轮的侧隙。如图1-1-71所示，用直尺和塞尺测量主动齿轮与从动齿轮的侧隙。

图 1-1-70 用塞尺测量主动齿轮齿顶与月牙板之间的间隙

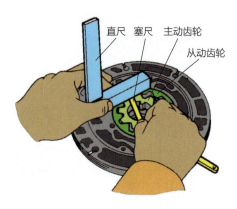

图 1-1-71 用直尺和塞尺测量主动齿轮与从动齿轮的侧隙

如果以上工作间隙超过规定值,应更换油泵。

8. 阀体的检修

阀体是自动变速器中最精密的部件之一,它的性能好坏直接影响到自动变速器的换档规律。只有在自动变速器出现换档规律失常,或摩擦片严重烧毁,阀体内沾有大量摩擦粉末时,才可对阀板进行拆检修理。目前生产厂家均严禁进行阀体维修。

1)检查所有阀芯表面有无刮伤痕迹,如果有轻微刮痕,可用金相砂纸抛光。
2)检查各弹簧有无损坏,测量长度是否符合要求,如果不符合要求,应更换。
3)检查滤网有无损坏或堵塞,如果有,应更换。
4)更换所有的纸质衬垫和塑料球阀。

➡ **小提示:** 如果必须对阀体进行拆检修理,一定要按照维修手册的要求对相关零件进行拆卸,并用清洁的煤油或酒精清洗所有的阀体零件。

三、自动变速器控制系统的检修

检修要求及注意事项

1)电控单元(ECU)对过电压、静电非常敏感,因此,在点火开关接通时,不要插拔系统的插接器,插拔 ECU 上的插接器应做好防静电措施,以免损坏 ECU。
2)检修时需要将检修车辆停在水平路面上,并拉紧驻车制动,可靠驻车。
3)检修时要使用厂家要求的检测工具和检测仪器,并按要求使用。
4)使用压缩空气时,要做好防护工作,以免造成人员伤害。
5)在更换元器件时,要按厂家要求更换原厂指定的配件,确认更换时再打开包装。

1. 系统自诊断

自动变速器电子控制系统的电子控制单元中装有故障存储器,具有自诊断功能,如果被监测的部件发生了故障,故障的类型会以故障码的形式存储在故障存储器内。可以利用故障诊断仪读取故障码，帮助确定故障部位。

1）先连接故障诊断仪。关闭点火开关，将故障诊断仪连接到故障车的诊断插头上，按照故障诊断仪显示屏的提示，进行相应的操作。

→ **小提示：**
◆ 在连接故障诊断仪之前，应将变速杆置于 P 位，并且拉起驻车制动手柄。
◆ 蓄电池电压正常。

2）读取故障码，读取数据流。

3）清除故障码。在排除故障后，应清除故障码。

2. 节气门位置传感器检测

1）检查传感器电阻。点火开关关闭，拔下传感器插接器插头，用万用表的电阻档测量各端子之间的电阻值，标准值见表 1-1-17。如果电阻值不正常，应更换节气门位置传感器。

表 1-1-17 节气门位置传感器各端子之间的电阻值　　（单位：kΩ）

节气门开度	VTA-E 端子	IDL-E 端子	VC-E 端子
全闭	0.2~0.8	0	固定值
全开	2.8~8.0	∞	固定值
从全闭到全开	连续逐渐增大	∞	固定值

2）检查传感器电压。打开点火开关，但不起动发动机。用万用表的电压档测量各端子之间的电压，标准值见表 1-1-18。如果电压值不正常，应更换节气门位置传感器。

表 1-1-18 节气门位置传感器各端子之间的电压值　　（单位：V）

节气门开度	VTA-E 端子	IDL-E 端子	VC-E 端子
全闭	0.7	低于 1	5
全开	3.5~5.0	4~6	5
从全闭到全开	连续逐渐增大	4~6	5

3. 电磁式车速传感器的检测

1）外观检查。检查转子是否有断齿、脏污等情况。

2）检查转子齿顶与传感器之间的间隙。方法是用标准间隙厚度的塞尺插入转子齿顶与传感器之间，如果感觉阻力合适表明间隙符合标准，如果阻力大说明间隙过小，如果没有阻力说明间隙大。

3）检查电磁线圈电阻。方法是关闭点火开关，拔下传感器插头，用万用表测量电磁线圈电阻，与标准电阻值进行比较。

4）模拟检查。举升车辆，用万用表交流电压表 2V 档测量输出电压，运转时应为 0.4~0.8V；也可用示波器检测输出信号波形是否完整、连续、光滑等。如果检查结果不符合要求，则应更换车速传感器。

4. 冷却液（油）温度传感器检测

1）将冷却液（油）温度传感器放在水（油）杯中进行加热。

2）加热过程中，测量不同温度下的电阻值，如图 1-1-72 所示，并对照维修手册的标准值来判断其好坏。见表 1-1-19 大众车系冷却液温度传感器的检测电阻值。

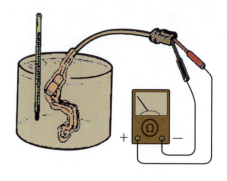

图 1-1-72　冷却液（油）温度传感器检测

表 1-1-19　冷却液温度传感器不同温度的电阻值

温度 /℃	电阻 /kΩ
20	250
60	50
120	7.5

5. 空档起动开关的检测

1）检查开关导通情况。点火开关关闭，拔下传感器插接器插头，用万用表的电阻档测量各端子之间的导通情况，见表 1-1-20。如果不正常，应更换开关。

表 1-1-20　空档起动开关各端子之间的导通情况

档位	测量端子							
	3（B）	2（N）	9（C）	1（P）	4（R）	6（NB）	5（D）	7（2）	8（L）
P	○	○	○	○					
R			○		○				
N	○	○	○			○			
D			○				○		
2			○					○	
L			○						○

2）检查空档起动开关各端子电压。打开点火开关，但不起动发动机。用万用表的电压档测量空档起动开关各端子之间的电压，标准值见表 1-1-21。如果电压值不正常，应更换节气门位置传感器。

表 1-1-21　空档起动开关各端子的电压值　　　　　（单位：V）

档位	测量端子			
	R 与搭铁（-）	NSW 与搭铁（-）	2 与搭铁（-）	L 与搭铁（-）
P，N	0	0	0	0
R	12	5	0	0
D	0	5	0	0
2	0	5	12	0
L	0	5	0	12

6. 开关式电磁阀的检测

1）检查电磁阀电阻。如图 1-1-73 所示,脱开电磁阀插接器,测量电磁阀端子与车身搭铁之间的电阻,开关式电磁阀应为 11~15Ω,占空比式电磁阀应为 3.6~4.0Ω。

2）检查电磁阀的工作。如图 1-1-74 所示,电磁阀通电,检查是否有工作响声。由于占空比式电磁阀线圈的电阻很小,不可与 12V 蓄电池直接相连,否则容易烧毁电磁阀线圈。检测时将蓄电池串联一个低电阻,如一个 8~10W 的灯泡,然后再与电磁线圈相连,电磁阀应当动作,否则应更换电磁阀。

3）检查电磁阀的漏气。如图 1-1-75 所示,拆下电磁阀,施加 0.5MPa 的压缩空气,检查电磁阀是否漏气。

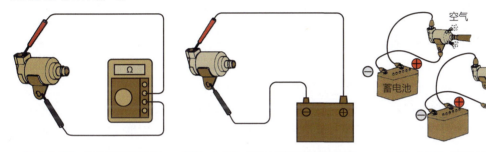

图 1-1-73　检查电磁阀电阻　　图 1-1-74　通电检查电磁阀的工作　　图 1-1-75　检查电磁阀的漏气

四、自动变速器的基本检查与性能试验

1. 电控自动变速器故障诊断与检测一般程序

电控自动变速器故障诊断与检测一般流程如图 1-1-76 所示。

图 1-1-76　电控自动变速器故障诊断与检测一般流程

1）先进行常规检查，如 ATF 是否缺少等。

2）用故障诊断仪读取故障码，找到故障码所提示的具体零件。

3）手动换档试验，根据故障现象分析，进行故障现象确认。

4）进行失速试验，查找相关部件的机械技术状况。

5）进行油压试验，检查油泵、调压阀、调速器油压和油路压力的检测。

6）进行换档迟滞试验，检查离合器、制动器等零部件摩擦磨损程度。

7）进行道路试验，检查自动换档点、有无异常噪声、振动、打滑以及发动机的制动作用等。

8）对电控系统组件及线路进行检查。

9）结合各项测试结果，推断故障原因和故障部位，直至排除故障。

2. 自动变速器的基本检查

自动变速器的很多常见故障是由于 ATF 液面高度不正确、油质不良、变速杆位置不准确等原因造成的，对这些方面的检查就是自动变速器的基本检查。

（1）ATF 液面高度的检查　ATF 液面高度过高会导致主油压过高，从而出现换档冲击振动、换档提前等故障；ATF 液面高度过高还会导致空气进入 ATF。如果 ATF 液面高度过低则又会导致主油压过低，从而出现换档滞后、离合器和制动器打滑等故障。

ATF 液面高度检查的具体方法、步骤如下：

1）起动发动机，预热车辆，使发动机冷却液温度和自动变速器 ATF 温度达到正常工作温度。

2）将车辆停在水平地面，并可靠驻车。

3）发动机怠速运转，将变速杆由 P 切换至各档位，再退回 P 位。

4）拉出变速器油尺，并将其擦拭干净。

5）将油尺全部插回套管。

6）再将油尺拉出，检查液面是否在 HOT 范围，如图 1-1-77 所示；如果不在，应加油。

（2）ATF 油质的检查　从油质中可以了解自动变速器具体的损坏情况。油质的好坏主要从以下几个方面进行识别：

1）颜色。正常颜色为鲜亮、透明的红色，如果发黑则说明已经变质或有杂质，如果呈粉红色或白色则说明油冷却器进水。

2）气味。正常的 ATF 没有气味，如果有焦糊味，说明 ATF 过热，有摩擦材料烧蚀。

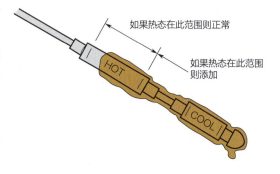

图 1-1-77　ATF 液面高度的检查

3）杂质。如果 ATF 中有金属屑，说明有零件严重磨损或损伤；如果 ATF 中有胶质状油，说明 ATF 因油温过高或使用时间过长而变质。

→ 小提示：检查 ATF 油质时，从油尺上闻一闻油液的气味，在手指上点少许油液，用手指互相摩擦看是否有颗粒，或将油尺上的油液滴在干净的白纸上，检查油液的颜色及气味。

（3）ATF的更换　ATF要按维修要求进行定期更换，更换的周期因车型而异，一般为6～8万km进行更换。具体方法、步骤如下：

1）拆下放油塞，将ATF排放到容器中。

2）再将放油塞紧固上。

3）发动机熄火，通过加油管加入新油。

4）起动发动机，将变速杆由P位换至L位，再退回P位。

5）检查油位，应在"COOL"范围内。

6）在正常温度（70~80℃）时检查油位，必要时加油。

➡ **小提示**：ATF的选择要按照厂家的推荐。

（4）变速杆位置检查和调整　将变速杆从N位换到其他档位，检查变速杆是否能平稳而又精确地换到其他档位。同时检查档位指示器是否正确地指示档位。

如果档位指示器与正确档位不一致，进行下述调整：

1）松开变速杆上的螺母。

2）将控制轴杆向后推到位，然后将控制轴杆退回两个槽口到N位，如图1-1-78所示。

3）将变速杆定位在N位。

4）稍稍朝R位定位变速杆，拧紧变速杆螺母。

5）起动发动机，确认变速杆自N位换到D位时，车辆向前移动而换到R位时，车辆后退。

（5）空档起动开关检查与调整　检查发动机是否仅能在变速杆位于N位或P位时起动，在其他档位不能起动。如果不符合要求，则应进行如下的调整，如图1-1-79所示。

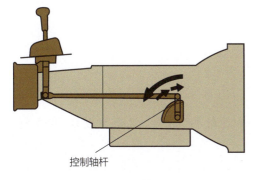

图1-1-78　将控制轴杆移到N位

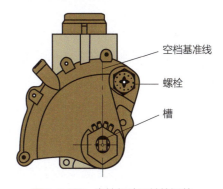

图1-1-79　空档起动开关的调整

1）松开空档起动开关螺栓，将变速杆置于N位。

2）将槽口对准空档基准线。

3）定位位置并按规定力矩拧紧螺栓。

维修实例

（1）故障现象　一汽大众奥迪A6L 2016款TFSI技术型轿车，行驶里程为3.2万km，自动变速器不跳档，车速提升不起来。

（2）故障诊断与排除

1）先将故障诊断仪与该车的故障诊断插口连接上，故障诊断仪显示的故障为自动变速器转速传感器 G38 信号不良。换用新的 G38 传感器装车路试，故障依旧。说明 G38 传感器正常。

2）推断是否相关控制线路有问题，用万用表分别测量自动变速器控制单元 J217 的端子 21 及端子 66 与 G38 传感器插头的电阻值，其中一个电阻值为无穷大，说明 G38 传感器控制线路有断路的地方。

3）经过仔细检查 G38 传感器控制线路，发现控制线路与自动变速器控制单元（ECU）相连插接器的插孔与端子接触不良，从而导致该线路时而断路。

4）插好 G38 传感器插接器后，重新读取故障码，传感器 G38 变为"SP"偶发故障，将该故障码清除后，ECU 无故障记忆。

路试车辆，自动变速器工作一切正常，故障排除。

任务二　无级变速器的检修

岗位核心能力

◎ **知识目标**

1）能够熟悉无级变速器的基本组成与工作原理。

2）能够熟悉无级变速器主要部件的结构和工作过程。

◎ **技能目标**

1）能够对无级变速器进行正确检查。

2）能够对无级变速器进行正确维护。

案例导入

一辆一汽大众奥迪 A6L 2015 款 30 FSI 百万纪念舒享型轿车，2.5L 发动机，装备模拟 8 档 CVT 变速器，行驶里程为 7.2 万 km。该车在加速时车辆颤抖，同时出现异响。根据以往的维修经验，分析该车产生故障的主要原因可能是变速器油压不足或者过高导致链条损坏或者链条打滑。

该车故障现象为典型的无级变速器故障。为了正确地判断无级变速器的故障，查明故障原因，作为汽车维修人员必须全面认识和了解无级变速器、熟悉无级变速器的结构与工作原理、掌握无级变速器的故障检查与诊断方法。

相关知识

一、无级变速器的组成与基本工作原理

汽车上装配的变速器除了手动变速器（MT）和自动变速器（AT）外，还装有无级变速器（CVT），例如雷克萨斯 CT200h、奥迪 A6L、奥迪 A4L、斯巴鲁、雅阁、帝豪、比亚迪、

思域、长城、飞度、阳光、天籁、轩逸、逍客、骐达及丰田 RAV4 等众多车型。无级变速器能实现传动比的连续变化，并且比其他两种变速器体积小，结构简单，因此被多种车型采用，成为变速器的主流品种。

如图 1-2-1 所示为奥迪 A6L 轿车 CVT 实物的剖面图。

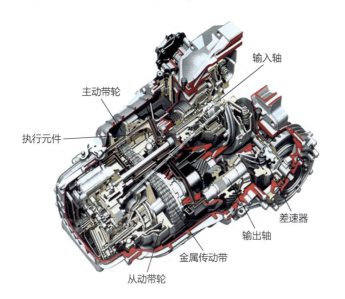

CVT 无级变速器
结构与工作原理

图 1-2-1 奥迪 A6L 轿车 CVT 实物的剖面图

无级变速器（Continuously Variable Transmission，CVT）是传动比可以在一定范围内连续变化的变速器。它最主要的结构特点是采用传动带和可变工作直径的主、从动轮相配合来传递动力，可以实现传动比的连续改变，从而得到传动系与发动机工况的最佳匹配，最大限度地利用发动机的特性，提高汽车的动力性和燃油经济性，如今在汽车上的应用越来越多。目前常见的是金属带式和传动链式无级变速器。

1. 无级变速器的特点

（1）优点

1）结构简单、体积小，大批量生产后的成本低于液力自动变速器。

2）理论上档位可以无限多、档位设定更为自由、工作速比范围宽、容易与发动机形成理想的匹配，从而改善燃烧过程，降低油耗和排放。

3）具有较高的传动效率、功率损失少、经济性高。

4）由于没有了一般自动档变速器的传动齿轮，也就没有了自动档变速器的换档过程，由此带来的换档顿挫感也随之消失，因此 CVT 的动力输出是线性的，在实际驾驶中非常平顺。

（2）缺点

1）由于金属带所能承受的力量有限，应用范围受限制，故 CVT 一般只能应用在排量 2.8L 以下或额定输出转矩 300N·m 以下的发动机上。目前金属带的问题正在逐步得到改善。

2）相比于传统自动变速器而言，其成本要高，而且若使用操作不当，出现故障的概率更高。

2. 无级变速器的组成

金属带式无级变速器的基本结构如图 1-2-2 所示,主要由主动带轮、从动带轮和金属传动带（或传动链）组成。

金属传动带将动力从主动带轮传送到从动带轮。一般车型 CVT（如长城汽车）使用的是宽为 24 mm 的推式金属传动带,由钢带和钢片组成,如图 1-2-3 所示。

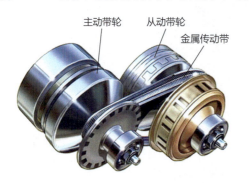

图 1-2-2 金属带式无级变速器的基本结构　　　　图 1-2-3 金属传动带

传动带由 450 片钢片和 24 根钢带固定到一起,每边 12 根钢带。钢带上一般有箭头标记,箭头为转动方向。

3. 无级变速器的基本工作原理

金属带式无级变速器的变速原理如图 1-2-4 所示。

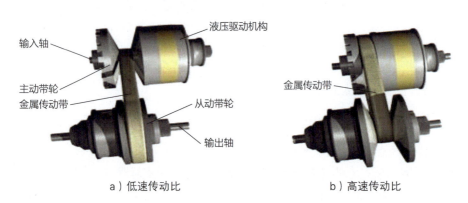

a）低速传动比　　　　b）高速传动比

图 1-2-4 金属带式无级变速器的变速原理

➡ 要点:

◆ 变速部分的主动带轮和从动带轮都是由两个带有锥面结构的半个带轮组成,其中一个半轮是固定的,称为固定盘,而另一个半轮则可以通过液压控制系统控制其轴向移动,称为可动盘,它们的锥面所形成的 V 形槽与 V 形金属带啮合。

◆ 由于两个带轮之间的中心距是固定的,因此可通过调节主动带轮的可动盘与从动带轮的可动盘的轴向移动（即当其中一个带轮的 V 形槽变窄时,另一个带轮的 V 形槽就会变宽）,来改变主动带轮、从动带轮与 V 形传动带啮合的工作半径,从而改变传动比，使之按低速或高速传动比输出动力。

◆ 由于两个带轮的直径可以连续无级变化，形成的传动比也是连续无级变化的。

二、典型车型无级变速器的结构与工作原理

下面以奥迪 Multitronic CVT（该无级变速器的内部编号为 01J）为例对无级变速器的结构和工作过程进行介绍。

1. 无级变速器总体结构

奥迪 01J CVT 主要由缓冲减振装置（飞轮减振装置）、动力连接装置（制动器、离合器、行星齿轮机构等）、速比变换器、传动带、液压控制系统和电控系统等组成，如图 1-2-5 所示。

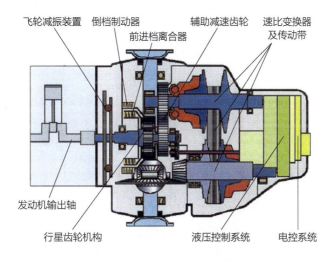

图 1-2-5　奥迪 01J CVT 的总体结构

发动机输出转矩通过飞轮减振装置传递给变速器输入轴，前进档和倒档是通过动力连接装置中的前进档离合器、倒档制动器和行星齿轮机构实现的。变速器的动力通过动力连接装置中的辅助减速齿轮组传到速比变换系统，并由此传到主减速器、差速器。速比变换系统是变速器的关键部件，它可以实现变速比在允许范围内无级调节，能提供一个合适的传动比，使发动机总是工作在最佳转速范围内，实现汽车动力性和经济性的最优化。液压控制系统和电子控制系统集成一体，位于变速器内部，主要用来控制液压系统压力和变速器的速比变化。

2. 缓冲减振装置

01J 型无级变速器取消了变矩器，因此在 CVT 上需要一个缓冲减振装置来缓冲飞轮转动的不均匀对变速器所形成的扭转振动。奥迪 V6 2.8L 发动机采用飞轮减振装置，奥迪 A4 1.8L 四缸发动机采用双质量飞轮作为缓冲减振装置。

3. 动力连接装置

动力连接装置包括前进档离合器、倒档制动器、行星齿轮机构和辅助减速齿轮，其传动简图如图 1-2-6 所示。

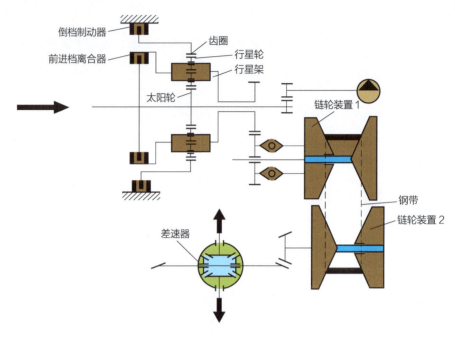

图1-2-6 动力连接装置传动简图

（1）前进档离合器和倒档制动器 是该变速器的起动装置，并与行星齿轮机构一起实现前进档和倒档。前进档离合器用于连接输入轴和行星齿轮机构的行星架，倒档制动器用于固定行星齿轮机构的齿圈，两者均采用湿式多片式结构，这与前述的自动变速器中的离合器和制动器的结构是相同的。

（2）行星齿轮机构 由齿圈、两个行星轮、行星架、太阳轮组成。当太阳轮顺时针转动时，驱动行星轮1逆时针转动，再驱动行星轮2顺时针转动，最后驱动齿圈也顺时针转动。

➡ **要点**：作为输入元件的太阳轮与输入轴和前进档离合器钢片相连接，作为输出元件的行星架与辅助减速齿轮的主动齿轮和前进档离合器的摩擦片相连接，齿圈和倒档制动器摩擦片相连接，倒档制动器钢片和变速器壳体相连接。

行星齿轮机构的简图如图1-2-7所示。

（3）动力传递路线

1）P/N位的动力传动路线。变速杆处于P位或N位时，前进档离合器和倒档制动器都不工作。发动机的转矩通过输入轴相连接的太阳轮传到行星齿轮机构并驱动行星轮1，行星轮1再驱动行星轮2，行星轮2与齿圈相啮合。车辆尚未行驶时，作为辅助减速齿轮输入部分的行星架（行星齿轮机构的输出部分）的阻力很大，处于静止状态，齿圈以发动机转速一半的速度怠速运转，旋转方向与发动机相同。

2）前进档的动力传动路线。变速杆处于D位时，前进档离合器工作。由于前进档离合器钢片与太阳轮连接，摩擦片与行星架相连接，此时，太阳轮（变速器输入轴）与行星架（输出部分）连接，行星齿轮机构被锁死成为一体，并与发动机运转方向相同，传动比为1:1。

3）倒档的动力传动路线。变速杆处于R位时，倒档制动器工作。由于倒档制动器摩擦片与齿圈相连接，钢片与变速器壳体相连接，此时，齿圈被固定，太阳轮（输入轴）主动，转矩传递到行星架,由于是双行星轮(其中一个为惰轮),行星架就会以与发动机旋转方向相反的方向运转,车辆向后行驶。

(4)辅助减速齿轮 如图1-2-8所示,由行星齿轮机构中的行星架输出的动力,经辅助减速齿轮传递到链轮装置,即传到速比变换器。

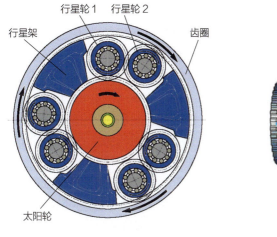

图1-2-7 行星齿轮机构简图   图1-2-8 辅助减速齿轮的作用

(5)辅助变速齿轮 辅助变速齿轮是一对普通变速齿轮机构,用于行星齿轮机构传来的动力减速后传给速比变换器的主动链轮,由于受空间限制,其传动比为1.109。

4. 速比变换器

速比变换器是CVT中最重要的装置,其功用是实现无级变速传动。

速比变换器由主动链轮装置、从动链轮装置和传动链条等组成,如图1-2-9所示。

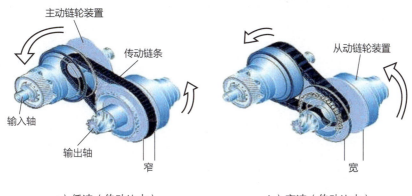

a)低速(传动比大)   b)高速(传动比小)

图1-2-9 速比变换器的组成

➡ **要点:**

◆ 主动链轮由发动机通过辅助减速齿轮驱动,发动机转矩由传动链传递到从动链轮装置,并由此传给主减速器。

◆ 每组链轮装置中的其中一个链轮可沿轴向移动，来调整传动链的跨度尺寸，从而连续地改变传动比。

◆ 两组链轮装置必须同步进行，这样才能保证传动链始终处于张紧状态，以保证传动链和链轮之间有足够的接触压力。

1）传动链轮。速比变换器传动链轮的工作模式是基于双活塞工作原理，如图 1-2-10 所示。其特点是利用少量的压力油就可以很快地进行换档，这可以保证在相对低压时，锥面链轮与传动链之间有足够的接触压力。在链轮装置1和链轮装置2上各有一个保证传动链轮和传动链之间正常接触压力的压力缸和用于调整变速比的分离缸。为了有效地传递发动机转矩，锥面链轮和传动链之间需要很高的接触压力，接触压力通过调节压力缸内的油压产生。压力缸表面积很大，能够在低压时提供所需的接触压力。液压系统泄压时，主动链轮膜片弹簧和从动链轮的螺旋弹簧产生一个额定的传动链条基础张紧力（接触压力）。在卸压状态下，速比变换器起动，传动比由从动链轮的螺旋弹簧弹力调整。

2）传动链。如图 1-2-11 所示，01J 自动变速器的传动链采用了不等长度的链节，可以有效防止共振，并减小运动噪声。与传统的滑动带或 V 带相比，01J 自动变速器的传动链传递转矩大、传动效率高，很小的跨度半径就可以产生很大范围的传动比变化。

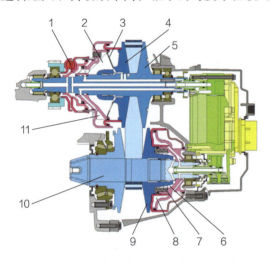

图 1-2-10 速比变换器传动链轮的工作原理

1—转矩传感器　2、8—压力缸　3—膜片弹簧
4—锥面链轮1　5—链轮装置1　6、11—分离缸
7—螺旋弹簧　9—锥面链轮2　10—链轮装置2

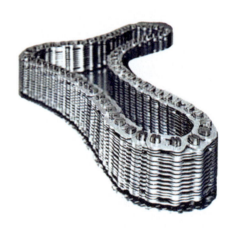

图 1-2-11 01J 自动变速器的传动链

5. 液压控制系统

CVT 的液压控制系统也像自动变速器的液压控制系统一样，担负着系统油压的控制、油路的转换控制、用油元件的供油以及冷却、润滑控制等。

（1）供油装置　供油系统的主要部件是油泵，油泵是变速器中消耗动力的主要部件。奥迪 01J CVT 的供油装置采用的是带月牙形密封的内啮合齿轮泵，直接装在液压控制单元上，形成一个整体，并直接由输入轴通过直齿轮驱动泵轴转动，减少了压力损失。由于该油泵内部零部件公差要求很高,所以油泵内部密封良好,在发动机低速下仍可产生高压。

另外,供油系统为了保证充分冷却离合器和制动器,特别装有吸气喷射泵。吸气喷射泵集成在离合器冷却系统中,以供应冷却离合器所需的润滑油量。吸气喷射泵为塑料结构,并且凸向油底壳深处,其内部结构如图1-2-12所示。

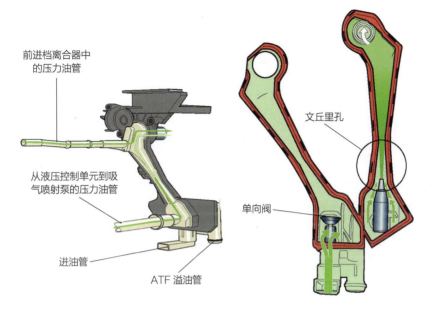

图1-2-12 吸气喷射泵

吸气喷射泵是根据文丘里管原理工作的。当离合器需要冷却时,ATF由油泵出来,通过吸气喷射泵进行导流并形成动力喷射流,润滑油流经泵的真空部分产生一定真空。将油从油底壳中吸出,并与动力喷射流一起形成一股大量的油流,在不增加油泵的容积情况下,冷却油流量几乎加倍。

(2)液压控制单元 液压控制单元与油泵和变速器控制单元集成为一个小型的不可分单元。液压控制单元和变速器控制单元直接插接在一起。液压控制单元由手动换档阀、9个液压阀和3个电磁控制阀组成,主要完成以下功能。

1)控制前进档离合器/倒档制动器的工作状态。

2)调节离合器压力。

3)冷却离合器。

4)为接触压力控制提供压力油。

5)传动控制。

6)为飞溅润滑油罩盖供油。

(3)液压控制油路 液压控制系统的油路图如图1-2-13所示。为防止系统工作压力过高,限压阀将油泵产生的最高压力限制在0.82MPa,并通过输导控制阀向3个压力调节电磁阀提供一个恒定的0.5MPa的输导控制压力。压力阀防止起动时油泵吸入空气,当油泵输出功率高时,压力阀打开,允许ATF从回油管流到油泵吸入侧,提高油泵效率。施压阀控制系统压力,在各种工况下都始终能够提供足够的油压。电磁阀N88、N215和N216是压力控制阀,它们将控制电流转变为相应的液压控制压力。

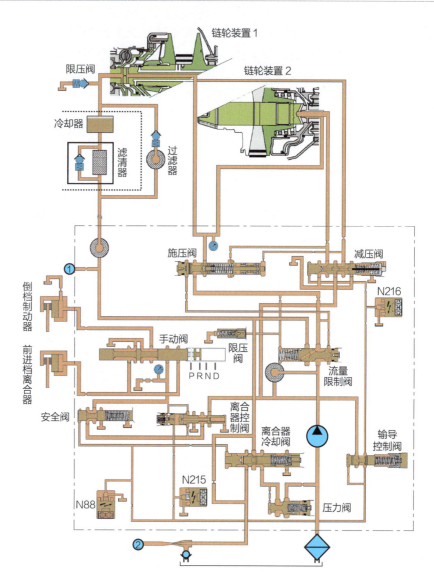

图 1-2-13 液压控制系统的油路图

（4）冷却系统　来自主动链轮装置1的ATF，最初流经ATF散热器（ATF散热器与发动机散热器集成在一起）之后，在流回液压控制单元前流经ATF滤清器，如图1-2-14所示。图中差压阀DDV1防止ATF冷却器压力过高。当ATF温度低时，供油管和回油管建立起的压力有很大不同。达到标定压差，差压阀DDV1打开，供油管与回油管直接接通，使ATF温度迅速升高。当ATF滤清器的流动阻力过高时（如滤芯堵了），差压阀DDV2打开，阻止DDV1打开。

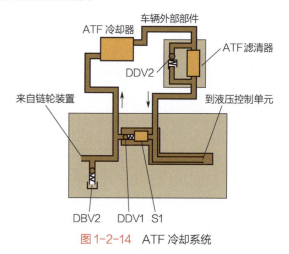

图 1-2-14 ATF 冷却系统

➡ **要点：**
◆ 为了保护离合器不暴露在高温下，离合器由单独的油流来冷却（特别是在苛刻条件下行驶时）。
◆ 为了减少离合器冷却时的动力损失，冷却油流由控制单元控制。
◆ 冷却油可通过吸气喷射泵来增加而不必对油泵容量有过高的要求。

前进档离合器的冷却油和压力油是通过变速器输入轴的孔道流通。两油路由钢管彼此分开，在变速器输入轴的出油孔上安装"润滑油分配器"，将润滑油引导到前进位离合器或倒档制动器。

在离合器工作的同时，离合器冷却系统接通。变速器控制单元向电磁阀 N88 提供一个额定电流，该电流产生一个控制压力控制离合器冷却阀（KKV），KKV 将压力从冷却油回油管传到吸气喷射泵（吸气泵），用于操纵吸气喷射泵（吸气泵）。

（5）润滑系统 位于链轮装置 2 上的飞溅式润滑油罩盖是变速器的又一个独特结构，它可阻止压力缸建立起动态压力，其结构如图 1-2-15 所示。在发动机转速很高时，压力缸内变速器油承受很高的旋转离心力，使其压力上升，此过程称为"动态压力建立"。动态压力建立不是我们所希望的，因为它会不恰当地提高接触压力，并对传动控制产生有害的影响。

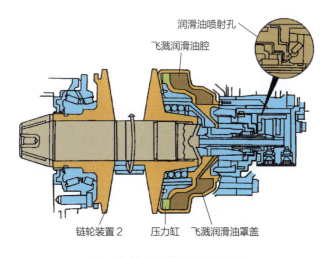

图 1-2-15 飞溅式润滑油罩盖

➡ **要点：**
◆ 封闭在飞溅润滑油罩盖内的油承受与压力缸内油相同的动态压力，这样，压力缸内的动态压力得到补偿。
◆ 飞溅润滑油腔通过燃油喷射孔直接从液压控制单元处获得润滑油，通过此孔，润滑油连续喷入飞溅润滑油腔入口。
◆ 飞溅润滑油腔容积减少（当改变传动比时）使润滑油从供油入口排出。

6. 电子控制系统

奥迪01JCVT的电子控制系统的组成如图1-2-16所示，主要由电子控制单元、输入装置（传感器、开关）和输出装置（电磁阀）三部分组成。其特点是电子控制单元集成在速比变换器内，控制单元直接用螺栓紧固在液压控制单元上。3个压力调节阀与控制单元间直接通过坚固的插头连接（S形接头），没有连接线。控制单元用一个25针脚的小型插头与汽车线束相连。电控系统更具特点的是集成在控制单元内的传感器技术，壳体容纳全部的传感器，因此不再需要线束和插头，这种结构大大提高了工作效率和可靠性。另外将发动机转速传感器和多功能开关设计成霍尔传感器，霍尔传感器没有机械磨损，信号不受电磁干扰，可使其可靠性进一步提高。

→ **小提示**：传感器为控制单元的集成部件，若某个传感器损坏，必须更换电子控制单元。

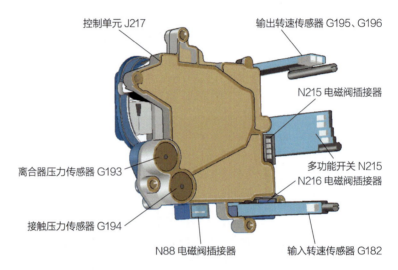

图1-2-16　电子控制系统的组成

（1）电子控制单元　电子控制单元J217集成在变速器内，控制单元直接用螺栓紧固在液压控制单元上，用一个25针的小型插头与汽车线束相连。J217的底座为一个坚硬的铝板壳，此铝板壳起到了隔热作用。该壳体容纳全部的传感器，因此不再需要线束和插头，因而没有单独线束，这种结构更加提高了控制单元J217的可靠性。

电子控制单元J217的主要功能见表1-2-1。

表1-2-1　电子控制单元J217的主要功能

功能	说　明
微量打滑控制	微量打滑控制功能是针对离合器进行控制，它能减缓发动机产生的扭转振动，在部分负荷下，离合器特性被调整到发动机输出转矩为160N·m时的状态 当发动机转速上升到大约1800r/min时，发动机输出转矩达到220N·m左右，此时离合器进入"微量打滑"模式下工作。在此模式下，变速器输入轴和主动链轮装置之间的打滑率保持在5~20r/min之间
动态换档控制程序	控制单元J217有一个动态换档控制程序（DRP），用于计算变速器目标输入转速。DRP的目标是将操纵性能尽可能与驾驶人输入相适应，使驾驶人有如机械模式下驾驶的感觉。控制单元J217接收驾驶人动作、车辆运动状态和路面情况信息，计算加速踏板动作频率和加速踏板角度位置、车速和车辆加速情况等信息，并利用这些信息和逻辑组合，在发动机转速范围内，通过改变传动比，将变速器输出转速设定在最佳动力性和最佳经济性之间，使汽车操作性和驾驶性能与驾驶人输入信号尽可能匹配

（续）

功能	说　明
离合器与制动器的控制	控制单元J217通过接收发动机转速、变速器输入转速、加速踏板位置、发动机转矩、制动力、变速器油温等信号计算出离合器（制动器）所需的额定压力，对离合器压力和传递的转矩进行精确的控制
离合器匹配控制	离合器匹配控制功能的作用是保持恒定的离合器控制质量，控制适合的离合器压力，提高效率。因离合器的摩擦系数受变速器油质、变速器油温、离合器温度、离合器打滑率等许多因素影响，并且不断变化，为了补偿这些影响，使离合器在任何工作状态下和其寿命内保持控制的舒适性能不变，控制电流及离合器转矩之间的关系必须不断优化，以达到最佳的匹配状态
过载保护控制	变速器控制单元计算出离合器打滑温度，若测得的离合器温度因离合器过载而超出标定界线，将减小发动机输出转矩。当发动机转矩被减小到发动机怠速上限时，在一段时间内，发动机对加速踏板信号无反应，同时离合器冷却系统确保短时间内使离合器降温，此后又迅速重新提供发动机最大转矩
依据行驶阻力自适应控制	控制单元通过计算汽车行驶阻力的变化（例如上坡、下坡、车辆处于被牵引状态等），并与在平路上行驶时的牵引阻力作比较，以控制发动机的功率输出。例如在上坡或牵引车辆时，需要加大转矩。在这种情况下控制单元J217使变速控制向减速方向调节通过减档来增加发动机转矩
爬坡控制功能	爬坡控制的特点是当车辆静止、制动起作用时，减小爬坡转矩，发动机不必产生很大的转矩，降低了发动机的怠速运转噪声，驾驶人只需稍加制动即可停住汽车，因而改善了燃油经济性和舒适性 若汽车停在坡道上，制动压力不足，车辆回溜时，离合器压力将增大，使汽车停住（"坡道停住"功能）。该功能是通过两个变速器输出速度传感器G195和G196可以区分汽车是向前行驶还是向后行驶来实现的
强制降档功能	驾驶人通过把加速踏板踩到底，激活接通强制降档开关，告知自动变速器控制单元，现在需要最大加速度，为此，发动机转速被调整到最大功率处的转速，直到加速踏板角度减小为止
故障自诊断功能	控制单元J217与其他自动变速器控制单元一样，具有故障自诊断功能，将检测到的故障以故障码的形式存储在故障存储器中，并通过仪表板上的变速杆位置指示灯显示给驾驶人
升级程序	控制单元可以通过软件进行升级。控制单元的程序、特性参数和数据以及计算出的输出信号值，都永久性地存储于"Flash EEPROM"电子可编程存储器中，可采用VAS 5051设备进行升级

（2）输入装置　输入装置主要由各种传感器和开关信号组成，见表1-2-2。

表1-2-2　输入装置的组成

传感器和开关信号	说　明
变速器输入转速传感器G182	该传感器用于检测主动链轮的转速，提供实际的变速器输入转速。它与发动机转速一起用于离合器控制和作为变速控制的输入变化参考量 如果G182损坏，电控单元将以发动机转速作为替代值，无故障码指示，起步加速过程可利用电控单元内部设定的固定参数完成。这时微量滑转控制和离合器匹配控制功能失效

（续）

传感器和开关信号	说　明
变速器输出转速传感器 G195 和 G196	两个传感器用于检测从动链轮装置的转速，它们安装在传感器轮背面，其安装相位角差为 25%，通过它们的信号识别变速器输出转速和行驶方向，该传感器主要用于变速控制、爬坡控制、坡道停车功能和为仪表板组件提供车速信号。其中来自 G195 的信号用于监测转速，来自 G196 的信号用来区别旋转的方向 　　如果 G195 损坏，变速器输出转速可用 G196 的信号替代，但坡道停车功能失效。如果 G196 损坏，坡道停车功能失效。如果 G195 和 G196 两个传感器都损坏，将用 ABS 的轮速传感器信号作为替代值（通过 CAN 总线），坡道停车功能失效
ATF 油压传感器 G193	该传感器用于检测前进位和倒档制动器压力，是进行离合器控制的重要信号。离合器压力监控有高优先权，因此多数情况下，G193 失效都会使安全阀被激活
ATF 油压传感器 G194	该传感器用于检测链轮与链条间的接触压力，接触压力由转矩传感器调节，因为接触压力总是与实际变速器输入转矩成比例，利用 G194 的信号可十分准确地计算出变速器输入转矩
变速器油温度传感器 G93	该传感器集成在变速器控制单元电子元器件中，用于检测变速器油温度。变速器油温将影响离合器控制和变速器输入转速控制 　　为了保护变速器部件，若变速器油温超过约 145℃，发动机输出功率下降。若变速器油温继续升高，发动机输出功率逐渐减小，若有必要，直至发动机以怠速运转 　　若 G93 损坏，控制单元利用发动机温度计算出一个替代值。匹配功能和某些控制功能失效。故障灯显示为"倒置"
强制降档信号	强制降档信号不需要单独的开关，由加速踏板组件传感器 G79 和 G185 提供信号，当驾驶人激活强制降档功能时，传感器 G79 和 G185 信号电压值超过强制降档点相对应的电压值时，发动机控制单元通过 CAN 总线向变速器控制单元发出一个强制降档信号，此时控制单元将选择最大加速的最大动力控制参数
多功能开关 F125	多功能开关 F125 由 4 个霍尔传感器组成，用于检测变速杆位置信息。每个霍尔传感器均有两种状态：高电位和低电位，用二进制 1 和 0 表示，因此 4 个霍尔传感器能产生 16 种不同的组合，其中 4 个组合用于识别变速杆的位置（P、R、N、D），两个换档组合用于监测中间位置（P—R，R—N—D），10 个换档组合用于故障分析 　　控制单元根据变速杆位置信息，完成起动机锁止控制、倒车灯控制、P/N 内部锁控制、离合器控制、倒车锁止变速比等功能 　　F125 出现故障时，车辆有时不能行驶，故障指示灯将闪烁
Tiptronic 开关 F189	Tiptronic 开关 F189 集成在变速杆下面的鱼鳞板中，由 3 个霍尔传感器组成，霍尔传感器由位于鱼鳞板上的电磁阀激活 　　鱼鳞板上有 7 个 LED 指示灯，4 个用于变速杆位置显示，1 个用于"制动动作"信号，其余 2 个用于 Tiptronic 护板上的"+"和"−"信号

　　（3）执行机构　01J 自动变速器的执行机构主要是电磁阀 N88、N215 和 N216，它们接受自动变速器控制单元的指令，实现控制换档和油压调节等功能。N88 用于控制离合器冷却阀和溢流阀，N215 用于离合器控制，N216 用于速比变换器控制。

相关技能

维修注意事项：

1）发动机运转时，对车辆进行维修工作前务必将变速杆挂入 P 位，并拉紧驻车制动器，谨防发生事故。

2）不允许用超声波清洗装置来清洁液压控制单元和电子控制单元。

一、ATF 油位的检查

ATF 油位检查的前提条件：

- 车辆处于水平位置。
- 连接故障诊断仪，然后按照显示屏提示选择车辆自诊断和车辆系统中的自动变速器。
- 发动机处于怠速运转。
- 关掉空调制冷系统和暖风系统。
- 开始检查前，ATF 的温度不允许超过 30℃，必要时先冷却变速器。

1）在故障诊断仪上读取 ATF 温度，变速器温度在 30~35℃时进行操作。

2）发动机处于怠速运转，踩下制动器，在所有档位（P、R、N、D）上停留一遍，并且在每一个位置上发动机怠速运转约 2s，最后将变速杆置于 P 位。

3）举升车辆，拧下变速器壳体上的检查螺栓，检查有无 ATF 从检查孔溢出，如果没有，则需加注 ATF，直到 ATF 从检查孔溢出为止。

二、更换 ATF

1）打开变速器底部放油螺栓，将旧的 ATF 排出。然后再拧紧放油螺栓。

2）将变速器底部的ATF加注螺栓拆下来，用专用ATF加注器将新的ATF加入变速器内部。

3）检查 ATF 油面高度，直到符合标准为止。

三、无级变速器的检修流程

1）问诊。通过询问车主，可以帮助诊断故障信息的来源、确认故障发生时间及故障症状等，是故障维修的第一步。

2）基本检查。主要是一些外围的检查，包括发动机怠速检查、ATF液面高度检查、油质检查、换档操纵机构的检查等。

3）自诊断检查。无级变速器电子控制系统具有故障自诊断功能，可通过故障指示灯的闪烁来指示故障，并将故障存储在控制单元内。可通过故障指示灯的情况进行初步诊断，如果有故障存储，然后用故障诊断仪读取故障码，并按维修提示进行维修。

4）电子液压控制系统的检修。有些 CVT 的液压控制系统可以直接通过油压试验来检查故障原因。大多数 CVT 的液压系统是通过油压传感器来反应变速器内部工作油压的，因此必须使用专用检测仪器通过读取汽车运行状态下的动态数据来进一步确认故障信息。对于液压控制元件（阀体）和液压执行元件（离合器或制动器）可进行液压测试和解体检查。

对于 CVT 电子控制系统的故障检修与其他电子控制自动变速器的故障检修几乎是一样的，可通过专用检测仪器的故障引导功能对故障码的分析、动态数据流的分析、波形分析、ECU 电路以及对网络数据通信的分析及对电子元件（传感器、开关、电磁阀）进行元件测试和更换等进行故障排除。

5）机械元件的检修。对于 CVT 机械元件的检修，只能作解体检查，对故障部位进行修理或更换新件。

维修实例

奥迪 A6L 轿车行驶过程中车身抖动

（1）故障现象　一辆奥迪 A6L 轿车，装配 01J 型无级变速器，行驶 8 万 km，该车在行驶过程中，车身有抖动的感觉。

（2）故障诊断与排除　通过路试，发现该车在不同的车速行驶时，都不同程度地出现车身抖动的现象，尤其是车速在 20km/h 和 40km/h 时，车辆抖动尤为明显。

1）首先利用故障诊断仪 VAS 5051 对变速器控制系统进行检测，但没有发现故障码，读取变速器相关的数据流也未发现异常。

2）根据该车的故障现象，怀疑液压控制系统故障的可能性较大，于是对变速器进行了解体检查。

3）在检查的过程中，发现从动锥轮的两个锥面和链条有不同程度的磨损，且磨损的部位主要是从动锥轮的下锥面，因此判定故障是由于锥面和链条间的压力不够，变速器在工作中造成打滑所致。

4）经过分解变速器进行检查，最终发现油泵磨损严重。更换油泵后故障排除。

任务三　双离合器自动变速器的检修

岗位核心能力

◎知识目标

1）能够熟悉双离合器自动变速器的基本组成与工作原理。
2）能够熟悉双离合器自动变速器主要部件的结构和工作过程。

◎技能目标

1）能够掌握双离合器自动变速器的检查方法。
2）能够掌握双离合器自动变速器的维护方法。

案例导入

一辆大众迈腾 2017 款 330 TSI DSG 双离合器自动变速器舒适型轿车，行驶里程为 4.6 万 km，该车在起步时偶尔会出现踩加速踏板发动机空转、车辆无法行驶的故障现象。根据以往的维修经验，分析该车产生此类故障的主要原因可能是变速器的电控系统有故障。

该车的故障现象是典型的双离合器自动变速器故障。为了查明故障原因，正确地判断双离合器自动变速器的故障，作为汽车维修人员必须全面认识和了解双离合器自动变速器、熟悉双离合器自动变速器的结构与工作原理、掌握双离合器自动变速器的故障检查与诊断方法。

相关知识

一、双离合器自动变速器基本知识

双离合器自动变速器（Dual Clutch Transmission，DCT）也叫直接换档变速器（Direct Shift Gearbox，DSG）。双离合器自动变速器是基于手动变速器发展而来的，并且综合了手动变速器与自动变速器的优点。

1. DSG 的结构特点

1）有两根输入轴，档位按奇偶数分开布置在两根输入轴上。
2）换档方式与换档齿轮基本结构与手动变速器一样。
3）有两个离合器进行换档控制。
4）离合器的切换和档位变换由控制单元和执行机构进行自动控制。

2. DSG 的优点

1）传动效率高，油耗低。
2）换档时没有动力中断，换档平稳。
3）具有良好的驾驶舒适性、动力性和操控性。

3. DSG 的类型

1）湿式双离合自动变速器。湿式双离合自动变速器的多片式双离合器是在冷却油槽中采用"湿式"方式运行，通过浸泡在油中的湿式离合器摩擦片提供转矩的传递，以液压的形式来驱动齿轮。

2）干式双离合自动变速器。干式双离合自动变速器通过离合器从动盘上的摩擦片来传递转矩。由于节省了相关液力系统以及干式离合器本身所具有的传递转矩的高效性，干式系统很大程度上提高了燃油经济性。

➡ **要点：**
◆ 由于干式变速器有摩擦片易发硬打滑、活塞密封圈易老化、散热不足等问题，容易出现变速器保护，同时也会导致阀体油路出现问题，从而出现变速器换档异常、换档冲击等现象。

4. DSG 的总体结构

双离合器自动变速器有两组离合器和两组齿轮组，分别由电控系统和液压系统控制。

DSG 主要由两个离合器（K1、K2）、两个输入轴等零件组成，剖视图如图 1-3-1 所示，结构图如图 1-3-2 所示。

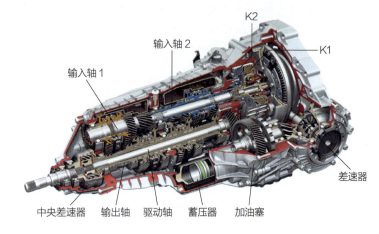

DSG 双离合器自动变速器总体结构

图 1-3-1 双离合器自动变速器剖视图

K1、K2—离合器

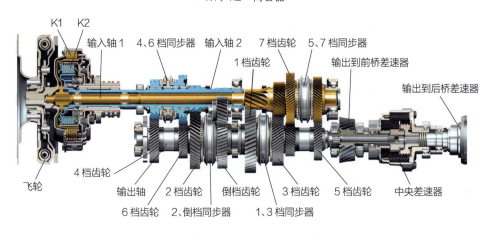

图 1-3-2 双离合器自动变速器结构图

5. DSG 的基本工作原理

双离合器自动变速器的基本工作原理（以大众 DQ380 7 档湿式双离合变速器为例）如图 1-3-3 所示。它是通过将变速器档位按奇、偶数分开布置，形成两个彼此独立的分变速器（传动单元）。

➡ 要点：

◆ 每个分变速器的结构都与一个手动变速器相同，每个分变速器都配有一个湿式多片离合器，分变速器 1 通过湿式多片离合器 K1 来选择 1 档、3 档、5 档和 7 档，分变速器 2 通过湿式多片离合器 K2 来选择 2 档、4 档、6 档和倒档，因此，只需通过切换两个离合器的工作状态就可以完成换档操作。

项目一 电控自动变速器的检修

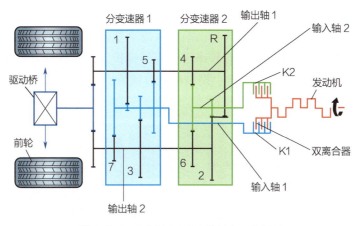

图 1-3-3 DQ380 DSG 的基本工作原理

1~7—档位 R—倒档 K1—湿式多片离合器 1 K2—湿式多片离合器 2

大众 DQ380 7 档湿式双离合器自动变速器结构与原理

二、双离合器自动变速器的结构与工作原理

一汽大众公司型号为 DQ380 的 7 速湿式自动变速器主要由机械传动机构、液压系统、控制系统等几部分组成,主要零部件透视图如图 1-3-4 所示。

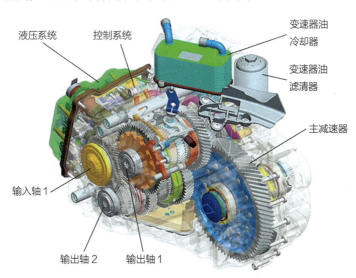

图 1-3-4 DQ380 7 速湿式自动变速器主要零部件透视图

1. 机械传动机构

机械传动机构的组成如图 1-3-5 所示,主要由双离合器、双质量飞轮、输入轴及齿轮、输出轴及齿轮等组成。

(1) 双离合器

1) 双离合器的内部结构。双离合器的内部结构如图 1-3-6 所示。图中外圈是 K1 离合器,内圈是 K2 离合器,都是通过多片摩擦片实现动力的切换,并分别通过两个输入轴实现动力的输入,用 K1 来选择 1 档、3 档、5 档和 7 档,用 K2 来选择 2 档、4 档、6 档和倒档。由于

073

之前的迈腾 B7L 轿车双离合器的摩擦片和离合器活塞设计上有不足，摩擦片很容易发硬打滑、活塞密封圈很容易老化掉渣，这就是为什么前款双离合变速器极易出现换档冲击等现象，再加上干式变速器的散热不足等问题，容易出现变速器保护，同时也会导致阀体（滑阀箱）油路出现问题，从而出现变速器换档异常、换档冲击等现象。

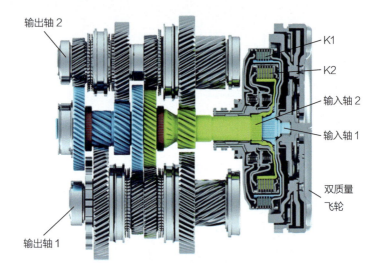

图 1-3-5　机械传动机构的组成

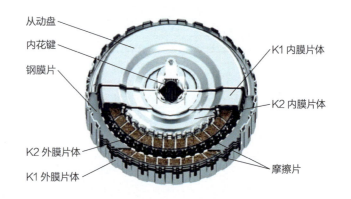

图 1-3-6　双离合器的内部结构

双离合器的结构

2）双离合器的内部油道。DQ380 采用的是湿式双离合器，内部有 ATF（自动变速器油）进行润滑散热。双离合器 K1 和 K2 的内部油道如图 1-3-7 所示。

3）双离合器与输入轴的连接。离合器 K1 与输入轴 1 的连接如图 1-3-8 所示，离合器 K1 是外离合器，它将转矩通过输入轴 1 传递给 1 档、3 档、5 档和 7 档。离合器 K2 与输入轴 2 的连接如图 1-3-9 所示，离合器 K2 是内离合器，它将转矩通过输入轴 2 传递给 2 档、4 档、6 档和倒档。

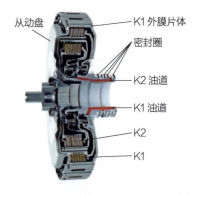

图 1-3-7　双离合器 K1 和 K2 的内部油道

（2）双质量飞轮 双质量飞轮的结构如图1-3-10所示。因为在DSG中没有使用液力变矩器等可以吸收系统振动的元件，所以需要采用扭转减振器来吸收系统的扭转振动，采用这种带有双质量飞轮式的扭转减振器，可以非常有效地控制汽车动力传动系的扭转振动及噪声，提高整车的舒适性。

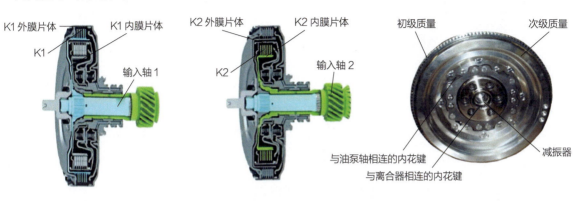

图1-3-8 离合器K1与输入轴1的连接

图1-3-9 离合器K2与输入轴2的连接

图1-3-10 双质量飞轮

→ 要点：

◆双质量飞轮有两个质量，即初级质量和次级质量，初级质量与发动机曲轴相连，起到原来普通飞轮的作用，次级质量与变速器相连，用于提高变速器的扭转惯量，初级质量和次级质量之间通过扭转减振器相连。

◆双质量飞轮内有两个内花键，外侧内花键与离合器外花键毂相连，内侧内花键与油泵驱动轴相连。

（3）输入轴及齿轮

1）安装位置。输入轴有两根，即输入轴1和输入轴2，它们是套在一起的，输入轴1在后，输入轴2在前，输入轴的连接关系如图1-3-11所示，安装位置如图1-3-12所示。

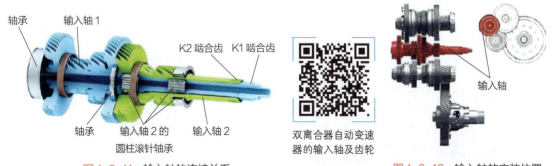

图1-3-11 输入轴的连接关系

图1-3-12 输入轴的安装位置

2）输入轴1。输入轴1穿过空心的输入轴2后，通过啮合齿连接到离合器K1，上有1档、3档、5档、7档固定齿轮，如图1-3-13所示。

3）输入轴2。空心的输入轴2安装在输入轴1上的圆柱形滚针轴承上，通过啮合齿连接到离合器K2，上有2档和倒档、4档和6档固定齿轮，如图1-3-14所示。

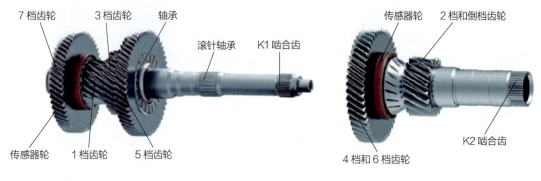

图 1-3-13　输入轴 1　　　　　　　　　图 1-3-14　输入轴 2

4）输入轴的实物与示意图对应关系。输入轴的实物与示意图对应关系如图 1-3-15 所示。

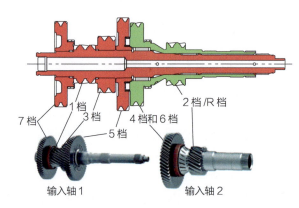

图 1-3-15　输入轴的实物与示意图对应关系

双离合器自动变速器的输出轴及齿轮

（4）输出轴及齿轮

1）输出轴 1。输出轴 1 上有 1 档、4 档、5 档和倒档，1 档和 5 档共用一个同步器，4 档和倒档共用一个同步器，一侧有驻车锁止齿轮，结构如图 1-3-16 所示，安装位置如图 1-3-17 所示。

图 1-3-16　输出轴 1

图 1-3-17　输出轴 1 的安装位置

2）输出轴 2。输出轴 2 上有 2 档、3 档、6 档、7 档，2 档和 6 档共用一个同步器，3 档和 7 档共用一个同步器，结构如图 1-3-18 所示，安装位置如图 1-3-19 所示。

项目一 电控自动变速器的检修

图 1-3-18 输出轴 2

图 1-3-19 输出轴 2 的安装位置

（5）驻车锁止装置　驻车锁通过变速杆和变速器上的驻车锁之间的线缆，以机械方式工作。如图 1-3-20 所示，驻车锁止齿轮作为固定齿轮，安装在输出轴 1 上。锁止之后的位置如图 1-3-21 所示。

图 1-3-20 驻车锁止齿轮

图 1-3-21 锁止之后的位置

（6）换档拨叉　换档拨叉如图 1-3-22 所示。在每一个换档拨叉上有一块永久磁铁，它在盖罩下方，可防止来自变速器的铁屑的干扰。通过永久磁铁，机械电子控制单元内的行程传感器可以获取各个换档拨叉的准确位置。

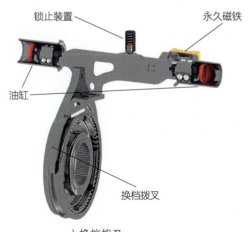

a）换档拨叉

b）安装位置

图 1-3-22 换档拨叉

077

如果换档成功,则换档拨叉切换到无压状态。通过换档啮合齿的后销和换档拨叉上的固定装置保持住档位。如果未操纵换档拨叉,那么它会通过布置在变速器壳体内的一个固定装置固定在空档位置。

2. 液压系统

(1)液压系统主要部件　液压系统主要部件如图 1-3-23 所示。

液压系统的动力源为油泵。由于液压油滤清器有足够的表面积,所以在车辆的整个寿命阶段它可以一直使用,不需要更换。

变速器机油的任务是给双离合器、齿轮、轴、轴承、同步器润滑并冷却双离合器以及操控档位调节器活塞。

(2)油泵(液压泵)　图 1-3-24 所示为油泵的安装位置,它由双离合器轴上的传动齿轮直接驱动。

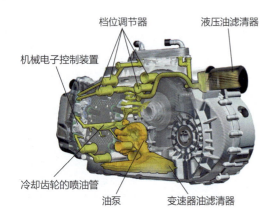

图 1-3-23　液压系统主要部件

图 1-3-24　油泵安装位置

油泵的转速与发动机转速大致相同,结构为新月形齿轮泵,ATF 的工作压力控制为 500~2000kPa。

油泵吸入 ATF,产生起动液压部件所需的油压。它产生的油压用于液压部件的操作,最大供给量为 100L/min。

机电系统中的主要压力控制装置根据发动机转矩和齿轮油温度,调整油压和油泵的功率消耗。

油泵作用于离合器 K1 和 K2、离合器冷却装置、换档液压系统、齿轮和轴的润滑装置等。

→ **小提示**:双离合器 ATF 初始加注油量为 7.5L,更换油量为 6.0L。在更换 ATF 时,由于双离合器内有一部分油放不出来,所以采用重力换油时,基本上可以换掉 6.0L 左右的 ATF;如果使用自动变速器换油机换油,可以将双离合器内的油更换成新油,但是费用会大幅增加。

(3)液压系统控制油路　液压系统控制油路如图 1-3-25 所示。

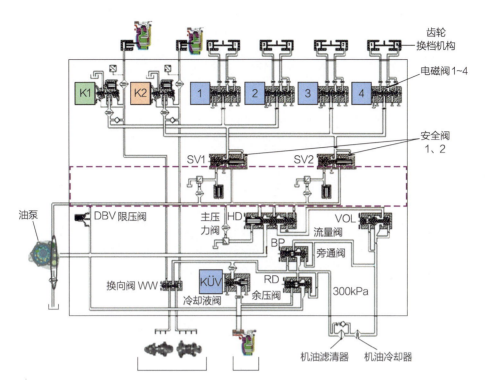

图 1-3-25 液压系统控制油路

K1—离合器阀 1（N435） K2—离合器阀 2（N439） 1~4—电磁阀 SV1、SV2—安全阀 1、2
HD—主压力阀 N472（调节机电装置中的主要压力） DBV—主要压力（最高 3200kPa）的限压阀
VOL—容积流量阀 BP—旁通阀 RD—余压阀（为冷却、润滑保持 300kPa 的残留压力）
KÜV—冷却液阀 N471（用于冷却离合器的阀） WW—换向阀（控制轴润滑）

液压系统控制油路中主要零部件的作用如下：

1）离合器阀：离合器阀 K1（N435），控制离合器 K1 油路；离合器阀 K2（N439），控制离合器 K2 油路。

2）电磁阀 1~4：电磁阀 1（N433）为 1—5 档电磁阀；电磁阀 2（N437）为 3—7 档电磁阀；电磁阀 3（N437）为 2—6 档电磁阀；电磁阀 4（N438）为 4—R 档电磁阀。

3）油泵：油泵从油底壳中吸取机油，然后在压力的作用下将它输送至主压力阀。它的最大工作压力为 2000kPa，最高累计压力 3200kPa（受到泄压阀 DBV 的限制）。

4）限压阀 DBV：为了保证系统工作安全，在油泵和主压力阀之间设有限压阀。当压力为 3200kPa 时，此阀开启，进行泄压，将机油导回油泵。

5）主压力阀 N472：主压力阀调节机械电子控制单元内的主要压力。安全阀 1 和安全阀 2 的油压由它控制，并且负责为流量阀提供用于离合器冷却的机油。

6）安全阀 SV1、SV2：安全阀用于调节两个分变速器内的油压。每一个安全阀控制一个分变速器。安全阀 1 调节分变速器 1 的工作压力。它还负责为离合器 K1 的离合器阀和第 1/5 档的档位调节器阀以及第 3/7 档的档位调节器阀供油。这些离合器阀另外还可交替控制用于变速器轴润滑的换向阀。

7）换向阀 WW：换向阀内的滑阀会根据被操纵的离合器而滑动，在换向阀内相应打开的孔用于向分变速器 1 或者分变速器 2 供应用以润滑齿轮的机油。

8）容积流量阀 VOL：流量阀用于调整和限定冷却油油量。为了冷却离合器，根据离合器温度会有最高 35L/min 的机油进入到油冷却器中。这些被冷却的机油通过机油滤清器进入冷却油阀中。

9）余压阀 RD：余压阀将余压控制在 300kPa，为冷却、润滑保持 300kPa 的残留压力，以冷却离合器。当机油滤清器或者机油冷却器堵塞时，为了避免变速器损坏，通过旁通阀可以润滑轴和冷却离合器。

10）冷却油阀 KÜV：当车外温度低于 -20℃时，双离合器变速器机油的低黏度会导致在发动机起动后在暖机运行阶段，机油会首先通过旁通阀进入到冷却油阀。流过双离合器的机油冷却油通过主轮毂内的孔流入到双离合器内，在离心力的作用下通过油道（供油槽）和排油口向外挤压。轴和滑动齿轮的润滑根据负载情况通过一个独立的喷油管来实现，始终只润滑在离合器接合时并且有动力传递的分变速器。

3. 控制系统

（1）控制系统组成　双离合变速器的控制系统组成如图 1-3-26 所示。控制系统由 10 个传感器、执行器和控制单元组成。

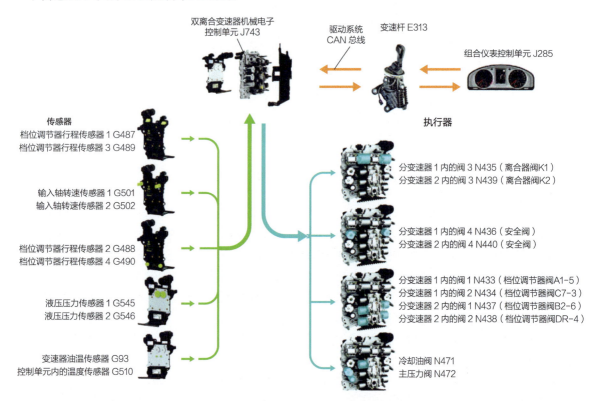

图 1-3-26　DQ380 双离合变速器的控制系统组成

（2）控制单元 J743（图 1-3-27）　控制单元 J743 位于变速器的控制装置上，浸在 ATF

中，即机电装置完全在油浴中运转，这样能够确保完全脱离空气，使机电装置始终在恒定的物理条件下运转。

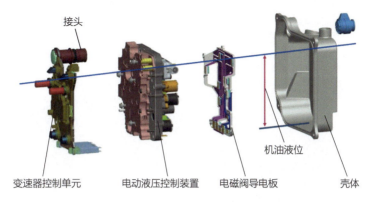

图 1-3-27　控制单元 J743

（3）传感器　传感器的位置如图 1-3-28、图 1-3-29 所示。

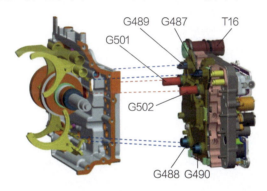

图 1-3-28　传感器 1

G487—档位调节器（齿轮执行器，齿轮位置 A 1—5 档）行程传感器 1
G488—档位调节器（齿轮执行器，齿轮位置 C 3—7 档）行程传感器 2
G489—档位调节器（齿轮执行器，齿轮位置 D 4—R 档）行程传感器 3
G490—档位调节器（齿轮执行器，齿轮位置 B 2—6 档）行程传感器 4　G501—输入轴转速传感器 1
G502—输入轴转速传感器 2　T16—16 向接头

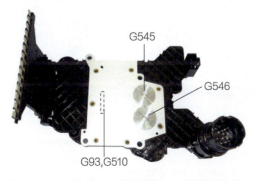

图 1-3-29　传感器 2（控制单元内部的传感器）

G93—齿轮油温度传感器（控制装置内）　G510—控制装置中的温度传感器
G545—液压压力传感器 1　G546—液压压力传感器 2

1）输入轴 1 转速传感器 G501 和输入轴 2 转速传感器 G502。G501 和 G502 的安装位置如图 1-3-30 所示。

a）安装位置　　　　　　　　b）对应的传感器轮

图 1-3-30　G501 和 G502 安装位置

◆安装位置。两个传感器位于变速器控制单元上。转速传感器 G501 用于检测输入轴 1 的转速，转速传感器 G502 用于检测输入轴 2 的转速。它们都是霍尔传感器。

◆信号作用。通过变速器输入转速信号，控制单元可计算出离合器 K1 和 K2 的输出转速，从而得出离合器的打滑量。借助该打滑量，控制单元可以识别出双离合器的分离和闭合状态。此外，该信号也被用于检查所切换到的档位。

◆信号失效影响。如果信号出现故障，那么相应的分变速器会停止工作。

2）档位调节器的行程传感器 G487、G488、G489、G490。G487、G488、G489、G490 的安装位置如图 1-3-31 所示。

a）安装位置　　　　　　　　b）对应的磁铁

图 1-3-31　G487、G488、G489、G490 的安装位置

◆安装位置。这些行程传感器位于变速器控制单元上。它们是霍尔传感器。它们与位于换档拨叉上的磁铁共同作用产生信号，控制单元根据这个信号识别出档位调节器/换档拨叉的位置。

G487 用于 1—5 档；G488 用于 3—7 档；G489 用于 4—R 档；G490 用于 2—6 档。

◆信号作用。识别换档拨叉的位置，根据准确的位置，变速器控制单元会给用于换档的档位调节器施加油压。

◆信号失效影响。如果行程传感器不能提供任何信号，那么相应的分变速器就会停止工作。

3）液压压力传感器1 G545和液压压力传感器2 G546。G545和G546的安装位置如图1-3-32所示。

◆安装位置。这两个压力传感器位于变速器控制单元内。

◆信号作用。G545 监测离合器 K1 油压，G546 监测离合器 K2 油压。根据这些信号，变速器控制单元识别出作用于每个双离合器的液压压力。控制单元需要准确的液压压力，以调整双离合器。

◆信号失效影响。如果压力信号出现故障，或者没有压力产生，那么相应的分变速器就会停止工作。

4）变速器油温传感器 G93 和控制单元内温度传感器 G510。G93 和 G510 的安装位置如图 1-3-33 所示。

图 1-3-32　G545 和 G546 的安装位置

图 1-3-33　G93 和 G510 的安装位置

◆安装位置。两个传感器安放于变速器控制单元内的印制电路板上。机油通过油道流过变速器控制单元的铝板。这两个变速器油温传感器 G93 和 G510 获取铝板的温度，并以此得出变速器的油温。通过测量可以尽早使用降低油温的措施，并且避免机械电子控制单元过热。

◆信号作用。两个传感器的信号用于检测机械电子控制单元的温度。除此以外，可根据温度传感器信号来启动暖机运行的换档程序。两个传感器互相检测。

◆信号失效影响。当 G93 出现故障时，变速器控制单元采用 G510 的信号作为替代信号。当 G510 出现故障时，变速器控制单元采用 G93 的信号作为替代信号；当变速器油温高于 138℃时，机械电子控制单元会降低发动机的转矩，以保护控制单元；当油温过高时双离合器依旧保持闭合状态。

5）主压力阀 N472。主压力阀 N472 的安装位置如图 1-3-34 所示。

◆安装位置。主压力阀在电动液压控制单元内。它是一个调节阀。

◆信号作用。该电磁阀是特性曲线下降的调节阀。此阀可以调节机械电子控制单元液压系统内的主压力。

离合器压力与发动机转矩有关，使用机械电子控制单元的温度和发动机转速作为主压力的修正量。变速器控制单元不断地调整主压力，使其与当前工作条件和转矩要求相匹配。

◆信号失效影响。如果主压力阀出现故障，那么就会一直以最大主压力工作。因此油耗增加并且换档时产生噪声。

6）分变速器 1 内的阀 N435(K1)、分变速器 2 内的阀 N439(K2)（离合器阀）。N435、N439 的安装位置如图 1-3-35 所示。

图 1-3-34　主压力阀 N472 的安装位置

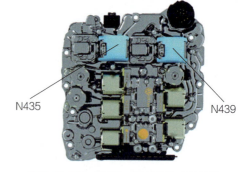

图 1-3-35　N435、N439 的安装位置

◆安装位置。离合器阀 N435 和 N439 装在机械电子控制单元的电动液压控制单元内。

◆信号作用。该调节阀主要用于膜片式离合器的控制压力调节，计算离合器压力的基础是发动机当前转矩。

变速器控制单元调节离合器压力，使其与膜片式离合器的当前摩擦力相匹配。

◆信号失效影响。如果离合器阀出现故障，那么相应的分变速器停止工作，故障会显示在仪表板中。

7）冷却阀 N471。N471 的安装位置如图 1-3-36 所示。

◆安装位置。冷却油阀 N471 位于电动液压控制单元内。

◆信号作用。它是一个调节阀，通过液压滑阀控制离合器冷却油油量。

◆信号失效影响。如果冷却油的阀不再受控，则以最大的冷却油油量流经膜片式离合器。在外界温度较低的情况下，会在换档时产生问题并导致油耗增加。

8）分变速器 1 和分变速器 2 内的档位调节器阀 N433、N434、N437 和 N438。N433、N434、N437 和 N438 的安装位置如图 1-3-37 所示。

图 1-3-36　N471 的安装位置

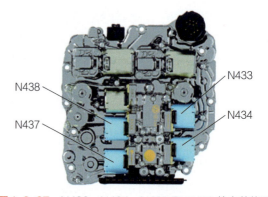

图 1-3-37　N433、N434、N437 和 N438 的安装位置

◆安装位置。四个电磁阀都在机械电子控制单元的电动液压控制单元内。

◆信号作用。电磁阀 1 N433 控制用于第 1 档和第 5 档换档的油压;电磁阀 2 N434 控制用于第 3 档和第 7 档换档的油压;电磁阀 3 N437 控制用于第 2 档和第 6 档换档的油压;电磁阀 4 N438 控制用于第 4 档和 R 档换档的油压。

◆信号失效影响。如果电磁阀出现故障,那么档位调节器位于其中的相应分变速器会停止工作。

9)分变速器 1 和分变速器 2 内的阀 4 N436 和 N440(安全阀)。N436 和 N440 的安装位置如图 1-3-38 所示。

图 1-3-38　N436 和 N440 的安装位置

◆安装位置。安全阀 N436 和 N440 安装在机械电子控制单元的电子控制单元内。

◆信号作用。安全阀采用的是正比例阀。它们根据发动机转矩在相应的分变速器内调节必要的液压。当分变速器内存在与安全相关的故障时,它们会将相应的分变速器切换到无压状态。安全阀 N436 和 N440 用于各个分变速器的安全运转,由于它们是正比例调节阀,在需要时安全阀不再控制各个分变速器的主压力。因此当阀出现故障时或者遇到与安全相关的故障时,分变速器内没有压力。

◆信号失效影响。如果安全阀 N436 和 N440 出现故障,那么相应的分变速器就会停止工作。

(4)电磁阀　电磁阀的布置与在阀体上的位置如图 1-3-39 所示。

(5)变速器变速杆的紧急解锁　如果发生故障尤其是电源故障,变速器的变速杆将固定在 P 位置。紧急解锁机械装置是为了让车辆在这种情况下能够移动。

变速器变速杆紧急解锁的操作顺序如下:

a)电磁阀的布置　　b)在阀体上的位置

图 1-3-39　电磁阀

N435—分变速器 1 中的阀 3(离合阀 K1)　 N471—用于冷却机油的阀　 N436—分变速器 1 中的阀 4(安全阀)
N472—主压力阀　 N438—电磁阀 4(齿轮执行器 D R-4 档)　 N437—电磁阀 3(齿轮执行器 B 2-6 档)
N439—分变速器 2 中的阀 3(离合阀 K2)　 N440—分变速器 2 中的阀 4(安全阀)
N433—分变速器 1 中的阀 1(齿轮执行器 A 1-5 档)　 N434—分变速器 1 中的阀 2(齿轮执行器 C 3-7 档)

1）从变速杆上取下控制盖。

2）如图1-3-40所示，在变速杆的把手上按下紧急解锁按钮，把变速器变速杆的拉杆向上推。

3）同时，拉回变速杆，即可对变速器变速杆进行紧急解锁。

4. 动力传递路线

1）1档动力传递路线（图1-3-41）。分变速器1工作：K1→输入轴1→输入轴1的1档齿轮→输出轴1的1档齿轮→1—5档同步器→输出轴1→主减速器。

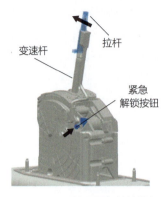

图1-3-40　按下紧急解锁按钮

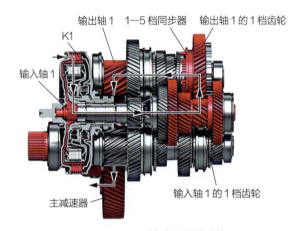

图1-3-41　1档动力传递路线

双离合器自动变速器动力传递路线

2）2档动力传递路线（图1-3-42）。分变速器2工作：K2→输入轴2→输入轴2的2—倒档齿轮→输出轴2的2档齿轮→2—6档同步器→输出轴2→主减速器。

3）3档动力传递路线（图1-3-43）。分变速器1工作：K1→输入轴1→输入轴1的3档齿轮→输出轴2的3档齿轮→3—7档同步器→输出轴2→主减速器。

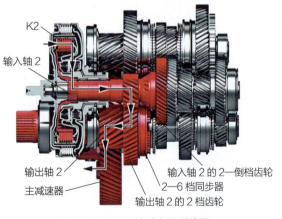

图1-3-42　2档动力传递路线

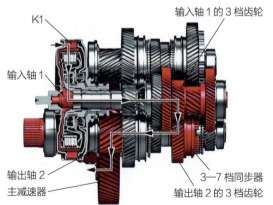

图1-3-43　3档动力传递路线

4）4 档动力传递路线（图1-3-44）。分变速器2工作：K2→输入轴2→输入轴2的4—6档齿轮→输出轴1的4档齿轮→4—倒档同步器→输出轴1→主减速器。

5）5 档动力传递路线（图1-3-45）。分变速器1工作：K1→输入轴1→输入轴1的5档齿轮→输出轴1的5档齿轮→1—5档同步器→输出轴1→主减速器。

6）6 档动力传递路线（图1-3-46）。分变速器2工作：K2→输入轴2→输入轴2的4—6档齿轮→输出轴2的6档齿轮→2—6档同步器→输出轴2→主减速器。

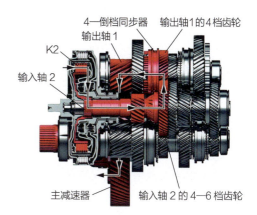

图 1-3-44　4 档动力传递路线

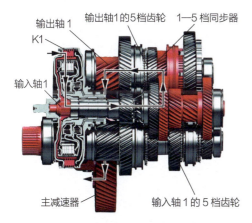

图 1-3-45　5 档动力传递路线

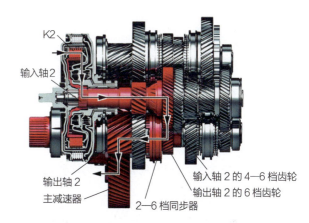

图 1-3-46　6 档动力传递路线

7）7 档动力传递路线（图1-3-47）。分变速器1工作：K1→输入轴1→输入轴1的7档齿轮→输出轴2的7档齿轮→3—7档同步器→输出轴2→主减速器。

8）倒档动力传递路线（图1-3-48）。分变速器2工作：K2→输入轴2→输入轴2的2—倒档齿轮→输出轴2的2档齿轮→输出轴1的倒档齿轮→4—倒档同步器→输出轴1→主减速器。

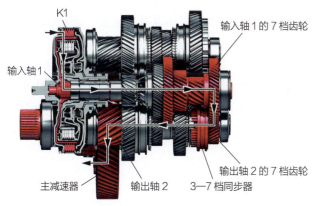

图 1-3-47　7 档动力传递路线

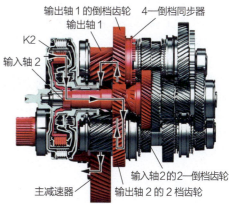

图 1-3-48　倒档动力传递路线

→ **小提示**：在大众汽车变速器中，首次不再使用倒档轴。

相关技能

维修注意事项：

1）发动机运转时，应将变速杆挂入 P 位，并拉紧驻车制动器后，方可对车辆进行维修，以防发生事故。

2）当需要对装有电控双离合器自动变速器的车辆进行牵引时，应将驱动轮支起离开地面，以免损坏变速器。

3）不允许用超声波清洗装置来清洁液压控制单元和电子控制单元。

4）需要对自动变速器进行解体修复时，一定要注意零件的装配标记，并注意保护零件及管路的清洁，否则会影响自动变速器的性能。

一、ATF 的检查

检查的前提条件：

- 变速器不允许处于运转状态。
- 车辆必须处于水平位置。
- 连接故障诊断仪 VAS 5051。
- 发动机必须处于怠速运转，必须关掉空调和暖风。
- 开始检查前，ATF 的温度不允许超过 30℃。

1）用故障诊断仪 VAS 5051 读取 ATF 温度，注意使变速器油温在 30 ~ 35℃时进行操作。

2）起动发动机，使发动机处于怠速运转。

3）踩下制动器，在所有档位（P、R、N、D）上停留一遍，并且在每一个位置上发动机怠速运转约 2s，最后将变速杆置于 P 位。

4）举升车辆，通过油面高度检查孔检查 ATF 是否有油溢出，如果没有，应添加 ATF。

二、更换 ATF

1）将发动机熄火，将接油盘放到变速器下面。

2）拧下滤清器壳体，取下前轻轻敲击壳体，以使壳体内的油流回变速器，更换滤芯后拧紧壳体。

3）拧下放油螺栓及放油孔内的溢流管，排放掉旧的 ATF，并拧回溢流管。

4）将 ATF 专用加注器连接到加注口，加注 ATF，并接上 VAS 5051，读出变速器油温。

5）起动发动机，踩下制动踏板，试挂所有档位，每个档位停留 2s，最后将变速杆置入 P 位。

6）当变速器油温达到 35~45℃时，检查是否有 ATF 从检查孔流出，当变速器油开始滴出时，拧上放油螺栓，加注完成。

三、双离合器端盖的拆装

双离合器及端盖的安装位置如图 1-3-49 所示。

(1) 双离合器端盖的拆卸

1) 排放变速器齿轮油。

2) 拆卸变速器。

3) 将变速器固定到装配台上。

4) 如图 1-3-50 所示,沿箭头方向用旋具撬出双离合器端盖卡环。

图 1-3-49　双离合器及端盖的安装位置

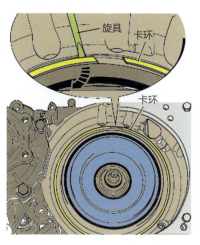

图 1-3-50　撬出双离合器端盖卡环

5) 拆卸双离合器端盖。

➡ **小提示:**

◆ 双离合器端盖可以使用旋具撬出。

◆ 已拆卸的卡环以及双离合器端盖不能再次使用,必须更换。

(2) 双离合器端盖的安装　双离合器端盖的安装按与拆卸的相反顺序进行。

➡ **小提示:** 在安装离合器端盖时不要用锤子敲击,不要用齿轮油润滑其中心的密封圈,更不要用手去触摸密封圈。因为这样做有漏油的风险。

四、双离合器的拆装

(1) 双离合器的拆卸

➡ **小提示:**

◆ 要拆卸和安装离合器,必须以变速器垂直向上的方式将变速器固定在装配架上。

◆ 在安装过程中需确定所需调整垫片厚度。

1) 拆卸离合器端盖。

2) 确定驱动盘的安装位置:检查驱动盘上的标记是否对准外板支架上的标记(如图1-3-51中箭头所示)。如果没有标记,使用永久性记号笔在驱动盘相对于外板支架的边缘的安装位置做标记。安装时,必须将驱动盘与外板支架的边缘记号互相对齐。

3) 如图 1-3-52 所示,使用旋具沿箭头方向撬出驱动盘上的卡环。

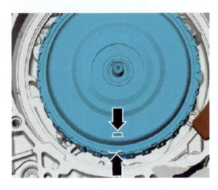
图1-3-51 检查驱动盘上的标记

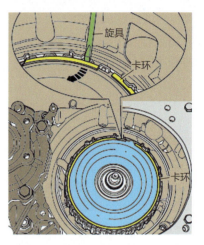
图1-3-52 用旋具撬出驱动盘上的卡环

4)如图1-3-53所示,将拉拔器T10055与T10525或FT10525T安装到驱动盘上的花键上,并沿箭头方向拉出驱动盘。

5)如图1-3-54所示,使用开口弹簧钳VW 161A拆下卡环(图中箭头),并将其保存好。

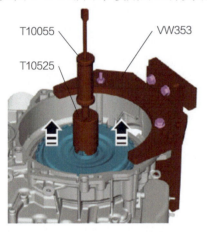
图1-3-53 拉出驱动盘

图1-3-54 拆下卡环

➡ **小提示**:先不要扔掉卡环,因为后续在测量并确定调整垫片厚度时需要再次用到。

6)如图1-3-55所示,取下图中箭头指向的垫片。

7)将两个钩子3438安装在离合器的两个相对位置处(图1-3-56中的箭头)。

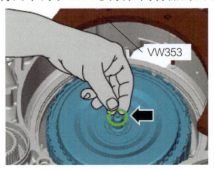
图1-3-55 取下垫片

图1-3-56 安装2个钩子

8）使用钩子 3438 沿图 1-3-57 箭头所示的方向拉出离合器。

（2）双离合器的安装与调整

→ **小提示：**

◆ 不要向上提升或拆卸摩擦片支架，即使很小的力度也会引起摩擦片转动。

◆ 在双离合器中必须将大摩擦片支架插入所有摩擦片中，不允许它从最低位置的摩擦片中滑出。

1）将双离合变速器与图 1-3-58 所示在垂直位置固定到装配台上，其中，VW309 为固定板，VW355 为支撑板。

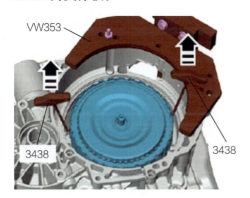

图 1-3-57　拉出离合器

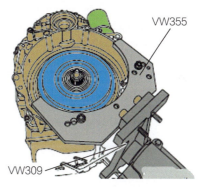

图 1-3-58　将双离合变速器固定到装配台上

2）取出双离合器，用手转动双离合器轴上的四个活塞环，它们必须能够灵活转动。

3）如图 1-3-59 所示，确保 4 个卡环正确就位。其中，卡环 2 和卡环 4 的对接处（图中箭头）应当对准，并且相对卡环 1 和卡环 3 的对接处偏移 180°。

4）检查离合器是否有标记，如果没有标记，用永久性记号笔在驱动盘和外板支架上做彩色标记，如图 1-3-51 所示。

5）安装离合器盘定位工具 T10524B 或 FT10524T 至凹槽处（图 1-3-60 箭头）。在安装离合器时，离合器盘定位工具 T10524B 或 FT10524T 应当固定住。

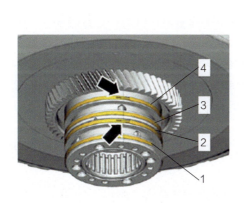

图 1-3-59　确保 4 个卡环正确就位

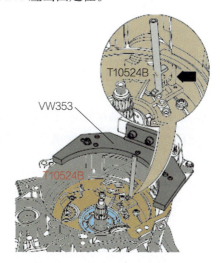

图 1-3-60　安装离合器盘定位工具

1~4—卡环

6）如图1-3-57所示，沿箭头反方向小心地安装离合器，不要让其掉落进去。如果离合器盘定位工具T10524B或FT10524T与双离合器之间几乎无任何间隙，则表明双离合器安装正确。

→ **小提示：**
- ◆ 离合器盘定位工具一直保持安装状态直至安装离合器端盖。
- ◆ 双离合器现在不得进行任何转动，因为转动会改变离合器盘定位工具T10524B、FT10524T的位置。

7）如图1-3-52所示，使用旋具沿箭头方向撬出驱动盘的卡环。卡环可再次使用，不要丢弃。

8）如图1-3-53所示，将拉拔器T10055与T10525或FT10525T安装到驱动盘上的花键上，并沿箭头方向拉出驱动盘。在驱动盘被拉出时，离合器盘定位工具T10524B或FT10524T必须固定住。小心地从离合器上拆卸驱动盘，并将其置于一侧。

→ **小提示：** 不要向上提升（即使轻微动作也不行）或者拆卸摩擦片支架！因为会引起内部摩擦片的转动并无法进行人为调整。

9）暂时安装图1-3-54中的"旧"卡环。在最终处理卡环之前，必须进行3次测量。

10）第一次测量（轴的轴向间隙）。如图1-3-61所示，将通用千分表VW387安装至变速器法兰上。将千分表的表针置于输入轴上。将千分表预紧并调整为0。

使用两个钩子3438用力沿图1-3-57中箭头方向将离合器提升至止点，并记下测量值，将其记为数值A。

→ **小提示：** 随后进行检查测量时需要此测量值，因此记录此测量值A直至执行最后一次测量。

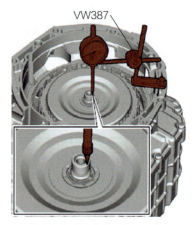

图1-3-61　安装千分表

11）第二次测量。离合器盘定位工具T10524B或FT10524T仍保持安装状态。如图1-3-62所示，将千分表的表针置于大的摩擦支架轮毂上。千分表的表针不得置于卡环上。将千分表预紧并调整为0。用力将双离合器提升至止点，并记下测量值。将其记为数值B。

① 计算所需安装的调整垫片：所需调整垫片厚度 $=B-A-0.11\text{mm}$。记下计算结果。垫片的尺寸以0.05mm为增量。测量垫片并确定哪一个最接近计算结果。采用比计算所需垫片厚度最接近且稍微比之大点的垫片。如垫片的计算尺寸为1.28mm，新垫片的尺寸为1.3mm。

② 拆下图1-3-54中的"旧"卡环。先不要丢弃卡环，它将被再次使用。

③ 安装所选择的垫片。

12）第三次测量（检查测量）。为确保垫片厚度正确，还需要一次检查测量，按以下步骤进行。

① 离合器盘定位工具T10524B或FT10524T仍保持安装状态。再次安装图1-3-54中的旧

卡环。

②如图1-3-63所示，将千分表表针置于大的摩擦片轮毂支架的调整垫片上。

③将千分表预紧并调整为0。用力将双离合器提升至止点，并记下测量值。将其记为数值C。使用如下公式进行检查：$D=C-A$。

④计算得出的数值D必须在0.05和0.12mm之间；如果计算结果不在此范围，则需要安装一个更厚或更薄的垫片，并再次进行测量和检查。

⑤如图1-3-54所示，安装新卡环。

⑥将驱动盘安装至双离合器上。安装时，确保驱动盘上的标记对准外板支架上的标记（图1-3-51）。如果标记是后来标记的，应将它们对准。需要将离合器盘定位工具T10524B或FT10524T固定住，并轻轻朝外压。使用压块T10526或FT10526T和塑料锤小心地推动驱动盘至其安装位置。

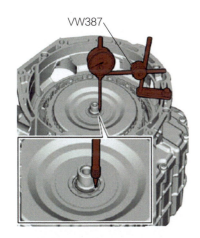

图1-3-62　将千分表的表针置于大的摩擦支架轮毂上

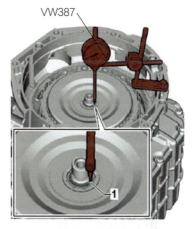

图1-3-63　将千分表表针置于调整垫片上

1—调整垫片

⑦安装驱动盘卡环。从开口处开始，将卡环以顺时针方向逐步压入其安装位置。卡环必须完全就位。

⑧使用旋具检查卡环是否正确就位。从离合器和壳体之间拆卸离合器盘定位工具T10524B或FT10524T。

⑨安装双离合器端盖。

维修实例

迈腾轿车起步时加油发动机空转不走车

（1）故障现象

一辆一汽大众迈腾2016款1.8L TSI智享豪华型轿车，装备7档DSG双离合器自动变速器，行驶里程为6.8万km。车主反映，该车起步时偶尔会出现加油发动机空转不走车的现象，在等待交通信号灯之后起步时有时故障会出现，有时在正常行驶中加速时出现，故障出现得没有规律，出现故障时仪表上的档位指示灯全部变红且闪烁报警。

（2）故障诊断与排除

1）首先使用故障诊断仪 VAS 5051 进行自诊断，无故障码存储。

2）结合该车的故障现象，判断可能的原因有变速器离合器进行了保护性切断，或离合器本身有机械故障。

3）通过读取数据流 02-08-64 组 1 区提供的对离合器切断数据的监控，发现离合器切断动力传递次数为 52 次，而正常值应为 0，这显然说明离合器进行了保护性切断。

4）根据离合器保护切断的原因分析为离合器油温传感器 G509 有故障，通过读取离合器油温传感器 G509 数据，发现离合器油温传感器 G509 信号有异常。

5）更换离合器油温传感器 G509 后，反复路试，故障现象消失，故障排除。

项目二
电控悬架系统的检修

→ 项目描述

电控悬架系统是比较理想的悬架系统。它在不同的使用条件下具有不同的弹簧刚度和减振器阻尼力,既可以降低弹簧刚度使平顺性变好,乘坐舒适;又可以增加弹簧刚度来提高操纵稳定性。这样既能满足车辆平顺性的要求,又能满足操纵稳定性的要求。

本项目主要介绍电控悬架系统的控制功能、主要部件结构、工作原理以及常见故障分析等知识。

通过本项目的学习,你将能够描述电控悬架系统的基本组成、总体构造和工作原理,熟悉电控悬架系统的检修方法,学会对电控悬架系统进行结构拆装、检查与调整。

岗位核心能力

◎知识目标

1)能够熟悉电控悬架的基本组成与工作原理。
2)能够熟悉电控悬架的结构、工作过程和检修方法。

◎技能目标

1)能够掌握电控悬架的检查方法、电控悬架的正确使用与维护方法。
2)能够熟悉电控悬架常见故障的检修方法,对电控悬架系统的故障进行快速有效的诊断与检修。

案例导入

一辆2011款宝马X5 xDrive35i领先型SUV,行驶里程为12.1万km。该车的车身倾斜,左后车身明显比右后车身偏低,在电控悬架启动工作模式下,左右两侧悬架均可工作,但停止电控悬架工作模式后,左后侧总是比右后侧车身低大约13cm,不能恢复正常状态。维修技师检查后确认,该车的电控悬架系统出现故障,需对电控悬架进行检修。

相关知识

一、电控悬架的类型与控制功能

1. 电控悬架的功用

电控悬架系统能够通过控制和调节悬架的刚度和阻尼力,使汽车的悬架特性与道路状况和行驶状态相适应,从而使汽车的乘坐舒适性和操纵稳定性都得到满足。

2. 电控悬架的分类

(1)按有源和无源进行分类　电控悬架系统按有源和无源可分为半主动悬架和主动悬架。

1)半主动式悬架。半主动式悬架为无源控制,对悬架元件中的弹簧刚度和减振器阻尼力之一可以根据需要进行调节。为减少执行元件所需的功率,主要采用调节减振器阻尼系数的方法。

➡ **小提示**:半主动式悬架不能对悬架的刚度和阻尼进行有效的控制,但可以根据汽车运行时的振动及行驶工况变化情况,对悬架阻尼参数进行自动调整。

图2-1所示的半主动悬架系统由弹性元件(螺旋弹簧)和一个阻尼系数能在较大范围内调节的阻尼器(可调阻尼减振器)组成。

2)主动式悬架。主动式悬架又称全主动式悬架,是一种有源控制悬架,需要一个动力源(液压泵或空气压缩机等)为悬架系统提供连续的动力输入,它的附加装置用来提供能量和控制作用力,如图2-2所示。

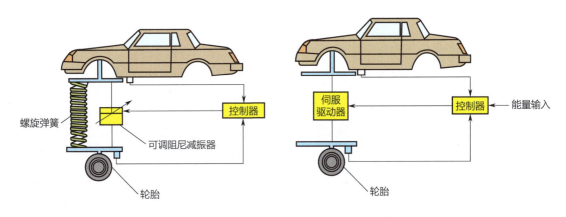

图2-1　半主动悬架系统　　　　图2-2　主动式悬架

➡ **小提示**:主动式电控悬架可以在汽车行驶过程中,根据行驶状况,自动调整弹簧刚度和减振器阻尼以及前后悬架的匹配,抑制车身姿态变化,防止转弯、制动、加速等工况造成的车身姿态的改变,还可以根据路面起伏、车速高低、载荷大小自动控制车身高度变化,确保汽车行驶平顺性和操纵稳定性。

（2）按悬架介质的不同进行分类　电控悬架系统按悬架介质的不同可分为油气式电控悬架和空气式电控悬架。

1）油气式电控悬架。油气式电控悬架系统是以油为介质压缩气室中的氮气，实现刚度调节，以液压管路中的小孔节流形成阻尼特性。

2）空气式电控悬架。空气式电控悬架系统是采用空气弹簧，通过改变空气弹簧中的主、副空气室的通气孔的截面积来改变气室压力，以实现悬架刚度控制，并通过对空气弹簧气室的充气或排气实现汽车高度控制。

（3）按悬架调节的方式不同进行分类　电控悬架系统按悬架调节的方式不同可分为有级调节式悬架和无级调节式悬架。

1）有级调节式悬架。有级调节式悬架是指由驾驶人手动选择或 ECU 根据各传感器的信号自动选择，将悬架的阻尼/刚度分为 2~3 级进行调节的悬架系统。

2）无级调节式悬架。无级调节式悬架是指可实现连续调节阻尼/刚度的悬架系统。

3. 电控悬架系统的控制功能

电控悬架系统主要有车身高度、车身姿态和对车速与路面感应三方面控制功能。

（1）车身高度控制　不管车辆负载在规定范围内如何变化，都可以保持汽车高度一定，车身保持水平，可大大减少汽车在转向时产生的侧倾。

1）自动高度控制。不管乘客和行李重量如何变化，操作高度控制开关能使汽车的目标高度变为 NORM 或 HIGH 的状态，能够保持车身高度恒定。

2）高速感应控制。当汽车在良好路面上高速行驶，车速超过设定值（一般为 90km/h）时，若汽车高度控制开关选择在 HIGH 上，汽车高度将自动转换"NORM"，自动降低车身高度，以减少空气阻力，提高汽车行驶的稳定性；当汽车在连续差路面上行驶，车速较低时（一般为 40~90km/h），能够自动提高车身高度，以提高汽车的通过性。

3）点火开关 OFF 控制。驻车时，当点火开关关闭后，乘客和行李重量的变化使汽车高度高于目标高度时，系统会自动将汽车高度降低到目标高度，改善汽车驻车时的姿势，且便于乘客的乘降。

（2）车身姿态控制　电控悬架系统能够通过调节弹簧刚度、减振器阻尼力以对车身在转向时侧倾、制动时点头、加速时后坐等姿态进行控制。

1）转向时侧倾控制。汽车在横向坡道高速行驶和汽车高速急转向时，电控悬架系统能根据汽车的行驶速度和转向角度，使减振力和弹簧刚度转换为"坚硬"状态，抑制转弯期间的侧倾，改善汽车的操纵性。这种控制持续时间大约为 2s，然后恢复到最初的减振力和弹簧刚度。

2）制动时点头控制。紧急制动时，电控悬架系统能根据汽车的行驶速度、制动开关信号和汽车高度的变化，提高弹簧刚度和减振器阻尼力，将减振力和弹簧刚度转换为"坚硬"状态，使汽车制动时的姿势变化尽量小，抑制制动期间的车头点头。

3）加速时后坐控制。急加速时，电控悬架能根据汽车速度、节气门开启角度和速度的变化，提高弹簧刚度和减振器阻尼力，将减振力和弹簧刚度转换为"坚硬"状态，用来抑制汽车起步和急加速时的后部下坐。在 2s 后或当汽车速度达到一定水平时，恢复最初的状态。

（3）车速与路面感应控制　电控悬架系统能够根据车速和道路的状况对弹簧刚度和减振力进行控制，以抑制汽车在不平道路上行驶时的颠簸或上下跳动，从而改善汽车在不平道路上行驶时的乘坐舒适性。当汽车行驶速度低于 10km 时，不能进行调整。

1）当车速高时，提高弹簧刚度和减振器阻尼力，以提高汽车高速行驶时的操纵稳定性。

2）当前轮遇到凸起时，减小后轮悬架弹簧刚度和减振器阻尼力，以减小车身的振动和冲击。

3）当路面差时，提高弹簧刚度和减振器阻尼力，以抑制车身的振动。

4. 电控悬架系统的组成

传统的汽车悬架主要由弹簧、减振器、稳定杆和轮胎等组成，悬架的高度和弹性是不可调整的，在行车中车身高度的变化取决于弹簧的变形，其结构简单、实用，但因其弹性和阻尼不能随外部路况变化，驾驶及乘坐舒适性较差。电控悬架系统则是在传统汽车悬架的基础上加装了电子控制单元、传感器及开关、执行机构等元件，如图 2-3 所示，能使悬架随着不同的路况和行驶状态做出相应的调整，既可以使汽车的乘坐舒适性达到令人满意的状态，又能使汽车的稳定性要求得到满足。

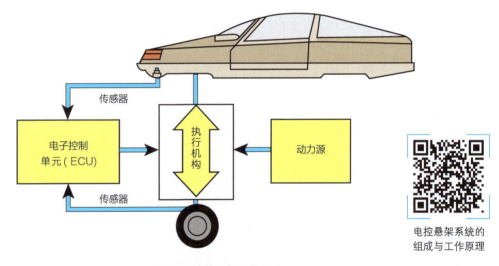

电控悬架系统的组成与工作原理

图 2-3　电控悬架系统组成

1）电控悬架系统的传感器主要有车身高度传感器、车速传感器、加速度传感器、转向盘转角传感器、节气门位置传感器等；开关有高度控制 ON/OFF 开关、高度控制开关、平顺性开关（LRC）、制动灯开关和车门开关等。

2）执行机构有可调阻尼的减振器、可调节弹簧高度和弹性大小的弹性元件等。

3）电子控制单元一般由微机和信号放大电路组成。

电控悬架系统各元件在车上的安装位置如图 2-4 所示，各元件的作用见表 2-1。

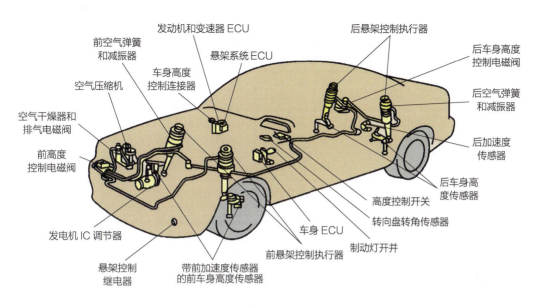

图 2-4 电控悬架系统各元件在车上的安装位置

表 2-1 电控悬架各元件的作用

序号	元件名称	作 用
1	车身高度传感器	检测汽车悬架高度和不平路面造成的空气悬架高度变化
2	车轮转速传感器	测量车辆行驶时车轮转速
3	转向盘转角传感器	检测转向轮的转向角度
4	节气门位置传感器	将节气门开闭的角度信号转换为数字信号传送至悬架系统控制 ECU
5	加速度传感器	检测车身的摆动,可间接反映汽车行驶的路面情况
6	高度控制 ON/OFF 开关	允许或禁止车辆高度控制。当开关处于 ON 位置时,系统执行车身高度控制;当开关处于 OFF 位置时,系统不执行车身高度控制
7	高度控制开关	当开关处于 HIGH 位置时,系统对车身高度进行"高值自动控制";当开关处于 NORM 位置时,系统进入"常规值自动控制"
8	平顺性开关(LRC)	用于选择控制悬架的刚度、阻尼力参数。当 LRC 处于 SPORT 位置时,系统进入"高速行驶自动控制"状态;当 LRC 处于 NORM 位置时,系统进入"常规值自动控制"状态,对悬架刚度、阻尼力自动地处于软、中、硬三个位置
9	制动灯开关	检测制动踏板是否处于制动状态
10	门控开关	检测车门的开关状态
11	悬架控制执行器	改变空气悬架弹性系数和减振器阻尼力
12	高度控制电磁阀	控制空气弹簧气室内的压缩空气量,按要求充气或排气

(续)

序号	元件名称	作用
13	悬架控制继电器	控制系统的工作电路
14	发电机 IC 调节器	调节发电机的发电电压
15	空气压缩机	为系统提供所需的压缩空气
16	空气干燥器	吸收压缩空气中的水分,干燥压缩空气
17	排气电磁阀	控制空气弹簧气室内的压缩空气的排出,降低汽车悬架高度
18	车身高度控制连接器	通过连接端子可直接调节悬架高度
19	悬架系统 ECU	根据驾驶人设定模式调节弹性系数、阻尼力和车辆高度;在悬架控制系统发生故障时,使指示灯闪烁

5. 电控悬架系统的工作原理

电控悬架系统的一般工作原理如图 2-5 所示,利用传感器(包括各种开关)检测汽车行驶时路面的状况和车身的状态,将检测信号输入计算机进行处理,计算机通过驱动电路控制悬架系统的执行器动作,完成悬架特性参数的调整。

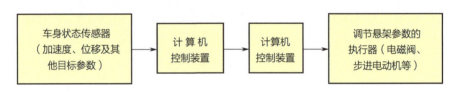

图 2-5 电控悬架系统的工作原理

二、电控悬架系统主要部件结构

1. 传感器及开关的结构和工作原理

(1)车身高度传感器 车身高度传感器的功用是检测汽车行驶时车身高度的变化情况,将车身与车桥之间的相对高度变化(悬架变形量的变化)转换为电信号并送给电子控制单元。有的车型有三个车身高度传感器,而有的车型有四个,在每个悬架上都装有一个车身高度传感器,通过它监测车身与悬架下臂之间的距离变化,来检测汽车高度和因道路不平而引起的悬架位移量。车身高度传感器常用的有簧片式、霍尔式和光电式三种,其中簧片式和霍尔式是接触式车身高度传感器,在使用中存在由于磨损而影响检测精度的缺点;而光电式传感器是非接触式传感器,不存在上述缺点,因此,现代轿车越来越多地采用了光电式车身高度传感器。

1)光电式车身高度传感器。光电式车身高度传感器一般安装在车身与车桥之间,如图 2-6 所示,其结构及工作原理如图 2-7 所示。

项目二 电控悬架系统的检修

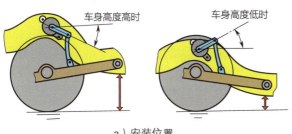

a）安装位置　　　　　　　　　b）实物图

图 2-6　光电式车身高度传感器的安装位置

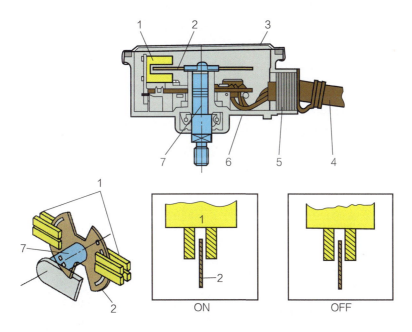

图 2-7　光电式车身高度传感器的结构及工作原理示意图

1—光电耦合器　2—圆盘　3—传感器盖　4—信号线
5—金属油封环　6—传感器壳　7—传感器轴

传感器内有一根靠连杆带动转动的传感器轴，传感器轴上固定一个开有许多窄槽的圆盘，圆盘两边是由发光二极管和光电晶体管组成的光电耦合器。每个光电耦合器共有四组发光二极管和光电晶体管组成。当车身高度变化时（如汽车载荷发生变化），车身与车轮的相对运动使车身高度传感器的连杆转动，通过传感器轴带动圆盘转动，使光电耦合器相对应的发光二极管和光电晶体管上的光线产生 ON/OFF 的转换。光电晶体管把接收到的光线 ON/OFF 转换成电信号，并传送给悬架电子控制单元（ECU）。ECU 根据光电耦合器 ON/OFF 转换不同组合的变化，可判断出圆盘转过的角度，从而计算出车身高度的变化。

2）簧片式车身高度传感器。簧片式车身高度传感器的结构和工作原理如图 2-8 所示，簧片式车身高度传感器有四组触点式开关，分别与对应的两个晶体管相连接，构成 4 个检测回路。该传感器将车身高度划分为低、正常、高、超高四个检测区域。

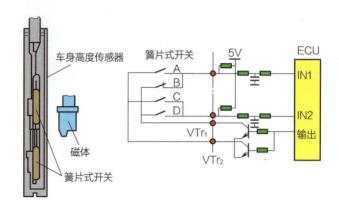

图2-8 簧片式车身高度传感器

当车身高度调到正常高度时，若因车辆乘员增加使车身高度降低时，簧片式车身高度传感器就会有一对触点接触，将产生的车身高度降低的电信号输送给电控单元，电控单元根据得到的信号对执行器进行控制，使车身高度恢复到正常高度。

3）霍尔式车身高度传感器。霍尔传感器的结构和工作原理如图2-9所示。霍尔式车身高度传感器一般由两个霍尔集成电路、磁体等组成。当车身高度发生变化时，两个磁体就会产生相对位移，在两个霍尔集成电路上就会产生相应的霍尔电压信号，电控单元根据接收到的信号就可以判定车身高度状态，从而发出指令控制执行器做出相应调整。由于两个霍尔集成电路和两个磁体安装时，它们的位置进行了不同的组合，可以将车身高度状态分为三个区域进行检测。

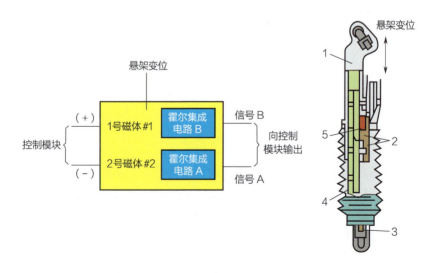

图2-9 霍尔式车身高度传感器

1—传感器体　2—霍尔式集成电路　3—弹簧夹　4—滑动轴　5—窗孔

（2）转向盘转角传感器　转向盘转角传感器安装在转向轴上，用于检测转向盘的中间位置、转动方向、转动角度和转动速度。在电控悬架系统中，电子控制单元根据车速传感器信号和转角传感器信号，判断汽车转向时侧向力的大小和方向，以控制车身侧倾，提高操纵稳定性。

现代汽车多采用光电式转角传感器，图 2-10 所示为光电式转角传感器的安装位置和结构图。在转向盘的转向轴上装有一个带等距均匀分布窄缝的圆盘（遮光盘），圆盘的两侧分别装有两个发光元件（发光二极管）和光电接收元件（光电晶体管），形成两组光电耦合器。

光电式转角传感器的工作原理及电路原理如图 2-11 所示。当转向盘的转轴带动圆盘偏转时，带窄缝的遮光盘使光电耦合器之间的光束产生 ON/OFF 的变化，这种反复的 ON/OFF 状态将产生与转角成一定比例的一系列数字信号，系统控制装置可根据此信号的变化来判断转向盘的转角与转速。同时，由于传感器的两个光电耦合器 ON/OFF 信号变换的相位错开约 90°，可根据检测到的脉冲信号的相位差来判断转向盘的旋转方向。

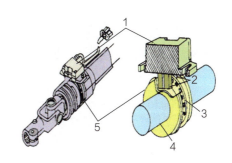

图 2-10 光电式转角传感器的安装位置和结构
1—转角传感器 2—光电元件 3—遮光盘
4—转向轴 5—传感器圆盘

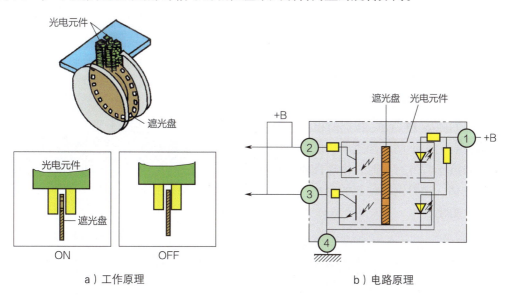

a）工作原理　　　　　　b）电路原理

图 2-11 光电式转角传感器的工作原理及电路原理

（3）加速度传感器　当车轮打滑时，不能再以转向角和汽车车速来判断车身侧向力的大小，这时可以利用加速度传感器直接测出车身横向加速度和纵向加速度。横向加速度传感器主要用于检测汽车转向时，汽车因离心力的作用而产生的横向加速度，并将产生的电信号输送给电子控制单元，使电子控制单元能判断悬架系统的阻尼力改变的大小及空气弹簧中空气压力的调节情况，以维持车身的最佳姿势。

常用的加速度传感器有差动变压器式和钢球位移式等。

1）差动变压器式加速度传感器。图 2-12 所示为差动变压器式加速度传感器的结构图，图 2-13 所示为其工作原理图。

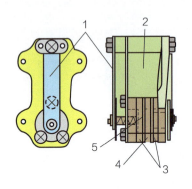

图2-12 差动变压器式加速度传感器的结构
1—弹簧 2—封入硅油 3—检测线圈
4—励磁线圈 5—心杆

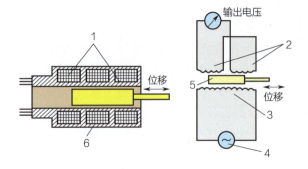

图2-13 差动变压器式加速度传感器的工作原理
1、2—二次绕组 3、6—一次绕组
4—电源 5—心杆

在励磁线圈（一次绕组）通以交流电的情况下，当汽车转弯（或加、减速）行驶时，心杆在汽车横向力（或纵向力）的作用下产生位移，随着心杆位置的变化，检测线圈（二次绕组）的输出电压发生变化。

➡ **小提示**：检测线圈的输出电压与汽车横向力（或纵向力）相对应，反应了汽车横向力（或纵向力）的大小，电控单元根据此信号对车身姿势进行控制。

2）球位移式加速度传感器。球位移式加速度传感器的结构如图2-14所示。根据所检测的力（横向力、纵向力或垂直力）不同，加速度传感器的安装方向也不一样。如汽车转弯行驶时，钢球在汽车横向力的作用下产生位移，随着钢球位置的变化，造成线圈的输出电压发生变化。

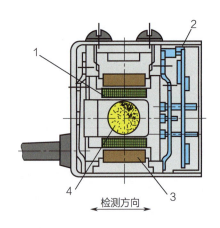

图2-14 球位移式加速度传感器的结构
1—线圈 2—检测电路 3—磁铁
4—钢球

➡ **小提示**：悬架电子控制装置根据加速度传感器输入的信号即可正确判断汽车横向力的大小，从而实现对汽车车身姿势的控制。

（4）节气门位置传感器 节气门位置传感器与发动机共用，可以间接检测汽车加速信号，判断汽车是否在进行急加速，节气门位置传感器先将信号输入发动机电控单元，然后，发动机电控单元再将此信号输入悬架电控单元，悬架电控单元利用此信号作为防车辆加速时车身后坐控制的一个工作状态参数。

（5）车速传感器 车速传感器与发动机共用，用于检测车轮转速信号，汽车车身的侧倾程度取决于车速和汽车转弯半径的大小。通过对车速的检测，来调节电控悬架的阻尼力，从而改善汽车行驶的安全性。

（6）模式选择开关 模式选择开关位于变速器变速杆旁，如图2-15所示。驾驶人根据汽车的行驶状况和路面情况选择悬架的运行模式，即悬架的"软""中""硬"状态，从而决定减振器的阻尼力大小。

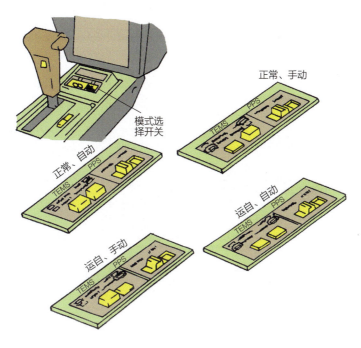

图 2-15 模式选择开关的位置和操作方法

驾驶人通过控制模式选择开关，可使悬架系统工作在四种运行模式：自动、正常（Auto、Normal）；自动、运动（Auto、Sport）；手动、正常（Manu、Normal）；手动、运动（Manu、Sport）。当选择自动模式时，悬架系统可以根据汽车的行驶状态自动调节减振器的阻尼力，以保证汽车的乘坐舒适性的操纵稳定性。当选择手动档时，悬架系统的阻尼力只有标准（中等）和运动（硬）两种状态的转换。

（7）高度控制开关　高度控制开关用来选择汽车高度，一般有 NORM 和 HIGH 两种模式，ECU 检测高度控制开关的状态并相应地使汽车高度上升和下降，有的汽车还有高度控制 ON/OFF 开关，用于停止车身高度控制。

（8）制动灯开关　当踩下制动踏板时，制动灯开关接通，ECU 接收这个信号作为防点头控制的一个起始状态。

2. 电子控制单元（ECU）

悬架电子控制单元接收各传感器、开关输入的信号，通过运算处理，发出控制指令，控制执行器工作，保持车辆的平顺性和操纵稳定性，悬架电子控制单元（ECU）电路如图 2-16 所示。ECU 一般由输入电路、微处理器、输出电路和电源电路等组成。ECU 具有提供稳压电源、传感器信号放大、输入信号计算、驱动执行机构和故障检测及保护等功能。

1）提供稳压电源。为控制装置内部和各种传感器提供稳压的电源。

2）传感器信号的放大。用接口电路将输入信号（如各种传感器信号、开关信号）中的干扰信号除去，然后放大、变换极值、比较极值，变换为适合输入控制装置的信号。

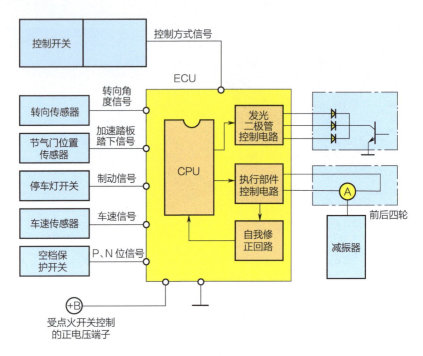

图 2-16 悬架电子控制单元（ECU）电路

3）输入信号的计算。电子控制单元根据预先写入只读存储器 ROM 中的程序对各输入信号进行计算，并将计算结果与内存的数据进行比较后，向执行机构（电动机、电磁阀、继电器等）发出控制指令。输入 ECU 的信号除了开/关信号外还有电压信号时，还应进行 A/D 转换。

4）驱动执行机构。悬架电子控制单元用输出驱动电路将输出驱动信号放大，然后输送到各执行机构，如电动机、电磁阀、继电器等，以实现对汽车悬架参数的控制。

5）故障检测及保护。悬架电子控制单元用故障检测电路来检测传感器、执行器、线路等的故障，当发生故障时，ECU 将以故障码的形式存储故障，以便维修时调取，帮助确定故障所在位置，并使指示灯点亮，以提醒驾驶人注意。ECU 还具有对系统的保护功能，即在控制系统出现故障时暂时切断对悬架的控制，使悬架系统安全工作。

3. 执行机构

悬架控制系统的执行机构可以是电磁阀、步进电动机或气泵电动机等，他们根据电脑的控制信号，及时、准确、快速地进行动作，实现对弹簧刚度、减振器阻尼或车身高度的调节。根据所用悬架结构的不同，执行机构可分为空气悬架执行机构和油气弹簧悬架执行机构两种。

（1）空气悬架执行机构　如图 2-17 所示，空气悬架电子控制系统执行元件主要有空气压缩机、调压器、电动机、干燥器、排气阀、高度控制电磁阀和空气弹簧等。空气悬架的结构如图 2-18 所示，主要由悬架执行器、空气弹簧（图中未画出）、主气室、副气室、可调阻尼力减振器（图中未画出）、阻尼调节杆、减振器活塞杆等组成。悬架执行器内的电动机根据接收到电脑控制信号进行工作，当电动机转动时，带动控制杆转动，使弹簧的刚度和减振器的阻尼系数达到理想值。空气弹簧是利用压缩空气做的弹簧，由主、副气室组成，密封的气体具有弹簧的功能，可通过执行器控制主副气室之间的通道大小，实现空气弹簧刚度的调节。可调阻尼力减振器可通过执行器控制阻尼孔的开闭，改变减振器阻尼孔的流通截面积，实现软、中、硬三种模式。车身高度的调节是通过向空气弹簧主气室内充放压缩气体来实现的。

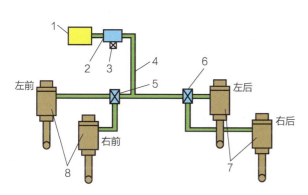

图2-17 空气悬架执行机构示意图

1—压缩机 2—干燥器 3—排气阀 4—空气管路
5—1号高度控制电磁阀 6—2号高度控制电磁阀
7—后空气弹簧 8—前空气弹簧

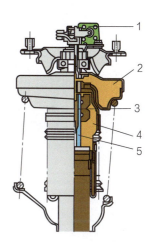

图2-18 空气悬架结构

1—悬架执行器 2—副气室
3—阻尼调节杆 4—主气室
5—减振器活塞杆

1）悬架控制执行器。悬架控制执行器的功用是通过步进电动机驱动减振器阻尼孔的回转阀和主、副气室的空气阀阀芯转动，使悬架的各参数保持在稳定的状态，其结构如图2-19所示。

当步进电动机带动小齿轮驱动扇形齿轮转动时，与扇形齿轮同轴的阻尼调节杆带动回转阀转动，使阻尼孔开闭的数量变化，从而可以调节减振器阻尼力；同时阻尼调节杆驱动齿轮带动空气阀驱动齿轮转动，空气阀控制杆转动，随着阀芯角度的改变，悬架的刚度也得到调节。

当电磁线圈控制的电磁制动开关松开时，制动杆处于扇形齿轮的滑槽内，扇形齿轮可以转动。

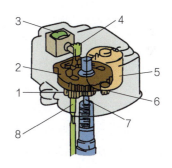

图2-19 悬架控制执行器结构

1—空气阀驱动齿轮 2—扇形齿轮 3—电磁线圈
4—制动杆 5—电动机 6—小齿轮
7—阻尼调节杆 8—空气阀控制杆

→ **小提示**：当电磁制动开关吸合时，制动杆往回拉，各齿轮处于锁止状态，各转阀均不能转动，使悬架的参数保持稳定状态。

2）可调阻尼式减振器。可调阻尼式减振器主要由缸筒（图中未画出）、活塞（图中未画出）、活塞杆、回转阀等组成，如图2-20所示。活塞杆是一空心杆，在其中心装有控制杆，控制杆的上端与执行器相连。控制杆的下端装有回转阀，回转阀上有三个油孔，活塞杆上有两个通孔。缸筒中的油液一部分经活塞上的阻尼孔在缸筒的上下两腔流动;一部分经回转阀与活塞杆上连通的孔在缸筒的上下两腔流动。

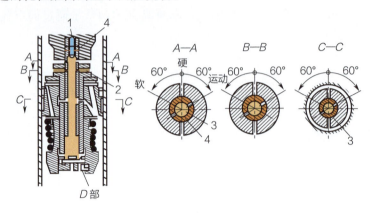

图 2-20 可调式减振器结构

1—回转阀控制杆 2—阻尼孔 3—活塞杆 4—回转阀

当电子控制单元(ECU)控制执行器工作时,通过控制杆带动回转阀相对活塞杆转动,回转阀与活塞杆上的油孔连通或切断,从而增加或减少油液的流通面积,使油液的流动阻力改变,达到调节减振器阻尼力的目的。当回转阀转动使 A-A、B-B、C-C 三个截面的阻尼孔全都被封住时,此时只有减振器下面的主阻尼孔仍在工作,所以这时阻尼为最大,减振器被调节到"硬"状态。当回转阀从"硬"状态位置顺时针转动 60°时,B-B 截面的阻尼孔打开,A-A、C-C 两截面的阻尼孔仍关闭,因为多了一个阻尼孔参加工作,所以减振器处于相对较硬的"运动"状态。当回转阀从"硬"状态位置逆时针转动 60°时,A-A、B-B、C-C 三个截面的阻尼孔全部打开,这时减振器的阻尼最小,减振器处于"软"状态。

3)悬架刚度调节装置。悬架刚度的调节是通过悬架刚度调节执行机构改变主、副气室之间气体通道的大小,从而改变主、副气室之间的气体流量,使悬架刚度发生变化。悬架刚度调节执行机构由悬架刚度控制阀和执行机构等组成。执行机构位于减振器的顶部,与阻尼系数控制机构组装在一起。刚度控制阀装在空气弹簧副气室的中部,由空气阀、阀体和空气阀控制杆组成,其结构和控制原理如图 2-21 所示。

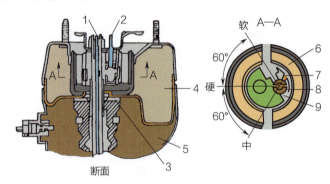

图 2-21 刚度控制阀结构和控制原理

1—阻尼调节杆 2—空气阀控制杆 3—主、副气室通道 4—副气室
5—主气室 6—阀体 7—气体通道 8—阀芯 9—大气通道

主、副气室之间的阀体 6 上有大小两个气体通道。由悬架控制执行器（步进电动机）带动空气阀控制杆 2 转动，使空气阀阀芯 8 转过一个角度，从而改变气体通道的大小，就可以改变主、副气室之间的气体流量，使悬架刚度发生变化。

① 当空气阀由电动机驱动的控制杆带动旋转到"软"的位置时，空气弹簧主气室的气体经过空气阀的中间孔，阀体侧面的大空气孔（大流通孔）与副气室相通，此时参与工作的气体容积最大，悬架刚度处于最小状态。

② 当空气阀被旋转到"中"位置时，主气室与副气室的气体经过空气阀的中间孔与阀体侧面的小空气孔相互流通，主、副气室之间的气体流量较小，悬架刚度处于中等状态。

③ 当气阀被旋转到"硬"位置时，主气室与副气室的空气通道被切断，此时仅仅靠主气室中的气体承担缓冲任务，悬架刚度处于最大状态。

4）车身高度控制执行机构。车身高度控制是指根据乘员人数、装载质量和汽车的状态自动调节汽车车身高度。车身高度控制是通过车身高度执行机构控制空气弹簧中主室空气量的多少来进行调节的。执行机构主要由空气压缩机、直流电动机、高度控制电磁阀（图中未画出）、排气电磁阀、空气干燥器等组成，如图 2-22 所示。

排气电磁阀、干燥器都安装在空气压缩机上。空气干燥器可以将空气中的水分过滤掉；排气电磁阀可以从系统中放出压缩空气，同时排掉空气干燥器滤出的水分；空气压缩机由直流电动机驱动，根据需要向主气室内提供升高车身所必需的压缩空气。

高度控制电磁阀是一个二位二通电磁阀，也称进气阀，如图 2-23 所示，用于控制充入或排出空气弹簧的压缩空气，从而改变弹簧的和车身的高度。

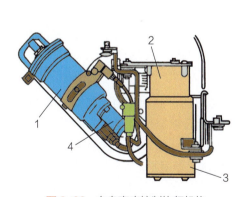

图 2-22 车身高度控制执行机构

1—空气干燥器 2—空气压缩机 3—直流电动机 4—排气电磁阀

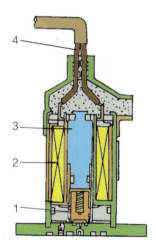

图 2-23 高度控制电磁阀

1—柱塞 2—线圈 3—阀芯 4—信号线

空气悬架系统高度调节控制过程：悬架 ECU 根据车身高度传感器送来的信号判断车身的高度状况。当判定车身需要升高时，向高度控制阀发出指令，高度控制阀打开，压缩空气进入空气弹簧的主气室，车身升高；当判定车身需要降低时，发出指令，控制高度控制阀和排气阀同时通电打开，悬架的主气室中的空气通过高度控制阀、管路，最后由排气阀排出，车身高度下降；当车身达到规定高度时，高度控制阀关闭，空气弹簧主气室中的空气量保持不变，车身维持一定高度不变。同时车身高度传感器将调节后的反馈信号发送给悬架 ECU，悬架 ECU 进行分析判断后确定是否需要继续调节。

（2）油气弹簧悬架执行机构　油气弹簧悬架电子控制系统执行机构主要包括油气弹簧、悬架刚度调节器、电动液压泵、电磁阀等，如图 2-24 所示。

油气弹簧是利用压缩氮气作为弹性元件，用油压来压缩密封氮气的一种弹性元件，一般由气体弹簧和相当于液力减振器的液压缸组成，其结构如图 2-25 所示。它通过油液压缩气室中的氮气实现变刚度特性，通过电磁阀控制油液管路中的小孔节流实现变阻尼特性。

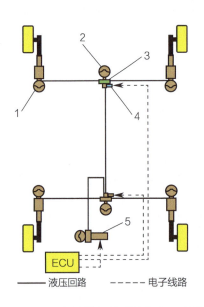

图 2-24　油气弹簧悬架执行机构示意图

1—油气弹簧　2—中间气体弹簧
3—悬架刚度调节器　4—电磁阀
5—电动液压泵

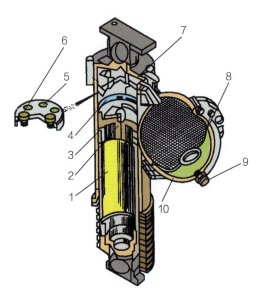

图 2-25　油气弹簧的结构

1—储液筒　2—活塞　3—缸筒　4—复原阀
5—加油阀　6—压缩阀　7—减振器阀座
8—储气室膜片　9—气门嘴　10—储气室

电子控制系统 ECU 根据转向传感器、加速度传感器、制动压力传感器、车速传感器、车身高度传感器等数据信息，判断车辆的运行状态，然后根据预设程序向油气弹簧刚度调节器和电磁阀等执行元件发出指令，控制油气弹簧增高或是降低车身，控制油气弹簧液压减振器中的油缸增压或是泄压，以保持合适的车身高度和减振器阻尼。

三、典型车型电控悬架系统简介

下面介绍奥迪 Q7 汽车电控悬架系统。

1. 电控悬架系统的组成

奥迪 Q7 汽车电控悬架系统可根据行车路况，自动压缩或伸长空气弹簧，自动调整悬架高度和弹性，降低或升高底盘离地间隙，以提高高速行车时的车身稳定性或复杂路况的通过性。电控悬架系统的组成如图 2-26 所示。

项目二 电控悬架系统的检修

图 2-26 奥迪 Q7 电控悬架系统的组成

奥迪 Q7 汽车电控悬架系统的组成

蓄能器的作用是储存一定压力的空气，提高电控悬架系统的随时可用性。蓄能器的容量为 5.8L，压力为 1600kPa。

2. 电控悬架系统图

电控悬架系统图如图 2-27 所示。

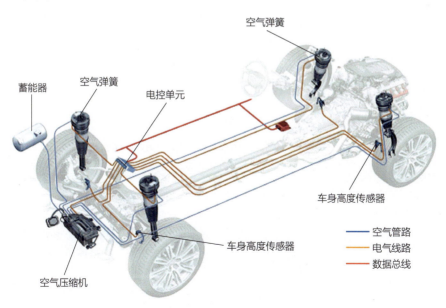

图 2-27 电控悬架系统图

111

3. 空气供给装置

电控悬架系统中的空气供给装置主要由电磁阀体、压缩机和驱动压缩机的电动机等组成，如图 2-28 所示。

4. 空气弹簧

空气弹簧也称空气减振支柱，是无级调节式双筒减振器，主要由开卷活塞、折叠支架、钢板圆筒、活塞杆、空气弹簧膜片等组成，如图 2-29 所示。

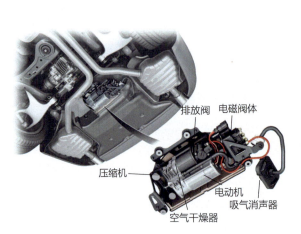

图 2-28　空气供给装置

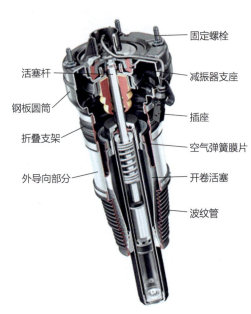

图 2-29　空气弹簧

四、电控悬架常见故障分析

1. 悬架刚度和阻尼系数控制失灵

悬架刚度和阻尼系数控制失灵故障分析见表 2-2。

表 2-2　悬架刚度和阻尼系数控制失灵故障分析

序号	故障现象	可能的故障部件
1	操作 LRC（平顺性开关）开关时，LRC 指示灯的状态不变	LRC 开关电路；悬架控制系统 ECU
2	悬架的刚度和阻尼控制不起作用	悬架控制执行器及电路；TC 端子电路；TS 端子电路；LRC 开关电路；悬架控制执行器电源电路；悬架控制系统 ECU
3	只有防俯仰控制不起作用	气压缸或减振器；悬架控制系统 ECU；节气门位置传感器及其电路
4	只有防侧倾控制不起作用	悬架控制系统 ECU；转角传感器及其电路
5	只有在高速时不起作用	悬架控制系统 ECU；车速传感器及电路

2. 汽车车身高度控制失灵

汽车车身高度控制失灵故障分析见表2-3。

表2-3 汽车车身高度控制失灵故障分析

序号	故障现象	可能的故障部件
1	汽车高度控制不起作用	汽车高度控制电源电路；汽车高度控制开关及其电路；汽车高度控制ON/OFF开关及其电路；发电机调节器电路；悬架控制系统ECU
2	车身高度控制指示灯不随高度控制开关的动作变化	车身高度传感器；发电机调节器电路；车身高度控制开关及其电路；汽车高度控制电源电路；悬架控制系统ECU
3	汽车车身高度出现不规则变化	车身高度传感器；有空气泄漏；悬架控制系统ECU
4	只有高速时不起作用	车身高度传感器；悬架控制系统ECU
5	汽车高度控制功能作用，但汽车高度变化不均匀	车速传感器及其电路；车身高度传感器调节杆；高度控制阀、排气阀及其电路；悬架控制系统ECU
6	高度控制ON/OFF开关在OFF位置时，汽车高度控制仍起作用	高度控制ON/OFF开关及其电路；悬架控制系统ECU
7	点火开关关断控制不起作用	门控开关及其电路；汽车高度控制电源电路；悬架控制单元ECU
8	车门打开时，点火开关关断控制仍起作用	门控开关及其电路
9	汽车停车时车身高度很低	有空气泄漏；气压缸或减振器

相关技能

下面主要以雷克萨斯LS400轿车的电控悬架系统为例，介绍电控悬架系统检修的基本方法。

电控悬架系统检修要求及注意事项如下。

1）维修过程中，当点火开关在打开状态下时，不要随意断开蓄电池接线，否则会丢失控制模块中存储的信息，也不要拆卸或安装控制模块及其插接器。

2）当用千斤顶将汽车顶起时，应将高度控制ON／OFF开关拨到OFF位置。如果在高度控制ON／OFF开关拨到ON位置的情况下顶起汽车，则ECU中会记录一个故障码。如果记录了故障码，务必将其从存储器中清除掉。

3）在放下千斤顶或将汽车从支架上放下之前，应将汽车下面的所有物体挪走。因为在维修过程中，可能进行了空气悬架的放气、空气管路拆检等操作，此时空气悬架中的主气室可能无气或存有少量剩余气体，汽车落地后，车身高度会降低，将下面的物体压住。

4）在开动汽车之前，应起动发动机将汽车的高度调整到正常状态。因为在维修过程中悬架上空气弹簧的空气可能被放掉，车身高度变得很低，如果此时汽车起步，会造成车身与悬架、轮胎等的相互摩擦或碰撞。

5）如果汽车装有安全气囊系统，在维修电控悬架前，应先将安全气囊系统断开。因为一些汽车的前安全气囊碰撞传感器安装在空气压缩机和1号车身高度控制阀上面。因此，除非必要时,不要触及这个传感器。若要触及,必须按照安全气囊维修中的说明,在维修前拆下前安全气囊碰撞传感器,避免影响安全气囊系统的正常工作。

6)在控制系统的检测中,必须使用生产厂家在维修手册中要求的检测工具,否则可能损坏控制系统的零部件。

一、电控悬架系统的功能检查

1.车身高度调整功能的检查

1)检查轮胎气压。检查轮胎气压是否正常,如果不正常,应调整到正常值。

2)检查车身高度。将高度控制开关处于 NORM 位置,车辆停放在水平面上,在相应的测量点检查车身高度是否合适,如图 2-30 所示。

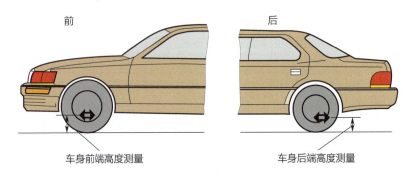

图 2-30 车身高度测量点

3)车身高度调整。如果车身高度不符合标准,必须先将高度调整到标准范围内。可旋松车身高度传感器连杆上的两只锁紧螺母,转动车身高度传感器连接杆的螺栓调节车身高度,如图 2-31 所示。

4)车身高度调整功能检查。起动发动机,将高度控制开关由 NORM 转换到 HIGH,如图 2-32 所示,车身高度应升高 10~30mm;将高度调整开关从 HIGH 位置转换到 NORM 位置,车辆高度应降低 10~30mm,每次调整所需时间大约为 20~40s。

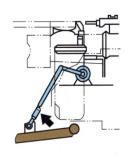

a)前连接杆的调整位置

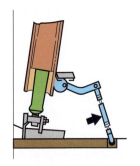

b)后连接杆的调整位置

图 2-31 高度传感器连接杆的调整位置

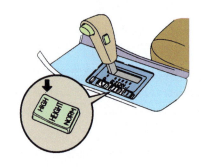

图 2-32 高度控制开关

2. 溢流阀的检查

当压缩机工作时，检查溢流阀是否工作，其检查方法如下。

1）将点火开关置于 ON，将高度控制插接器的端子 1、端子 7 跨接，如图 2-33 所示，使压缩机工作。

→ **小提示**：此操作会在电控悬架 ECU 内记录一个故障码。

2）压缩机工作一会儿后，检查溢流阀是否放气，如图 2-34 所示；如果不放气说明溢流阀堵塞、压缩机有故障或有漏气的部位。

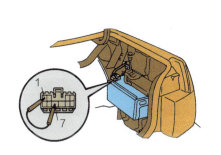

图 2-33　跨接高度控制插接器的 1、7 端子

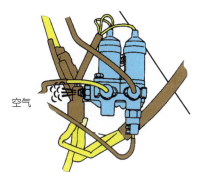

图 2-34　检查溢流阀

3）检查结束后，将点火开关置于 OFF，清除故障码。

3. 漏气的检查

电控悬架系统漏气检查主要是检查空气软管和软管接头是否漏气，其具体方法如下：

1）将高度控制开关置于 HIGH 位置，使车辆高度升高。

2）使发动机熄火。

3）在管子的接头处涂抹肥皂水，检查是否漏气，具体检查位置如图 2-35 所示。

二、电控悬架系统故障自诊断

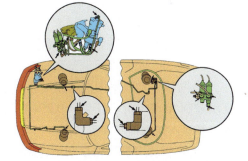

图 2-35　检查漏气

1. 检查电控悬架系统指示灯

电控悬架系统中的指示灯有两个：一个是高度控制指示灯 NORM，另一个是刚度阻尼指示灯 LRC。还有一个高度控制照明灯 "HEIGHT"，悬架系统指示灯如图 2-36 所示。

1）当点火开关转到 ON 时，LRC 指示灯（SPORT 指示灯）和高度控制指示灯（NORM 和 HI 指示灯）应点亮 2s 后熄灭，2s 后，各指示灯的亮灭则取决于其控制开关的位置。

2）如果 LRC 和高度控制开关分别设定到 SPORT 和 HIGH 位置，则 SPORT 和高度指示灯（HI）将点亮。

3）如果高度指示灯以每 1s 的间隔闪亮时，表明 ECU 中存有故障码，如果出现故障，应检查相应电路。

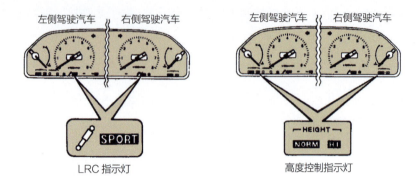

图 2-36　指示灯的位置

2. 故障码的读取

电控悬架系统的故障码可用故障诊断仪来读取，按操作提示进行即可。

3. 故障码的清除

电控悬架系统故障排除后要将故障码清除，清除系统故障码也用故障诊断仪来完成，按操作提示进行即可。

三、电控悬架系统输入信号的检查

此项功能主要是检查输入 ECU 的转向传感器和停车开关的信号是否正常，具体操作方法如下：

1）将点火开关转到 ON 位置。
2）将每个检查项目调整到表 2-4 中的"操作内容 1"栏所示状态。
3）短接发动机室内的诊断插接器端子 TS 和端子 E1。注意：这时，在发动机停机状态下，高度控制 NORM 指示灯会以 0.25s 的间隔闪烁，并一直持续到发动机运转时为止（这表明系统已经进入输入信号检查状态）。
4）再将每个检查项目调到表 2-4 "操作内容 2" 栏所示状态，检查 NORM 指示灯的状态是否与表 2-4 中所示的状态一致。

表 2-4　悬架 ECU 输入信号检查

检查项目	操作内容 1	NORM 指示灯状态		操作内容 2	NORM 指示灯状态	
		发动机停机	发动机运转		发动机停机	发动机运转
转向传感器	转向盘摆正直行	闪烁	常亮	转向角 45°以上	常亮	闪烁
停车灯开关	OFF（不踩制动踏板）	闪烁	常亮	ON（踩制动踏板）	常亮	闪烁

（续）

检查项目	操作内容 1	NORM 指示灯状态		操作内容 2	NORM 指示灯状态	
		发动机停机	发动机运转		发动机停机	发动机运转
门控灯开关	OFF（所有车门关闭）	闪烁	常亮	ON（所有车门打开）	常亮	闪烁
节气门位置传感器	不踩加速踏板	闪烁	常亮	加速踏板踩到底	常亮	闪烁
1 号车速传感器	车速低于 20km/h	闪烁	常亮	车速不低于 20km/h	常亮	闪烁
高度控制 ON/OFF 开关	ON 位置	闪烁	常亮	OFF 位置	常亮	闪烁
高度控制开关	NORM 位置	闪烁	常亮	HIGH 位置	常亮	闪烁
LRC 开关	NORM 位置	闪烁	常亮	SPORT 位置	常亮	闪烁

注：1）闪烁是指 NORM 指示灯以 0.25s 的间隔正常闪烁；常亮是指 NORM 指示灯不闪烁一直点亮。

2）在进行这项检查时，减振器的阻尼力控制和弹簧刚度控制被暂时停止，减振器的阻尼力和弹簧刚度都被固定为"坚硬"状态，而车身高度控制则正常进行。

四、电控悬架系统线路及元件检查

电控悬架出现了故障，无论自诊断系统有无故障码输出，都需要对系统线路及元件进行检查。

> **小提示：**
> ◆如果有故障码，则可根据故障码的提示对故障线路进行检查，以找出确切的故障部位，排除故障。
> ◆如果无故障码显示，则需根据故障分析的结果，对与故障有关的线路和部件逐个进行检查。
> ◆如果所有可能的故障线路和部件检查均无问题，但悬架控制系统的故障确实存在，则需对悬架 ECU 进行检查或更换。

对系统进行线路检查时，需要参照系统线路图进行分析。图 2-37 所示为 LS400 电子控制空气悬架系统的线路连接图。

1）车身高度传感器线路检查。当车身高度线路出现故障时，ECU 存储器中存入故障码 11、12、13 或 14。在车身高度传感器向 ECU 输入正常信号之前，汽车高度控制、减振器阻尼力和弹簧刚度控制被禁止。车身高度传感器线路如图 2-38 所示，线路检查流程如图 2-39 所示。

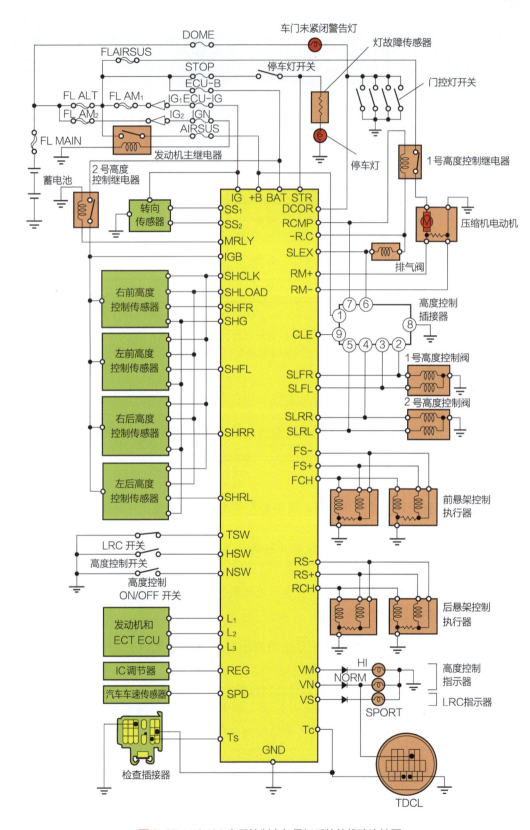

图 2-37　LS400 电子控制空气悬架系统的线路连接图

项目二 电控悬架系统的检修

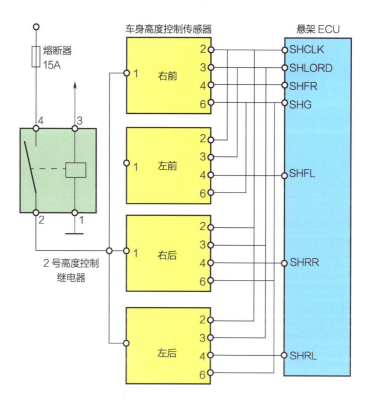

图 2-38 LS400 车身高度传感器线路图

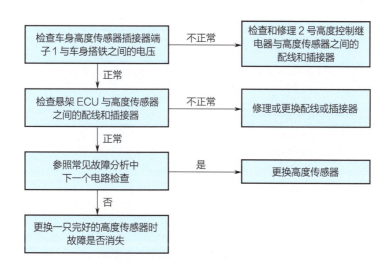

图 2-39 车身高度传感器线路检查流程

2）悬架控制执行器线路检查。当悬架控制执行器线路出现故障时，ECU 存储器中存入故障码 21 或 22，此时减振器阻尼力和弹簧刚度控制被禁止。悬架控制执行器线路如图 2-40 所示，线路检查流程如图 2-41 所示。

119

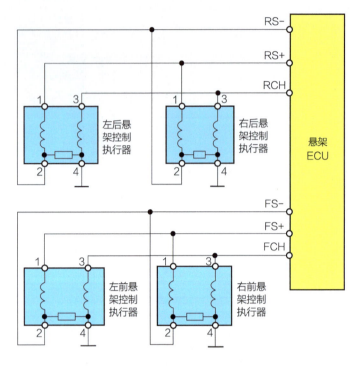

图 2-40　LS400 悬架执行器线路图

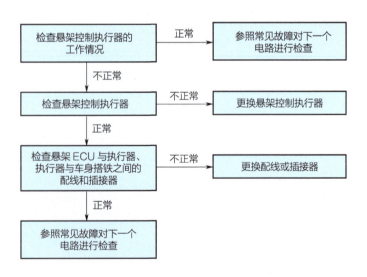

图 2-41　悬架控制执行器线路检查流程

3）高度控制阀、排气阀线路检查。1 号高度控制阀用于前悬架控制,它由两个电磁阀分别控制左、右气压缸。2 号高度控制阀用于后悬架控制,它也由两个电磁阀组成,但这两个电磁阀不是单独工作。为了防止空气管路中产生不正常的压力,2 号高度控制阀中有一个溢流阀。1、2 号高度控制电磁阀线路如图 2-42 所示,线路检查流程如图 2-43 所示。

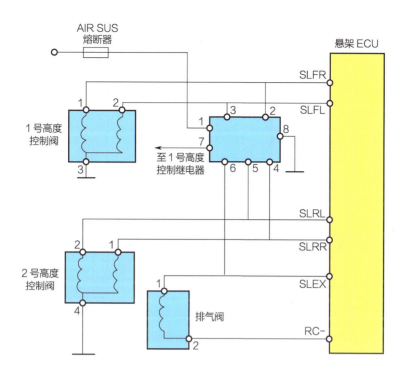

图 2-42　LS400 高度控制阀控制电路图

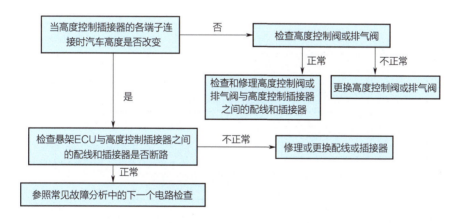

图 2-43　高度控制阀、排气阀线路检查流程

4）空气压缩机电动机电路检查。当压缩机电动机电路出现故障时，ECU 存储器中存入故障码 42，此时，汽车高度控制及减振阻尼力和弹簧刚度控制被禁止。压缩机电动机线路如图 2-44 所示，线路检查流程如图 2-45 所示。

5）高度控制 ON/OFF 开关线路检查。当高度控制 ON/OFF 开关在 OFF 位置时，该线路接通；当高度控制 ON/OFF 开关在 ON 位置时，该电路断开。当开关在 OFF 位置时，不执行汽车高度控制，则输出故障码 71。高度控制 ON/OFF 开关线路如图 2-46 所示，线路检查流程如图 2-47 所示。

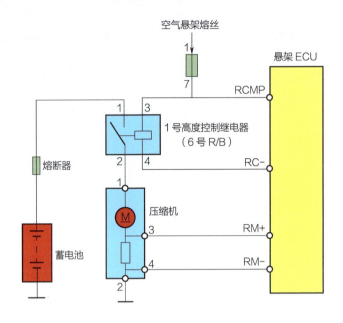

图 2-44 LS400 空气压缩机电动机线路图

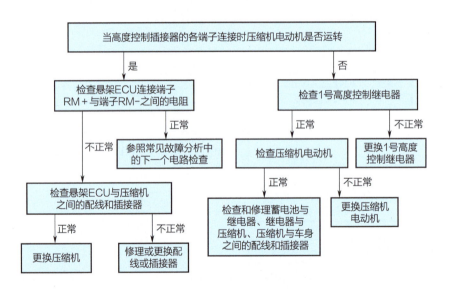

图 2-45 压缩机电动机线路检查流程

6）LRC 开关线路检查。LRC 开关拨到 SPORT 时接通，拨到 NORM 时断开。ECU 检查 LRC 开关的状态后，操纵悬架控制执行器，从而改变减振器的阻尼力和空气弹簧的刚度。LRC 开关线路如图 2-48 所示，线路检查流程如图 2-49 所示。

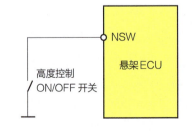

图 2-46 LS400 高度控制 ON/OFF 开关线路图

项目二 电控悬架系统的检修

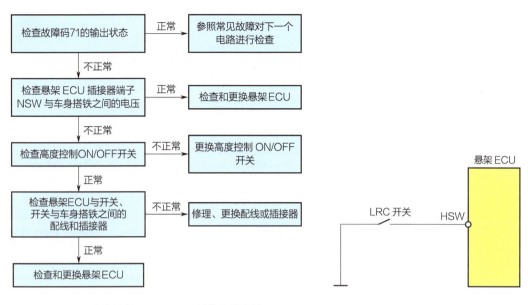

图 2-47 高度控制 ON/OFF 开关线路检查流程　　图 2-48 LS400 LRC 开关线路图

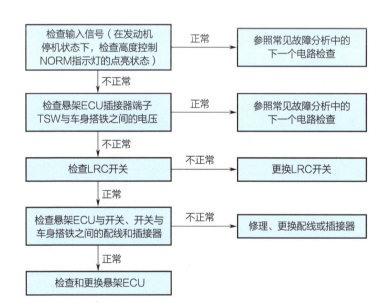

图 2-49 LRC 开关线路检查流程

7）制动灯开关线路检查。当踩下制动踏板时，制动灯开关接通，蓄电池电压加到 ECU 的 STP 端子上。ECU 利用这个信号作为防裁头控制用的一个起始状态。制动灯开关线路如图 2-50 所示，线路检查流程如图 2-51 所示。

8）转角传感器电路检查。转角传感器检测转向盘的转动方向和角度并输入悬架 ECU，当 ECU 判定转向盘的转角和车速大于设定值时，就促使减振阻尼力和弹簧刚度增加。转向角传感器电路如图 2-52 所示，电路检查流程如图 2-53 所示。

123

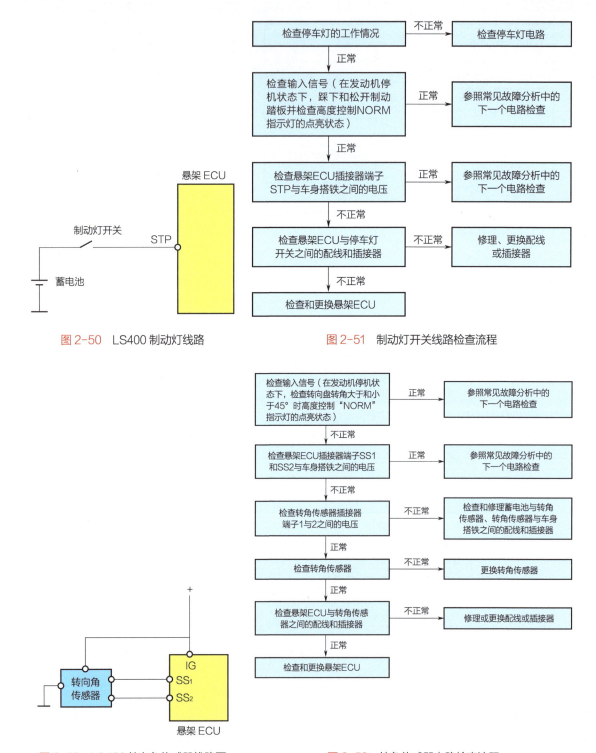

图 2-50　LS400 制动灯线路　　　　图 2-51　制动灯开关线路检查流程

图 2-52　LS400 转向角传感器线路图　　　　图 2-53　转角传感器电路检查流程

9）节气门开度信号电路检查。悬架 ECU 通过与发动机和 ECT ECU 之间的通信联系检测节气门的开启角度和开启速度。悬架 ECU 利用这一信号作为防下坐控制的一个工作状态。节气门开度信号线路如图 2-54 所示，线路检查流程如图 2-55 所示。

项目二 电控悬架系统的检修

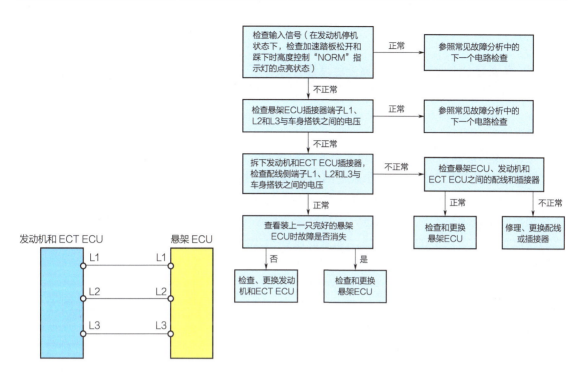

图 2-54　LS400 节气门开度信号线路图　　　图 2-55　节气门开度信号线路检查流程

10）IC 调节器电路检查。当发动机停机时，发电机不发电，此时，ECU 端子 REG 上的电压很低。当发动机运转时，ECU 端子 REG 上的电压就变高。因此，ECU 据此检测发电机的发电状态，只有在发电机处于发电状态时才能控制汽车高度（除了点火开关 OFF 控制外）。IC 调节器线路如图 2-56 所示，线路检查流程如图 2-57 所示。

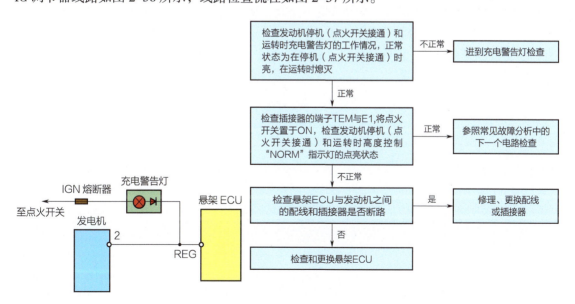

图 2-56　LS400 IC 调节器线路图　　　图 2-57　IC 调节器线路检查流程

125

维修实例

宝马 X5 豪华型 SUV 行驶中车身高度故障警告灯点亮

（1）故障现象　一辆 2012 款宝马 X5 xDrive35i 豪华型 SUV，装备单桥自调标高悬架控制系统，行驶里程 14.6 万 km。驾驶人反映，该车更换机油后，在行驶中车身高度故障警告灯突然点亮。

（2）故障诊断与排除　根据该车维修资料可知，单桥自调标高悬架控制系统可将后桥上的车辆高度与负载状态保持在某个规定的标准高度，主要由 EHC 控制单元、供气装置、压缩机、空气干燥器、阀体、控制阀和排气阀、两个空气弹簧、两个高度传感器等组成。自调标高悬架控制系统通过空气弹簧的进气或排气来实现悬架的高度调整，EHC 控制单元从高度传感器获取车辆左右两侧的高度信息，如果高度超出规定，则悬架系统会通过供气装置调节到标准高度。

1）从外观查看车辆的两侧高度基本一致。

2）连接故障诊断仪，读取故障码为"5 F96-EHC 排气阀；5 F94-EHC 电磁阀左后；5F95-EHC 电磁阀右后"。EHC 含义为电子高度控制系统。

3）在故障诊断仪中选择故障内容，执行检测计划，故障诊断仪提示为"EHC 排气阀、EHC 电磁阀（左）、EHC 电磁阀（右后）线路故障"。故障原因可能是电磁阀线路断路或短路。

4）举升车辆，准备检测 EHC 控制的电磁阀。在拆卸发动机护板时，发现护板左前方有一块破损压痕，观察发现附近正好是安装了悬架系统的压缩机。把护板拆卸后，发现破损的位置有好几根导线被压断了。

5）仔细查看压断的几根导线与压缩机相连。

6）询问车主得知，原来故障出现前该车做过维护保养，更换了机油和机油滤清器。分析故障原因可能是在举升车辆时，举升位置不正确，造成悬架系统压缩机的线束被压断，导致车辆行驶中 EHC 系统报警。

7）修复断开的导线，清除故障码，起动发动机上路试车，车身高度故障警告灯熄灭，故障现象消失，故障得以排除。

项目三
电控动力转向系统的检修

→ 项目描述

为使汽车操纵轻便及行驶安全,目前轿车上普遍采用转向助力器。普通动力转向系统的助力特性是不变的,且与车速无关,这会导致低速及将要停车时,转向盘操纵沉重,中速时较轻快,高速时更加轻快。但如果考虑车辆低速时的转向轻便性,则使车辆在高速时转向的操纵力会过小,路感下降,易出现转向过度的现象。反之,会使车辆低速时操纵力过大,转向沉重,效率下降。

为了实现在各种行驶条件下转向盘上所需要的力都是最佳值,应采用更先进的电子控制转向系统(Electronic Control Power Steering,EPS)。电控动力转向系统在低速行驶时可使转向轻便、灵活;当汽车在中高速区域转向时,又能保证提供最优的动力放大倍率和稳定的转向手感,从而提高了高速行驶的操纵稳定性。

本项目主要介绍汽车电控动力转向系统的控制功能、主要部件结构、工作原理以及常见故障分析等知识。

通过本项目的学习,你将能够描述电控动力转向系统的类型、基本组成、总体构造和工作原理,熟悉电控动力转向系统的检修方法,学会对电控动力转向系统常见故障进行诊断与排除。

岗位核心能力

◎知识目标

1)能够熟悉电控动力转向系统的类型、基本组成。
2)能够熟悉电控动力转向系统的结构及工作原理。

◎技能目标

1)能够正确检修电控动力转向系统。
2)能够对电控动力转向系统的常见故障进行诊断与排除。

案例导入

一辆大众迈腾 2017 款 330 TSI DSG 双离合器自动变速器舒适型轿车,装有电控转向系统,行驶里程约 7.6 万 km。驾驶人反映该车在行驶过程中感觉转动转向盘比以前沉重,助力效果变差,要求进厂维修。经维修技师初步检查,该车的轮胎、悬架、车架及前桥等技术状况都正常,故障可能是由电控转向系统引起,需对电控转向系统进行检查。

相关知识

一、电控动力转向系统的类型与优点

1. 电控动力转向系统的类型

根据动力源的不同,电控动力转向系统可分为液压式电控动力转向系统(液压式 EPS)和电动式电控动力转向系统(电动式 EPS)。

(1)液压式 EPS 液压式 EPS 是在传统的液压动力转向系统的基础上增设了控制液体流量的电磁阀、车速传感器和 ECU 等,ECU 可根据检测到的车速信号,控制电磁阀,使转向动力放大倍率实现连续可调,从而满足高、低速时的转向助力要求。

(2)电动式 EPS 电动式 EPS 是利用直流电动机作为动力源,ECU 根据各种信号,控制电动机转矩的大小和方向。电动机的转矩由电磁离合器通过减速机构减速增加转矩后,加在汽车的转向机构上,使之得到一个与工况相适应的转向作用力。

2. 电控动力转向系统的优点

为满足现代汽车对转向系统的要求,电控动力转向系统应具有以下特点:

1)良好的随动性。即转向盘与转向轮之间具有准确的一一对应关系,同时能保证转向轮可维持在任意转向角位置。

2)高度的转向灵敏度。即转向轮对转向盘应具有灵敏的响应性能。

3)良好的稳定性。即具有很好的直线行使稳定性和转向自动回正能力。

4)助力效果能随车速变化和转向阻力的变化作相应的调整。低速时,有较大的助力效果,以克服路面的转向阻力;高速时,要有适当的路感,以避免因转向过轻而发生事故。

5)效率高。与传统动力转向相比,效率明显提高,特别是电控电动转向系统可达 90% 以上。

二、液压式电控动力转向系统

液压式电控动力转向系统是在传统的液压动力转向系统的基础上增设了电子控制装置而构成的。液压式电控动力转向系统在车上的布置如图 3-1 所示,部件组成如图 3-2 所示,主要包括传感器(车速传感器和转向盘转角传感器,转向盘转角传感器也称转角速度传感器)、电控单元(ECU)、动力转向油泵(转向助力泵)、普通动力转向系统(转向盘、转向柱、转向机及转向横拉杆)等。电控单元(ECU)根据车辆的行驶速度和转向角度等输入信号计

算出理想的输出信号,通过控制动力转向油泵的流量(有的车型是控制流量电磁阀)向普通动力转向装置的转向机提供适当的液压助力,使转向动力的放大倍率连续可调。

图 3-1 液压式电控动力转向系统在车上的布置

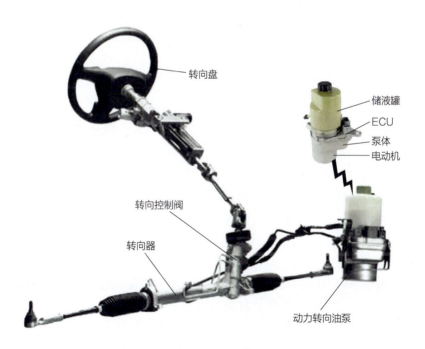

图 3-2 液压式电控动力转向系统部件组成

液压式电控动力转向系统根据控制方式的不同,可分为流量控制式、反力控制式和阀灵敏控制式三种形式。

1. 流量控制式 EPS

流量控制式 EPS 是一种根据车速传感器信号调节动力转向装置中油液的输入、输出流量，以控制转向助力大小的控制方法，其系统布置如图 3-3 所示。可分为分流控制式和旁流控制式。

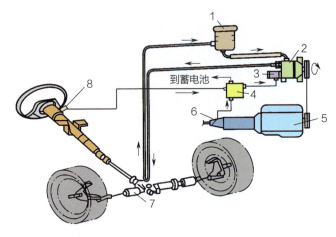

图 3-3 流量控制式动力转向系统

1—储液罐 2—动力转向油泵 3—流量控制电磁阀 4—电控单元（ECU） 5—发动机
6—车速传感器 7—齿轮齿条转向器及液压缸 8—转向盘转角传感器

（1）分流控制式 分流控制式液压电控动力转向系统如图 3-4 所示，主要由车速传感器、电磁阀、整体式动力转向控制阀、动力转向油泵和电控单元等组成。

其控制原理如图 3-5 所示，发动机驱动动力转向泵产生的液压油被送到转向控制阀。汽车直线行驶时，转向控制阀处于中间位置，液压油流过转向控制阀进入泄油口并返回储液罐中。此时，动力缸活塞两边的压力相等，活塞不会向某一方移动；而当汽车转向时，转向控制阀随之转动，并关闭一个液压通道，使另一个液压通道开得更大，液压油被送到活塞一侧，在活塞两侧形成压力差，把活塞推向压力小的一侧，起到转向助力的作用。

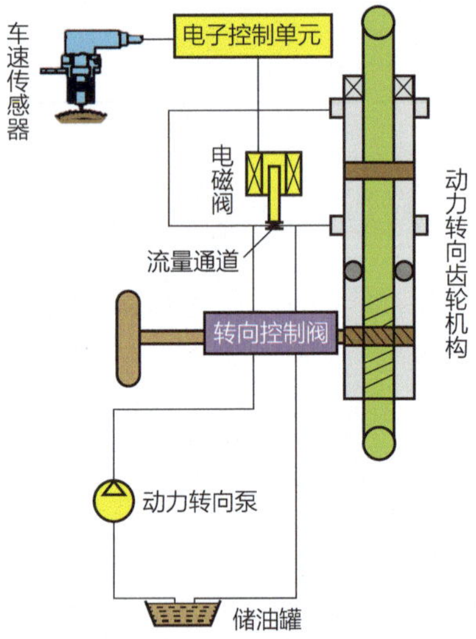

该系统在转向动力缸两侧的油道上设置了一条连通动力缸两腔的分流油道，流量受分流电磁阀控制，当电磁阀根据汽车行驶车速升高而将分流油道逐渐打开增大时，转向动力缸高压侧的高压油有一部分被分流到动力缸低压油室中去，同时返回到储液罐中，使转向动力缸中的活塞两侧油压差减小，动力转向的助力减弱，相反则助力增大，使转向灵敏性和轻便性得到很好的兼顾，形成良好的路感。

图 3-4 分流控制式液压电控动力转向系统组成

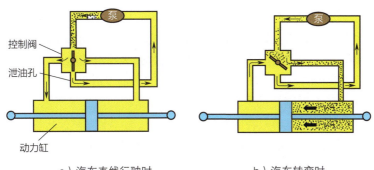

a）汽车直线行驶时　　　　　b）汽车转弯时

图 3-5　分流控制式液压电控动力转向系统原理

分流控制式液压电控动力转向系统控制电路如图 3-6 所示。动力转向 ECU 是系统的核心控制元件。它根据车速传感器提供的车速信号，通过改变旁通电磁阀驱动信号占空比的方式来控制电磁阀的开启程度，从而控制转向动力缸活塞两侧油室的分流液压油流量，来改变转向盘上的转向力。

车速越高，流过电磁阀电磁线圈的平均电流越大，电磁阀的开启程度越大，分流液压油流量越大，液压助力作用越小，使转动转向盘的力也随之增加；相反，则车速较低时，助力作用加大，使转向轻便。

（2）旁流控制式　旁流控制式液压电控动力转向系统的组成如图 3-7 所示，它是在一般液压动力转向系统上再增加了旁通流量控制阀、车速传感器、转向盘转角传感器、电控单元和控制开关等。在动力转向油泵与转向器之间设有旁通管路，在旁通管路中又设有旁通流量控制阀。

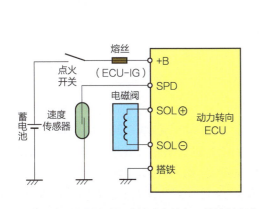

图 3-6　分流控制式液压电控动力转向系统控制电路

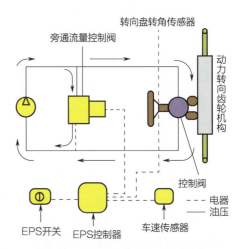

图 3-7　旁流控制式 EPS 的组成

电控单元根据车速传感器、转向盘转角传感器和控制开关的信号向旁通流量控制阀发出控制信号，控制旁通流量，从而调整向转向器供油的流量。当向转向器供油流量减少时，动力转向控制阀灵敏度下降，转向助力作用降低，转向力增加；相反使转向力减小。

2. 反力控制式 EPS

反力控制式动力转向系统是按照车速的变化，控制反力室油压反力，调整动力转向器，从而使汽车在各种条件下转向盘上所需的转向操纵力都达到最佳状态。有时也把这种动力转向系统称为渐进型动力转向系统（Progressive Power Steering，PPS）。

（1）基本组成　反力控制式动力转向系统的组成结构如图3-8所示，主要由转向控制阀、电磁阀、分流阀、转向动力缸、动力转向油泵（叶片泵）、储液罐、车速传感器和电控单元组成。该系统除了传统动力转向装置中用来控制转向助力大小的主控制阀之外，又增设了反力油压控制阀和油压反力室，经反力油压控制阀调整后的油压加到油压反力室内。扭杆与转向轴相连，通过调节油压反力室内油压反力的大小以改变转向扭杆的扭曲量，这样就可以控制转向时所需转向力的大小。

➡ **小提示**：动力转向ECU根据车速传感器的信号控制装在反力控制阀上的电磁阀的输入电流，以控制电磁阀的开度，通过电磁阀的开度来控制油压反力室内液压油的压力，从而可以控制动力转向时助力的大小。

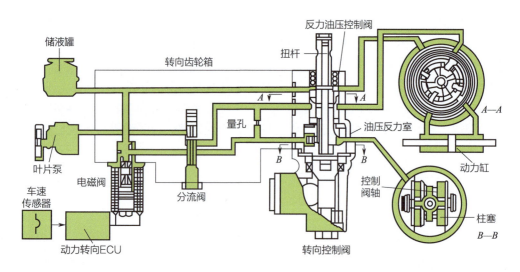

图3-8　反力控制式动力转向系统组成结构

1）转向控制阀。转向控制阀的结构如图3-9所示，其基本结构是在传统的整体式动力转向控制阀的基础上，在内部增加了一个油压反力室和四个小柱塞，四个小柱塞位于控制阀阀体下端的油压反力室内。输入轴部分有两个小凸起顶在柱塞上。当油压反力室受到高压作用时，柱塞将推动控制阀阀杆。此时，扭杆即使受到转矩作用，由于柱塞推力的影响，也会抑制控制阀阀杆与阀体的相对回转。

2）分流阀。分流阀的基本结构如图3-10所示，主要由阀门、弹簧及进出油口等构成。分流阀的主要功用是将来自转向油泵的液流送到转阀、油压反力室和电磁阀。送到电磁阀和油压反力室中的液流流量是由转阀中的油压来调整的。

项目三 电控动力转向系统的检修

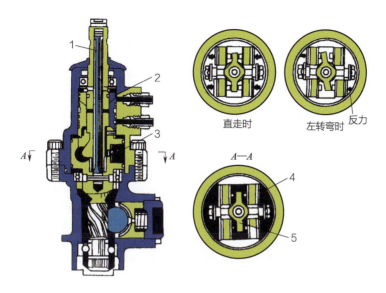

图 3-9 反力控制式动力转向控制阀结构

1—扭杆 2—回转阀 3—油压反力室 4—柱塞 5—控制阀轴

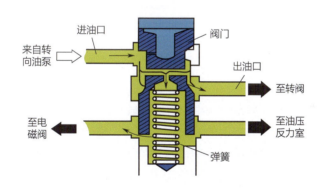

图 3-10 分流阀的基本结构

➡ **小提示：**

◆ 转动转向盘时，转向控制阀中的油压增大，此时，分配到电磁阀和油压反力室中的液流量随着转向控制阀中的油压的增大而增加。

◆ 当转向控制阀中的油压达到一定值后，转向控制阀中油压便不再升高，而分配给电磁阀和油压反力室的液流量也将保持不变。

3）车速传感器。车速传感器的主要功用是检测汽车行驶速度，通常安装在变速器输出轴上。动力转向EPS所用的车速传感器多为磁阻元件传感器，主要由磁阻元件和磁性转子等组成。

4）电磁阀。电磁阀一般安装在转向齿轮箱体上，主要由电磁线圈、铁心及滑阀等组成。电磁阀的开度由ECU的输出电流控制，而该输出电流又取决于车速的高低。电磁阀油路的阻尼面积，可随电磁线圈通电电流占空比（通断比）变化。车速低时，通电电流大，滑阀被吸引，油路的阻尼增大，流向油箱的回流量增加。随着车速的升高，电流减小，油液回流量也减少。

133

（2）工作过程

1）汽车静止或低速行驶时。汽车在低速范围内转向时，ECU 向电磁阀线圈输出一个大的电流，使电磁阀的开度增加，由分流阀分出的液体流过电磁阀回到储液罐中的流量增加。油压反力室的压力减小，柱塞推动控制阀杆的力减小，因此只需要较小的转向力就可使扭杆扭转变形，使阀体与阀杆发生相对转动而使控制阀打开，油泵输出油压作用到动力缸右室（或左室），使动力缸活塞左移（或右移），产生转向助力，其工作过程如图 3-11 所示。

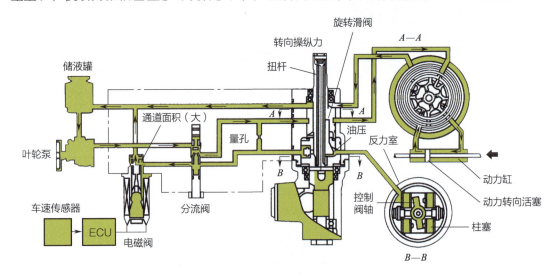

图 3-11　静止或低速行驶时的工作情况

2）汽车中、高速行驶时。当车辆在中、高速区域转向时，ECU 使电磁阀线圈的电流减小，电磁阀开度减小，流入油压反力室中的液流流量增加，反力增大，使得柱塞推动控制阀杆的力变大。液流还从量孔流进油压反力室中，这也增大了油压反力室中的液体压力，故转向盘的转动角度增加时，将要求一个更大的转向操纵力，使得在中、高速时驾驶人可获得良好的转向手感和转向特性，其工作过程如图 3-12 所示。

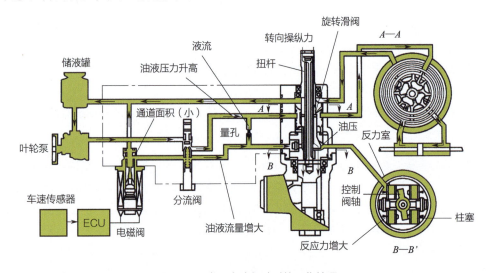

图 3-12　中、高速行驶时的工作情况

3）汽车中、高速行驶时的大转向。如图 3-13 所示，当汽车中、高速行驶时，如果转向转得更大即大转向时，旋转滑阀压力会增加更多，经量孔流到油压反力室的油液增加。压力在旋转滑阀侧增加，一旦达到某一水平时，油液从分配阀流到油压反力室，并保持在设定水平。油压反力室的压力随流经量孔的油液流量增加而升高，这种升高是缓慢的，因而油压反力室中的反应力也只是渐渐升高，这就确保转向助力在转向很大时维持在适当水平。

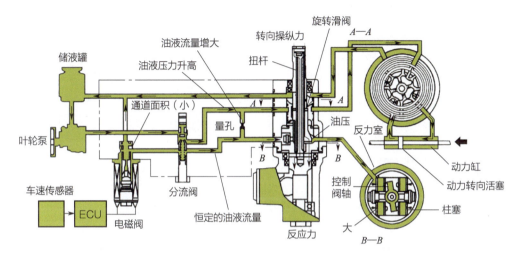

图 3-13　中、高速行驶大转向时的工作情况

3. 阀灵敏度控制式 EPS

（1）阀灵敏度控制式 EPS 特点　阀灵敏度控制式 EPS 根据车速控制电磁阀，直接改变动力转向控制阀的油压增益（阀灵敏度）来控制动力转向缸油压大小的方法。这种转向系统结构简单、价格便宜，而且具有较大的选择转向力的自由度，可以获得较好的转向手感和良好的转向特性。

（2）阀灵敏度控制式 EPS 组成　阀灵敏度控制式 EPS 主要由转子阀、电磁阀、车速传感器及 ECU 等组成，如图 3-14 所示。

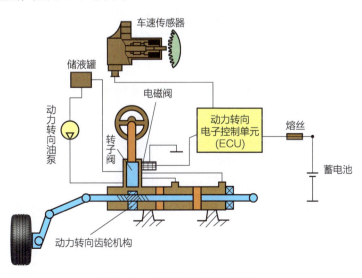

图 3-14　阀灵敏度控制式 EPS

转子阀的结构如图 3-15 所示。转子阀的内体圆周上有 6 或 8 条沟槽，各沟槽利用阀外体与泵、动力缸、电磁阀及油箱连接。转子阀的可变小孔分为低速专用小孔（1R、1L、2R、2L）和高速专用小孔（3L、3R）两种，在高速专用可变小孔的下方设有旁通电磁阀回路。

1）当车辆静止时，电磁阀完全关闭，如果此时向右转动转向盘，则高灵敏度低速专用小孔 1R 和 2R 在较小的转向转矩作用与即可关闭，转向液压泵的高压油液经 1L 流回转向动力缸右腔室，其左腔室的油液经 3L、2L 流回储液罐，所以，此时具有轻便的转向特性。而且施加在转向盘上的转向力矩越大，可变小孔 1L、2L 的开口面积越大，节流作用就越小，转向助力作用越明显。

2）随着车辆行驶速度的提高，在 ECU 的作用下，电磁阀的开度也线性增加，如果右转动转向盘，则转向液压泵的高压油液经 1L、3R 旁通电磁阀流回储液罐。此时，转向动力缸右腔室的转向助力油压就取决于旁通电磁阀和灵敏度低的高速专用孔 3R 的开度。车速越高，在 ECU 的控制下，电磁阀的开度越大，旁路流量越大，转向助力作用越小；在车速不变的情况下，施加在转向盘上的转向力越小，高速专用小孔 3R 的开度越大，转向助力作用也越小。当转向力增大时，3R 的开度也逐渐减小，转向助力作用也随之增大。

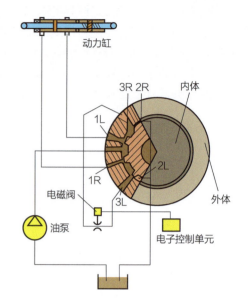

图 3-15　转子阀结构

➡ **小提示**：阀灵敏度控制式 EPS 可使驾驶人获得非常自然的转向手感和良好的速度转向特性。

三、电动式电控动力转向系统

电动式电控动力转向系统是一种直接依靠电动机提供辅助转矩的电动助力式转向系统。该系统只需利用电控单元控制电动机电流的方向和幅值，就可直接控制转向助力的大小，控制的自由度较高，且结构简单、布置方便，其在轿车上的应用越来越广泛。

1. 电动式电控动力转向系统的基本组成、原理及特点

（1）基本组成　电动式电控动力转向系统的基本组成如图 3-16 所示，主要由转矩传感器、转角传感器（未注出）、车速传感器（未注出）、电动机、电磁离合器、减速机构、电控单元等组成。

（2）电动式电控动力转向系统的工作原理　电动式电控动力转向系统的工作原理是根据汽车行驶速度（车速传感器输出信号）、转矩及转向角信号，由 ECU 控制电动机及减速机构产生助力转矩，使汽车在低、中和高速下都能获得最佳的转向效果。

电动机连同离合器和减速齿轮一起，通过一个橡胶底座安装在左车架上。电动机的输出转矩经齿轮机构减速增矩，并通过万向节、转向器中的助力小齿轮把输出转矩送至齿条，向

转向轮提供转矩。

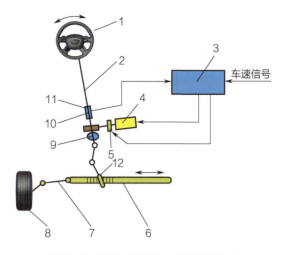

图 3-16 电动式电控动力转向系的组成

1—转向盘 2—转向轴 3—电控单元 4—电动机 5—电磁离合器
6—转向齿条 7—转向横拉杆 8—转向车轮 9—输出轴
10—扭力杆 11—转矩传感器 12—转向齿轮

电控单元（ECU）根据各传感器的信号确定助力转矩的幅值和方向，并且直接控制驱动电路去驱动电动机。

转矩传感器、转角传感器和汽车速度传感器为助力转矩的信号源。

（3）电动式电控动力转向系统分类　如图 3-17 所示，根据电动机布置位置的不同，电动式电控动力转向系统可以分为转向轴助力式、齿轮助力式和齿条助力式三种类型。

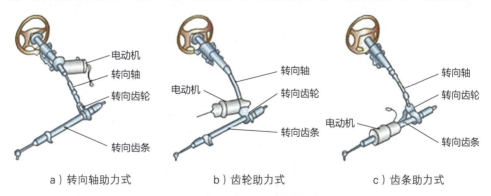

a）转向轴助力式　　　b）齿轮助力式　　　c）齿条助力式

图 3-17 电动式电控动力转向系统的类型

（4）电动式电控动力转向系统特点

1）质量轻。电动式电控动力转向系统通常把电动机、离合器、减速装置、转向杆等各部件装配成一个整体，使得系统结构紧凑、质量轻，与液压式电控动力转向系统相比，质量可减轻 25% 左右。

2）能耗少。电动式电控动力转向系统仅在需要转向时，才接通电动机，使其参加工作，动力消耗和燃油消耗比液压式电控动力转向系统少。

3)"路感"好。由于电动式电控动力转向系统内部采用刚性连接,系统的滞后特性可以通过软件加以控制,使汽车在各种速度下都能得到满意的转向助力,获得较好的"路感"。

4)污染少。电动式电控动力转向系统没有液压电控动力转向系统的液压软管和接头,不存在油液泄漏问题,对环境几乎没有污染。

5)应用范围广。电动式电控动力转向系统可适用于各种汽车,而且特别适用于环保型的纯电动汽车。

6)装配性好、易于布置。因为电动式电控动力转向系统零件数目少,整体外形尺寸比液压式电控动力转向系统小,且电动机可以独立于发动机工作,易于整车布置和装配。

2. 电动式电控动力转向系统主要部件的结构及工作原理

(1)转矩传感器 转矩传感器的作用是检测驾驶人作用在转向盘上的转向力矩及转向方向等参数,并将其转变为电信号输送给 ECU,以作为控制电动助力大小和方向的主要依据。常用的有电磁感应式转矩传感器和滑动电阻式转矩传感器。

1)电磁感应式转矩传感器。如图 3-18 所示为电磁感应式转矩传感器的结构及工作原理。在输出轴的极靴分别绕有 A、B、C、D 四个线圈,当汽车直行(转向盘处于中间位置)时,扭力杆的纵向对称面正好处于图示输出轴极靴 AC、BD 的对称面上。当 U、T 两端加上连续的输入脉冲电压信号 U_i 时,由于通过每个极靴的磁通量相等,所以在 V、W 两端检测到的输出电压信号 U_o = 0V。

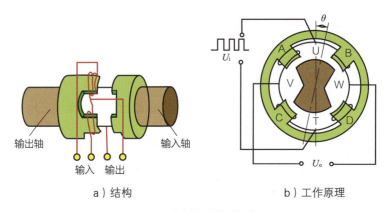

图 3-18 电磁感应式转矩传感器原理

a)结构　　b)工作原理

当右转向时,由于扭力杆和输出轴极靴之间发生相对扭转变形,极靴 A、D 之间的磁阻增加,B、C 之间的磁阻减少,各个极靴的磁通量发生变化,于是在 V、W 之间就出现了电位差,电位差与扭杆的扭转角和输入电压 U_i 成正比。所以,通过测量 V、W 两端的电位差就可以测量出转矩值。

2)滑动电阻式转矩传感器。如图 3-19 所示为滑动电阻式转矩传感器的结构和原理示意图。它是将转向力矩引起的扭杆角位移转换为电位器电阻的变化,电阻的变化会导致输出电压的变化,通过测量电压值就可以判断转矩值。

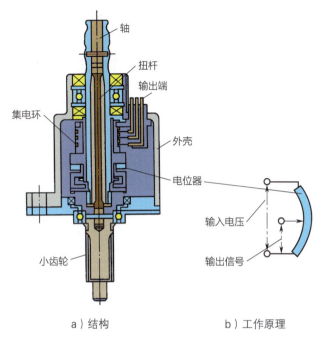

a）结构　　　　　　　　b）工作原理

图 3-19　滑动电阻式转矩传感器的结构和原理

（2）电动机　转向助力电动机就是一般的永磁电动机，连同离合器和减速齿轮一起，如图3-20所示。电动机的输出转矩控制是通过控制其输入电流来实现，而电动机的正转和反转则是由电控单元输出的正反转触发脉冲控制。图3-21是一种比较简单实用的正反转控制电路。

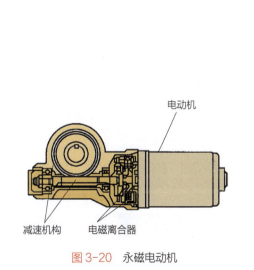

图 3-20　永磁电动机

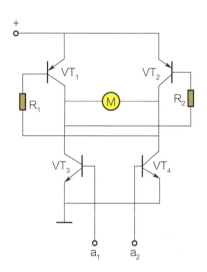

图 3-21　电动机正反转控制电路

a_1、a_2 为触发信号端，从电控单元得到的直流信号输入到 a_1、a_2 端，用以触发电动机产生正反转。当 a_1 端得到输入信号时，晶体管 VT_3 导通，VT_2 得到基极电流而导通，电流经 VT_2 的发射极和集电极、电动机 M、晶体管 VT_3 的集电极和发射极搭铁，电动机有电流通过而正转。

当 a_2 端得到输入信号时，晶体管 VT_4 导通，VT_1 得到基极电流而导通，电流经过 VT_1 的发射极和集电极，电动机 M、晶体管 VT_4 的集电极和发射极搭铁，电动机有反向电流通过而反转。控制触发信号端的电流大小，就可以控制电动机通过电流的大小。

（3）电磁离合器　电磁离合器装在电动机和减速机构中间，用于控制电动机动力的输出，其工作原理如图 3-22 所示。当电流通过集电环进入离合器线圈时，主动轮产生电磁吸力，带花键的压板被吸引与主动轮压紧，电动机的动力经过输出轴、主动轮、压板、花键、从动轴传给执行机构。

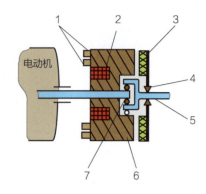

图 3-22　电磁离合器的结构

1—集电环　2—线圈　3—压板　4—花键
5—从动轴　6—主动轮　7—轴承

由于转向助力的工作范围限定在一定速度区域内，离合器一般设定一个速度范围。如果超过设定的速度，离合器便分离，电动机也停止工作，这时就没有转向助力作用了。当电动机停止工作时，为了不使电动机及离合器的惯性影响转向系的工作，离合器也应及时分离，以切断辅助动力。当助力系统发生故障时，离合器会自动分离，这时仍可恢复手动控制转向。

（4）减速机构　减速机构的作用是把电动机的输出转矩放大后，再传给转向齿轮箱的转向机构。目前使用的减速机构有多种组合方式，一般采用蜗轮蜗杆与转向轴驱动组合式，如图 3-23 所示；也有的采用两级行星齿轮组与传动齿轮组合式，如图 3-24 所示。蜗轮与固定在转向输出轴上的斜齿轮相啮合，它把电动机的回转运动减速后传递到输出轴上。为了抑制噪声和提高耐久性，减速机构中的齿轮有的采用特殊齿形，有的采用树脂材料制成。

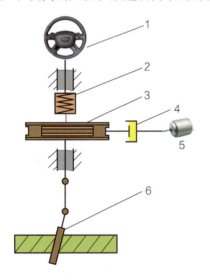

图 3-23　蜗轮蜗杆减速机构

1—转向盘　2—转矩传感器
3—蜗轮蜗杆机构　4—离合器
5—电动机　6—齿轮齿条转向器

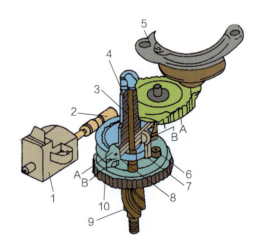

图 3-24　两级行星齿轮减速机构

1—转矩传感器　2—转轴　3—扭力杆　4—输入轴
5—电动机与离合器　6、8—小行星轮　7—太阳轮
9—驱动小齿轮　10—从动齿轮　A—主动齿轮　B—内齿圈

（5）电控单元（ECU）　电控单元是控制系统的核心，其组成如图 3-25 所示。主要包括微处理器（CPU）、A/D（模拟/数字）转换器、D/A（数字/模拟）转换器、I/F（电流/频率）转换器、放大电路、动力监测电路、驱动电路等。

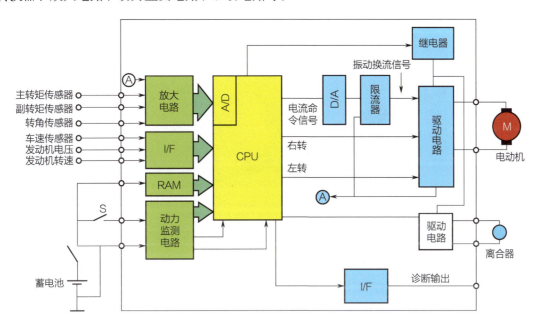

图 3-25　电控单元（ECU）的基本组成

当转矩传感器和转角传感器的信号经 A/D 转换器处理后，微处理器就在其内存中寻找与该信号相匹配的电动机电流值，然后将此值输送给 D/A 转换器进行数字模拟转换，处理后的模拟信号再送给限流器，由限流器决定电动机驱动电路电流值的大小和方向。

电控单元还具有故障自我诊断功能，当发生电气系统故障时，控制电路停止向电动机和电磁离合器供电，自动停止助力。同时，计算机以故障码的形式记忆故障内容，并使故障指示灯点亮，以通知驾驶人动力转向系统发生故障。维修时可调取故障码，找出故障原因。

四、大众车系电动式电控动力转向系统

大众车系中的迈腾、帕萨特、速腾、高尔夫等车型均采用电动式电控动力转向系统，也称电控机械式助力转向系统（双齿轮式）。该系统可根据驾驶人的转向要求，转向电控单元 ECU 控制电动机工作，进而起到转向助力的作用。转向助力的大小取决于车速、转向力矩和转向角。

1. 电动式电控动力转向系统组成

大众车系电动式电控动力转向系统由转向器、转向盘、转向柱、转向盘转角传感器、转向力矩传感器、转向齿轮（未注出）、电动机及电控单元等组成，如图 3-26 所示。

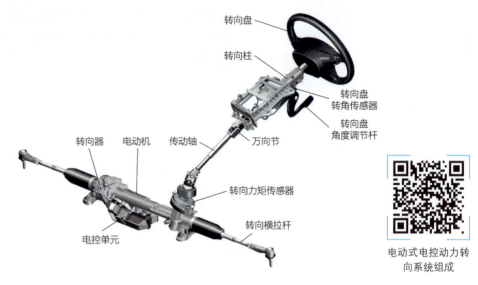

图 3-26　大众车系电动式电控动力转向系统的组成

2. 电动式电控动力转向系统主要部件结构

（1）电动机械式转向器

1）电动机械式转向器实际上就是由齿轮齿条式转向器和循环球式转向器的部件组合而成，由电动机械式转向助力电动机、循环球机构（循环球螺母、螺杆）、齿轮齿条和转向助力电控单元等组成，如图 3-27 所示。循环球转向器用与齿条平行布置的电动机和齿形带来驱动。因为这个力或者说驱动力矩不需要换向，所以也称之为"平行轴传动（APA）"。

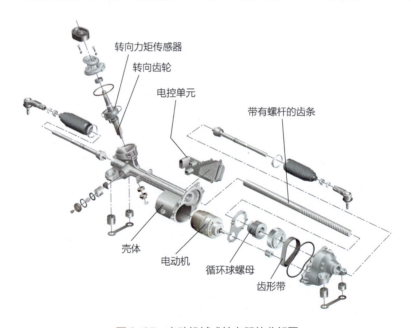

图 3-27　电动机械式转向器的分解图

2）电动机与循环球螺母（图 3-28）。电动机械式转向器的循环球螺母安装在带有螺杆的齿条上，电动机通过齿形带来使循环球螺母旋转，从而通过循环球机构来将电动机的转动转换成齿条的纵向运动并传至转向齿轮。根据需要的转向方向情况，循环球螺母顺时针或者逆时针转动。由于齿条设计成螺杆形，循环球螺母的转动就会推动齿条向需要的方向移动。

图 3-28　电动机与循环球螺母

（2）转向盘转角传感器　光电式转向角度传感器 G85 位于组合开关和转向盘之间的转向柱上，位于安全气囊滑环的下面（图 3-29），它通过 CAN 数据总线向转向柱电子装置电控单元 J527 提供信号，以便测算转向角。在转向柱电子装置电控单元中，设有电子系统，用于分析转向角度传感器 G85 输送的信号。

转向盘转角传感器为光电式传感器。转向盘转角传感器结构如图 3-30 所示，信号转子的一侧有一个光源，另一侧有一个光学传感器。

图 3-29　转向盘转角传感器

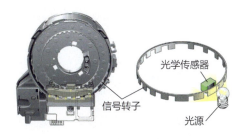

图 3-30　转向盘转角传感器结构

转向盘转角传感器工作原理如图 3-31 所示。当驾驶人转动转向盘时，转向柱带动转向盘转角传感器的信号转子随转向盘一起转动，光源就会通过转子缝隙照在光学传感器的感光元件上，就会产生一个电压信号（图 3-31a）；如果光源被信号转子遮住，电压信号被切断（图 3-31b）；由于转子缝隙间隔大小不同，故产生的信号电压变化也不同，则会产生信号电压的脉冲波形（图 3-31c）。这些系列信号电压的脉冲波形都在转向电子控制单元内进行处理。电控单元对信号进行比较后，系统可以计算出转向盘转动了多少距离。

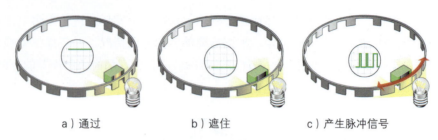

a）通过　　　　　　　　b）遮住　　　　　　　c）产生脉冲信号

图 3-31　转向盘转角传感器工作原理

当转向盘转角传感器失灵时，紧急运行程序立即被启动。缺损的信号被设置成一个替代值。此时，转向系统完全保持转向助力，但设置在组合仪表中的带有转向盘符号的警告灯 K161 会以黄色点亮显示。

（3）转向力矩传感器

1）转向力矩传感器安装在转向齿轮上部，位置如图 3-32 所示。利用转向力矩传感器 G269 可以直接在转向齿轮上计算转向盘的转矩。驾驶人所施加在转向盘上的转向力矩是计算转向助力大小的基础，转向力矩由转向机构转向齿轮上的转向力矩传感器 G269 确定。测得的是转向输入轴相对于转向机构转向齿轮的转动量，并将该转动量转化成模拟的输出电信号。该传感器以磁阻的功能原理工作。

2）转向力矩传感器的内部结构如图 3-33 所示。在转向力矩传感器上，转向轴和转向齿轮是通过一根扭杆连接起来的，该扭杆有一定的抗扭能力。转向轴上有个 16 极环形磁铁（8 对），该磁铁与转向轴一同转动。转向齿轮上有两个定子，每个定子有 8 个齿，定子与转向齿轮一同转动。在初始位置时，定子上的这些齿正好位于环形磁铁上相应的 N 极和 S 极之间。2 个霍尔传感器与壳体刚性连接，不随着转动。

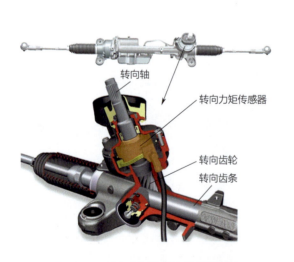

图 3-32　转向力矩传感器的安装位置

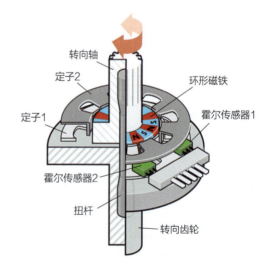

图 3-33　转向力矩传感器的内部结构

3）转向力矩传感器的工作原理。转向力矩传感器工作时是非接触式的，它采用磁阻效应原理来工作。定子 1 和定子 2 之间磁通量强度和方向就是转向力矩的直接量度，由两个霍尔传感器（冗余布置）来测量。根据所施加的转向力矩大小（其实就是扭转角大小），霍尔传感器的信号就在零位和最大位置之间变动。

①零位。如图3-34所示，转向力矩传感器在零位时，定子1和定子2的齿正好位于两磁极之间。因此，定子1和定子2都不是S极或N极，两个定子之间没能建立起磁场。两个霍尔传感器采用5V的输入电压供电。由于在这两个定子之间没能建立起磁场，这两个霍尔传感器输出电压为2.5V，这表示转矩为零。

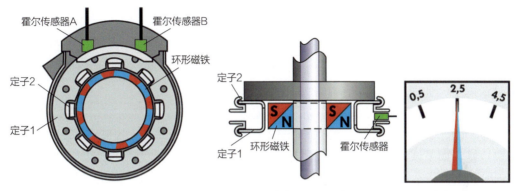

a）定子1和定子2的齿位于两磁极之间　　b）两个定子之间不建立磁场　　c）输出电压为2.5V

图3-34　转向力矩传感器在零位时

②最大位置。如图3-35所示，如果驾驶人转动了转向盘，那么转向轴和转向齿轮之间就会产生一个扭转角，环形磁铁相对于定子1和定子2就扭转了。如果定子1的8个齿正好在环形磁铁的N极上，同时定子2的8个齿正好在环形磁铁的S极上，两个定子之间会建立起磁场，霍尔传感器会侦测到这个磁场并将其转换成电信号，转向力矩传感器就是在最大位置上了。如果霍尔传感器A输出4.5V最大电压，那么霍尔传感器B就输出0.5V最小电压。如果转向盘转动方向与此相反，那么霍尔传感器A输出0.5V，而霍尔传感器B输出4.5V。

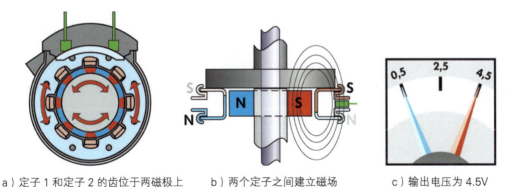

a）定子1和定子2的齿位于两磁极上　　b）两个定子之间建立磁场　　c）输出电压为4.5V

图3-35　转向力矩传感器在最大位置时

③当转向力矩传感器G269发生故障时，必须更换转向器总成。当电控单元识别到故障时，将关闭转向助力。关闭的过程不是突然进行的，而是"缓慢地"进行。为了实现"缓慢"关闭，电控单元将根据转向角和电动机的转子角度，计算出转向力矩的替代信号。故障将通过设置在组合仪表中带有转向盘符号的转向指示灯K161以红色点亮显示。

（4）转向电控单元　转向电控单元J500直接固定在电动机上，它根据输入的信号（如转向角信号、发动机转速信号、转向力矩和转子的转速、车速信号、点火开关等信号）计算当前的转向助力需要，并控制驱动电动机 V187 转动。在电控单元 J500 中，集成了一只温度传感器，用来探测转向装置的温度。当温度上升到 1000℃ 以上时，将持续降低转向助力。当转向助力低于 60% 以下时，故障将通过设置在组合仪表中带有转向盘符号的转向指示灯 K161 以红色点亮显示，并且在故障存储器中储存相应的故障码。当转向辅助电控单元 J500 损坏时，应整套更换。

（5）转向指示灯　转向指示灯 K161 在组合仪表显示屏上，如图 3-36 所示。该灯用于指示转向装置的故障。出现故障时，该灯会亮起，灯颜色

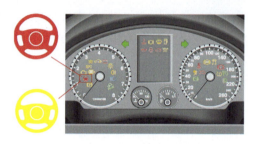

图 3-36　转向指示灯 K161

则有两种。该灯呈黄色亮起时，表示在对于不严重的故障进行警告。如果该灯呈红色亮起时，应尽快检修。如果该灯呈红色亮起，同时还会发出 3 声报警音作为声音警告信号。在接通点火开关时，转向指示灯呈红色亮起，转向机构进行持续约 2s 的自检。只有当转向电控单元收到信号，表明系统正常后，转向指示灯才会熄灭。起动发动机时，转向指示灯立即熄灭。

3. 电动式电控动力转向系统控制原理及工作过程

（1）控制系统组成　图 3-37 为电动式电控动力转向系统的组成。

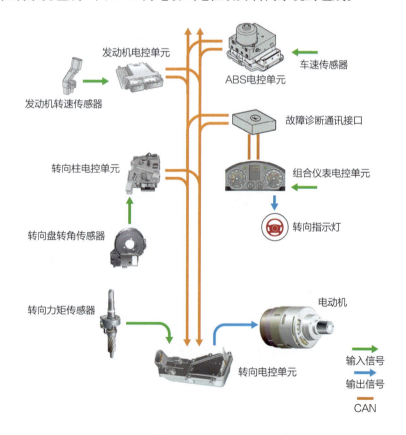

图 3-37　控制系统组成

（2）控制原理　转向电控单元的永久存储器内存储有特性曲线组，转向助力就是通过特性曲线组来按照车速情况进行调节的。

如图3-38所示为大众途观车的五组特性曲线。每组特性曲线各有两条特性曲线，实线的那条特性曲线用于车辆较重时，虚线的那条特性曲线用于车辆较轻时。一个特性曲线组包含五个不同的特性曲线，用于应对不同的车速（比如0km/h、15km/h、50km/h、100km/h和250km/h）。一条特性曲线就是要勾画出针对这个车速，在多大的转向盘转矩时电动机的驱动力矩要提供多大的转向助力力矩。

另外，特性曲线组也可以针对机动性辅助（指转向轻些还是重些）进行编程。

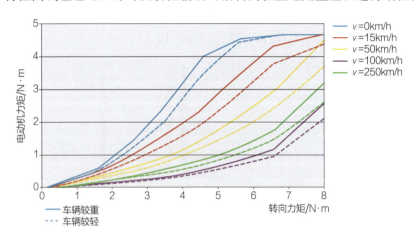

图3-38　转向助力特性曲线

（3）工作过程　电动转向系统控制系统的工作过程如图3-39所示。

1）驾驶人转动转向盘时，转向助力过程开始。

2）转向盘上作用着的转矩使得转向齿轮上的扭力杆发生扭转。转向力矩传感器G269测出这个扭转量，并将这个转向力矩信息告知电控单元J500。

3）转向角传感器G85提供当前的转向角信息。

4）电控单元根据转向力矩、车速、发动机转速以及电控单元内存储的特性曲线，来计算出需要多大的转向助力力矩并操纵电动机来工作。转向角度和转向速度信息用于直线行驶校正之类的功能中。

5）转向助力是通过一个由齿形带传动的循环球螺杆机构来实现的。螺杆螺母由电动机通过齿形带来驱动。

6）转向盘上转动力矩与电动机的助力力矩合在一起，才是齿条上的有

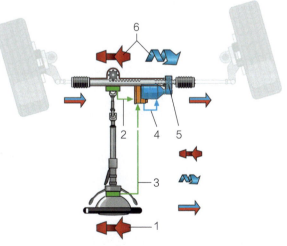

图3-39　电动转向系统控制系统的工作过程

1~6—工作过程顺序

效转向力（转向力矩）。

7）其他功能。

①主动回正功能。如果驾驶人在转弯的过程中减小了施加在转向盘上的力矩，旋转杆上的转矩也相应减小。于是转向力在减小的同时，转向角度和转向的速度都相应的减小，回转速度也相应被精确地检测到。电控单元根据转向力、车速、发动机转速、转向角度、转向速度和存储在电控单元中的特性曲线图计算出电动机需要的必要的回正力，并控制电动机工作，促使车轮回到直线行驶的方向，即中心位置。

②直线行驶功能。直线行驶功能是主动回正功能的一个扩展，当没有力矩作用在转向盘上时，系统将产生助力使车轮回复到中心位置。

（4）系统电路图　电动式电控转向系统的电路图如图3-40所示。

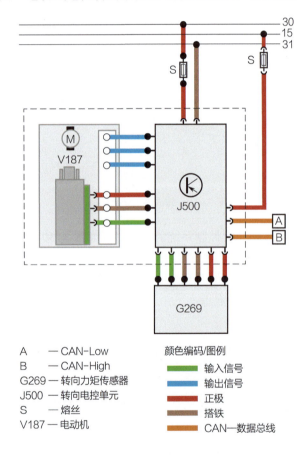

图3-40　电动式电控转向系统的电路图

五、四轮转向系统

四轮转向系统（4WS）是指后轮也和前轮相似，也有转向器（图3-41），具有一定的转向功能，不仅可以与前轮同方向转向，也可以与前轮反方向转向。

四轮转向系统

图 3-41　四轮转向系统

四轮转向系统的车辆在低速转弯时，前后车轮转向相反，减小转弯半径，提高车辆灵活性；在高速转弯时，前后车轮转向相同，减少侧倾，提高车辆稳定性和操控性（图 3-42）。

a）低速时，前后车轮转向相反

b）高速时，前后车轮转向相同

图 3-42　四轮转向系统工作示意图

相关技能

一、液压式电控动力转向系统的检修

检修要求及注意事项：

1）确定悬架没有被改动过，否则会影响转向系的工作。

2）轮胎尺寸、气压规格需要与生产厂家的规定相符合。

3）动力转向油泵、V 带张紧力需要达到生产厂家的规定。

4）动力转向油泵储液罐中的液面高度需要达到生产厂家的规定。

5）发动机急速转速需要达到厂家规定的标准，并且运转要稳定。

6）确定转向盘没有更换过，需要是原车配件。

1. 动力转向储液罐液面的检查

1）将车辆停放在平坦的地面上，使前轮处于直行位置。

2）起动发动机，并使其达到正常的工作温度。

3）使发动机急速运转大约 2min，左、右打几次转向盘，使油温达到 40~80℃，关闭发动机。

4）观察储液罐的液面，此时液面应处于"MAX"（上限）与"MIN"（下限）之间，液面低于"MIN"时，应加至"MAX"，如图 3-43 所示。

5）对于用油标尺检查的汽车：拧下带油标尺的封盖，用布将油位标尺擦净，将带油位标尺的封盖插入储液罐内拧好，然后重新拧出，观察油位标尺上的标记，应处于"MAX"与"MIN"之间，必要时将转向油加至"MAX"处（图 3-44）。

图 3-43 转向储液罐液面的检查

图 3-44 储液罐盖上的油尺标记

2. V 带张紧力的检查

1）将汽车停在干燥路面上，运转发动机使动力转向油液上升到正常温度，左右转动转向盘，此时驱动 V 带的负荷最大，如果 V 带打滑，说明 V 带张紧度不够。

2）在发动机不运转的情况下，用手以大约 100N 的力从 V 带的中间位置按下，V 带应有大约 10mm 挠度的变形量。

3）用 V 带张紧度测量表测量 V 带在产生标准变形量时所需力的大小。新 V 带约为 450~550N，旧 V 带约为 200~350N。

3. 动力转向系统转向液压油压力的检查

1）如图 3-45a 所示，先关闭节流阀阀门，然后接好压力表和节流阀。

2）如图 3-45b 所示，将节流阀的阀门打开，起动发动机并以急速运转，使转向盘向左、右旋转到极限位置，同时读出压力表上的压力，额定值为 6.8~8.2MPa。

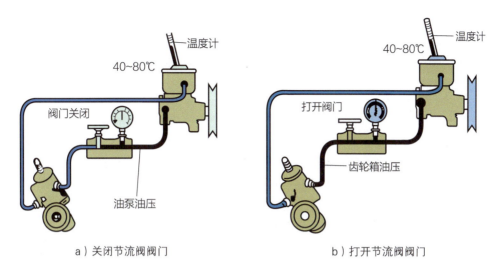

a）关闭节流阀阀门　　　　　　　b）打开节流阀阀门

图 3-45　转向液压油压力的检查

如果向左或向右的额定值达不到要求，就要修理转向器或更换总成。

4. 电控系统线路检查

皇冠 3.0 轿车控制系统电路及插接器如图 3-46 所示。

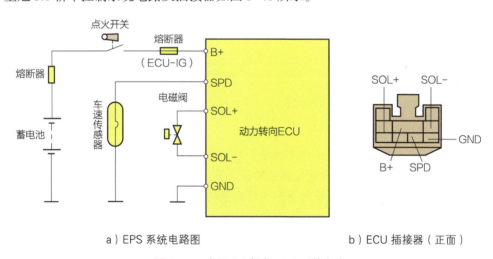

a）EPS 系统电路图　　　　　　　b）ECU 插接器（正面）

图 3-46　皇冠 3.0 轿车 EPS 系统电路

1）电源线路检查。接通点火开关，用万用表（直流 20V 档位）测量端子 B+ 与搭铁之间的电压，正常电压值应为 10~14V（蓄电池电压）。否则，说明电源线路有故障，应进行详细检查。

2）搭铁线路检查。用万用表（电阻档）测量 GND 端子与搭铁之间的电阻值，正常电阻值应为 0Ω；否则，说明 GND 与车身搭铁之间搭铁线路有故障，应进行详细检查。

3）车速传感器线路检查。支撑起一侧前轮，用万用表（电阻档）测量端子 SPD 与端子 GND 之间的电阻值。当转动车轮时，电阻值应在 0 与 ∞ 之间交替变化。否则，说明车速传感器线路有故障,应进行详细检查。

4)电磁阀线路检查。用万用表(电阻档)测量端子SOL+与端子SOL-之间的电阻值,正常电阻值应为6.0~11Ω。否则,说明电磁阀线路有故障,应进行详细检查。

5. 电控元件的检查

1)电磁阀的检查。拔下电磁阀插接器,用万用表测量电磁线圈的电阻,电阻应为6.0~11Ω;也可将蓄电池正极与负极分别接到电磁线圈的两端子SOL+与SOL-上,如图3-47所示,此时应听到电磁阀动作的"咔哒"声,否则应更换电磁阀。

2)电控单元ECU的检查。支撑起汽车,起动发动机,在不拔下ECU插接器、发动机怠速运转的情况下,用万用表测量ECU的端子SOL-和端子GND之间的电压,如图3-48所示。所测电压应比原来增加0.07~0.22V。如果无电压,应更换ECU。

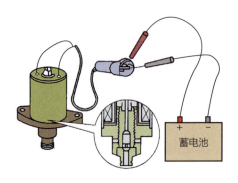

图3-47 电磁阀的检查

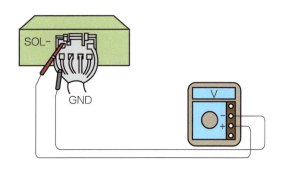

图3-48 ECU的检查

二、电动式电控动力转向系统的检修

检修要求及注意事项:

1)维修过程中,当点火开关在打开状态下时,不要随意断开蓄电池导线,否则会丢失控制模块中存储的信息,也不要拆卸或安装控制模块及其插接器。

2)确定悬架没有被改动过,否则会影响转向系的工作。

3)轮胎尺寸、轮胎气压值需要与生产厂家的规定值相符合。

4)发动机怠速转速需要达到厂家规定的标准,并且运转要稳定。

1. 故障警告灯的检查

1)打开点火开关,处于ON位置,转向系统故障警告灯应点亮,发动机起动后故障警告灯熄灭为正常。

2)警告灯不亮时,应检查灯泡是否损坏,熔丝和导线是否断路。

3)若发动机起动后,警告灯仍亮时,应进行故障自诊断操作。

2. 系统自诊断

电动式电控动力转向系统具有自诊断功能,利用专用诊断仪可对其进行故障自诊断。

1)将故障诊断仪与车辆故障自诊断的诊断接口相连接。

2）接通点火开关，操作故障诊断仪进入电动动力转向系统，进行故障码的读取。

3. 转矩传感器的检查

1）检测转矩传感器线圈电阻。拔下转矩传感器插接器，测量转矩传感器相应端子之间的电阻，应符合标准值。若不符合标准值，则应更换转矩传感器。

2）检测转矩传感器电压。将转向盘置于中间位置，用万用表直流电压档测量转矩传感器相应端子的电压，应符合标准值。若不符合标准值，则应更换转矩传感器。

4. 直流电动机的检查

1）检查电动机电阻。用万用表检查电动机两端子之间的电阻值，应符合标准值。若不符合标准值，则更换电动机总成。

2）检查电动机运转情况。给电动机加上蓄电池电压时，应听到电动机转动的声音，如果没有声音，应更换电动机总成。

5. 电控单元（ECU）检查

1）如果在自诊断系统中出现电控单元的故障码，说明电控单元可能损坏。

2）如果没有出现电控单元故障码，在电控单元电源和搭铁线路都正常的情况下，可采用换件的方法替换怀疑有故障的电控单元。

3）如果更换后故障排除，则说明电控单元损坏。

维修实例

宝马 530 3.0L 轿车仪表板上显示主动转向系统失效

（1）故障现象

一辆行驶里程为 23.7 万 km 的 2012 年款宝马 530 3.0L 轿车转向较沉重，驾驶人反映该车的仪表板上显示主动转向系统失效。

（2）故障诊断与排除

1）使用宝马专用故障诊断仪读取故障码，显示一连串的故障信息，于是清除故障码后再读取，显示主动转向系统故障的相关信息。

2）由于该故障显示均与转向角度有关，要针对转向盘转角传感器（即转向角传感器）进行检查。该车的转向盘转角传感器位于转向柱开关中心内，决定拆开转向柱开关进一步检查。拆开时发现转向盘转角传感器内部存在很多灰尘，于是将转向盘转角传感器的灰尘清理干净。

3）重新装复后，读取故障码，无故障码存储。上路试车，转向系统恢复正常，故障彻底排除。

分析该车的故障原因，是转向盘转角传感器上存有过多的灰尘，导致转向盘转角传感器工作失效，使转向系统出现故障。

项目四
防滑控制系统、巡航控制系统与轮胎胎压监测系统的检修

→ 项目描述

汽车防滑控制系统是防止汽车在制动过程中车轮被抱死滑移和汽车在驱动过程中（特别是起步、加速、转弯等）驱动轮发生滑转现象的控制系统。随着电子技术和计算机技术的迅速发展，由微型计算机控制的汽车防滑控制系统已经在各种车辆上得到了广泛的应用和普及。汽车上的防滑控制系统必须满足车辆的正常行驶需要。如果防滑控制系统维护不当或出现故障，会导致车辆制动时产生侧滑和跑偏，失去方向稳定性，直接影响车辆的安全控制。因此在汽车维修过程中，对防滑控制系统应进行检查、维护等作业。

巡航控制系统是保证汽车以设定的速度稳定行驶的一种电子控制装置，可以大大减轻驾驶人的疲劳程度，提高车辆行驶时的稳定性、安全性、舒适性和燃料经济性。

轮胎胎压监测系统是可以通过记录轮胎转速或安装在轮胎中的电子传感器，对轮胎的各种状况进行实时自动监测，能够为车辆行驶提供有效的安全保障。

本项目主要介绍汽车防滑控制系统、巡航控制系统与轮胎胎压监测系统的结构、工作原理及检修方法。本项目包括以下三个任务：

任务一　防抱死制动系统的检修
任务二　驱动防滑控制系统与电子稳定程序控制系统的检修
任务三　巡航控制系统与轮胎胎压监测系统的检修

通过以上三个任务的学习，你将能够描述汽车防滑控制系统、巡航控制系统与轮胎胎压监测系统的基本组成、总体构造和工作原理，熟悉防滑控制系统、巡航控制系统与轮胎胎压监测系统的检修方法，学会防抱死制动系统、驱动防滑控制系统、电子稳定程序控制系统、巡航控制系统与轮胎胎压监测系统的拆装、检查、调整、维护及故障诊断与排除方法等知识。

项目四　防滑控制系统、巡航控制系统与轮胎胎压监测系统的检修

任务一　防抱死制动系统的检修

岗位核心能力

◎ **知识目标**

1）能够熟悉防抱死制动系统的基本组成与工作原理。
2）能够熟悉防抱死制动系统主要部件的结构、工作过程和检修方法。

◎ **技能目标**

1）能够掌握防抱死制动系统的检查方法、防抱死制动系统的正确使用与维护方法。
2）能够熟悉防抱死制动系统常见故障的检修方法。

案例导入

一辆大众迈腾 2016 款 1.8 TSI 智享领先型轿车，行驶里程约 11.3 万 km。驾驶人反映该车仪表板上的 ABS 灯常亮，制动警告灯也闪烁不停。

该车的故障现象是典型的防抱死制动系统的故障。为了查明故障原因，正确地判断防抱死制动系统的故障，作为汽车维修人员必须全面认识防抱死制动系统，熟悉防抱死制动系统的结构与工作原理，了解防抱死制动系统分类、组成等相关的基础知识，为排除防抱死制动系统的故障打下基础。

相关知识

一、ABS 的基本特性与类型

汽车防抱死制动系统（Anti-locked Braking System，ABS）是一种安全控制制动系统，已经成为轿车的标准配置。ABS 既有普通制动系统的制动功能，又能防止车轮制动抱死，保证汽车制动时的方向稳定性，防止产生侧滑和跑偏，使车辆可以获得良好的制动性能、操纵性能和稳定性能，是汽车安全控制的一项重要内容。

1. ABS 的功用

防抱死制动系统的功用就是通过对作用于制动轮缸内的制动液压力进行瞬时的自动控制（每秒约 10 次），从而控制制动车轮上的制动器压力，使制动车轮尽可能保持在最佳的滑移率范围内运动，从而使汽车的实际制动过程接近于最佳制动过程。

图 4-1-1 为 ABS 工作示意图。车辆在制动过程中，当车辆直线行驶时，有 ABS 的车辆，制动时车轮不抱死，车辆的方向稳定性好，能够躲开障碍物（图 4-1-1a）；没有 ABS 的车辆，制动时车轮抱死，车辆出现制动跑偏或甩尾侧滑的现象，会碰到障碍物（图 4-1-1b）。

155

图 4-1-1 ABS 工作示意图

2. ABS 的特点

（1）ABS 的优点

1）缩短制动距离。ABS 可以将滑移率控制在最大附着系数范围内，从而可获得最大的纵向制动力，使制动距离缩短。

2）延长了轮胎的使用寿命。ABS 可以防止车轮抱死，从而避免了因制动车轮抱死造成的轮胎局部异常磨损，改善了轮胎的磨损状况，延长了轮胎的使用寿命。

3）提高了汽车制动时的安全稳定性。ABS 可防止车轮在制动时完全抱死，能将车轮侧向附着系数控制在较大的范围内，使车轮具有较强的承受侧向力的能力，增强了转向控制能力，提高了制动时的安全稳定性。

4）使用方便、工作可靠。ABS 的运用与常规制动系统的运用几乎没有区别，制动时驾驶人踩下制动踏板，ABS 就根据车轮的实际转速自动进入工作状态，使车轮保持在最佳工作状态。

（2）ABS 的局限性 ABS 的局限性主要体现在以下两种特殊路面的情况下，此时 ABS 不能提供最短的制动距离。

1）在松散的砾石路面、松土路面或积雪很深的路面上制动。

2）在平滑的干路面上制动。

3. 汽车制动性与滑移率

（1）汽车制动性 制动性能是汽车的主要性能之一。评价制动性能的指标主要有制动效能和制动稳定性。

1）制动效能。制动效能，即制动距离、制动时间和制动减速度。由汽车理论可知，制动效能主要取决于制动力的大小和车轮与地面的纵向附着力。

2）制动稳定性。制动时汽车的方向稳定性是指汽车在制动时仍能按指定方向的轨迹行驶，即不发生跑偏、侧滑以及失去转向能力。汽车制动时的方向稳定性主要受车轮和地面间的横向附着力制约。

（2）制动时车轮的受力 汽车制动时的制动力主要是由地面提供的，将之称为地面制动力。地面制动力越大，制动减速度越大，制动距离也越短，因此地面制动力对汽车制动性能具有决定性影响。

在制动过程中，车轮的运动只有减速滚动和抱死滑移两种状态。当制动摩擦力矩较小时，车轮只作减速滚动，并且随着摩擦力矩的增加，制动器制动力和地面制动力也随之增长，且在车轮抱死前地面制动力始终等于制动器的制动力。此时，制动器的制动力可全部转化为地面制动力。地面制动力不可能超过地面附着力，当地面制动力达到附着力时，即地面制动力达到最大值。此时，车轮即开始抱死不转而出现拖滑的现象。当再加大制动器摩擦力矩时，制动器制动力的增长仍按直线关系继续上升，但是，地面制动力已不再随制动器制动力的增加而增加，车轮即出现纯滑移状态。

➡ **小提示：** 要想获得好的制动效果，必须同时具备两个条件，即汽车具有足够的制动器制动力，同时又要有附着系数较高的路面提供足够的地面制动力。

（3）滑移率

1）滑移率定义。滑移率是指车轮在制动过程中车速与车轮速度之差与车速的比值，用百分比来表示。

其定义表达式为

$$S=(v-\omega r)/v \times 100\%$$

式中　S——车轮的滑移率；

　　　r——车轮的滚动半径；

　　　ω——车轮的转动角速度；

　　　v——车轮中心的纵向速度。

➡ **小提示：** 由上式可知：当车轮为纯滚动时，汽车的实际车速与车轮滚动时的圆周速度相等，滑移率为零，当车轮边滚动边滑动，滑移率在0~100%之间；当车轮处于抱死状态，而车身又具有一定的速度时，则滑移率为100%。

2）附着系数与滑移率的关系。附着系数与滑移率的关系的具体内容可扫描二维码"附着系数与滑移率的关系"学习。

附着系数与滑移率的关系

4. ABS的类型

目前，汽车上使用的ABS有不同的结构形式，可以按照以下方式进行分类。

（1）按控制参数不同进行分类

1）以车轮滑移率为控制参数的ABS。ECU根据车速和车轮转速传感器的信号计算车轮的滑移率作为控制制动力的依据。当计算滑移率超出设定值时，ECU就会输出减小制动力的信号，通过制动压力调节器减小制动压力，使车轮不被完全抱死；当滑移率低于设定值时，ECU输出增大制动力信号，制动压力调节器使制动力增大。通过这样不断地调整制动压力，控制车轮的滑移率在设定的最佳范围。

这种直接以滑移率为控制参数的ABS，需要得到准确的车身相对于地面的移动速度信号和车轮车速信号。车轮转速信号容易得到，但取得车身移动速度信号则较难。个别车型有用多普勒（Doppler）雷达测量车速的ABS。

2）以车轮角加速度为控制参数的ABS。ECU根据车轮的车速传感器信号计算车轮角加速度，作为控制制动力的依据。制动时，当车轮角减速度达到限定值时，ECU输出减小制动力信号；当车轮转速升高至角加速度限定值，ECU输出增加制动力的信号。如此不断地调整制动压力，使车轮不被抱死，处于边滚边滑的状态。目前汽车上使用的ABS基本上都是此种形式。

（2）按控制方式进行分类　控制方式主要是指控制通道的控制方式和传感器数目。控制通道是指能够独立进行制动压力调节的制动管路。如果一个车轮的制动压力占用一个控制通道，可以进行单独调节，称为独立控制；如果两个车轮的制动压力是一同调节的，称为一同控制；两个车轮一同控制时有两种方式：低选原则一同控制，即按照保证附着系数较小车轮不发生抱死为原则进行制动压力调节控制；高选原则一同控制，即按照保证附着系数较大车轮不发生抱死为原则进行制动压力调节控制，其中按低选原则一同控制较常见。

因此，ABS根据控制通道的控制方式和传感器数目的不同有多种组合类型，主要有四传感器四通道／四轮独立控制、四传感器四通道／前轮独立－后轮选择控制、四传感器三通道／前轮独立－后轮低选择控制、三传感器三通道／前轮独立－后轮低选择控制方式、四传感器二通道／前轮独立控制方式、四传感器二通道／前轮独立－后轮低选择控制、一传感器一通道／后轮近似低选择控制等类型。

ABS系统不同控制方式的具体内容可扫描二维码"ABS系统控制方式的类型"学习。

ABS系统控制方式的类型

目前汽车上应用较多的为三通道（前轮独立控制、后轮低选控制）四传感器式、三通道三传感器式和四通道四传感器式。

（3）按动力系统结构分类

1）整体式ABS。整体式ABS是将制动主缸与制动压力调节器装在一起，组合为一个整体，这种结构应用较为广泛。

2）非整体式ABS。非整体式ABS是将制动主缸与制动压力调节器分开布置，之间通过液压管路进行连接。

（4）按主要生产厂家分类　ABS按主要生产厂家可分为德国的博世（BOSCH）ABS、德国戴维斯（TEVES）ABS、美国的邦迪克斯（BENDIX）ABS、美国的达科（DELCO）ABS和日本的OEM ABS等，其中博世ABS和戴维斯ABS是目前汽车采用最多的ABS。

（5）按制动压力调节器的调压方式分类　按制动压力调节器的调压方式的不同，ABS可分为循环式ABS和可变容积式ABS。

（6）按动力源的不同分类　按动力源的不同，ABS可分为液压ABS、气压ABS和气液混合ABS等。

二、ABS的基本组成与工作原理

1. ABS的基本组成

如图4-1-2所示，ABS通常由车轮转速传感器、制动压力调节器、电控单元（ABS ECU）和ABS警示装置（ABS警告灯）等组成。

1）车轮转速传感器是信号装置，将各车轮的转速信号及时的输入电控单元。

2）电控单元是ABS的控制中心，它根据各个车轮的车轮转速传感器输入的信号对各个车轮的运动状态进行监测和判断，并发出控制指令对制动压力调节器进行控制。

3）制动压力调节器是ABS中的执行器，它由调压电磁阀总成、电动液压泵总成和蓄能器等组成，并通过制动管路与制动主缸和各制动轮缸相连，可以对各制动轮缸的制动压力进行调节。

4）ABS警告灯一般为黄色，由ABS电控单元控制，通常用"ABS"作标识。

项目四 防滑控制系统、巡航控制系统与轮胎胎压监测系统的检修

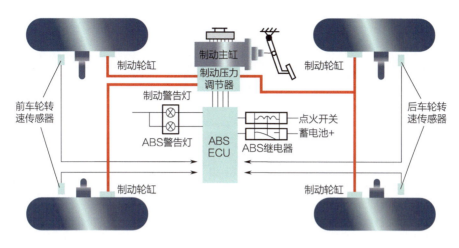

图 4-1-2　ABS 的基本组成

➡ **小提示**：ABS 电子控制系统具有失效保护和自诊断功能，当电控单元（ECU）监测到 ABS 出现故障时，将自动关闭 ABS，仅保留常规制动系统；同时存储故障信息，并将 ABS 警告灯点亮，提示驾驶人尽快修理。

2. ABS 的基本工作原理

在制动时，ABS 根据每个车轮转速传感器传来的转速信号，可迅速判断出车轮的抱死状态，关闭开始抱死车轮上面的常开输入调压电磁阀，让制动力不变，如果车轮继续抱死，则打开常闭输出调压电磁阀，这个车轮上的制动压力由于出现直通制动液储液罐的管路而迅速下移，防止了因制动力过大而将车轮完全抱死。让制动状态始终处于最佳点（滑移率为 20%），制动效果达到最好，行车最安全。

➡ **小提示**：在制动主缸前面腔内的制动液是动态压力制动液，它因制动液的压力变化而推动制动主缸内的活塞从而使制动踏板推杆向右移。因此，在 ABS 工作的时候，驾驶人可以感觉到脚上制动踏板的反弹力，也会听到电磁阀工作时的噪声。

三、ABS 的主要部件

1. 车轮转速传感器（又称轮速传感器）

车轮转速传感器的功用是检测车轮的旋转速度，并将速度信号输入电控单元。目前，常用的车轮转速传感器主要有电磁式和霍尔式两种。

（1）电磁式车轮转速传感器　电磁式车轮转速传感器主要由传感器和齿圈两部分组成。齿圈随车轮或传动轴一起转动，通常用磁阻很小的铁磁材料制成。传感器是静止部件，对应安装在靠近齿圈而又不随齿圈转动的车轮的托架上，通常由永久磁铁、电磁线圈和极轴等组成，如图 4-1-3 所示。

➡ **小提示**：传感器极轴与齿圈的端面有空气间隙，此间隙一般为 1mm，通常可移动传感器极轴的位置来调整间隙。

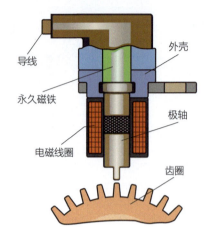

车轮转速传感器

图 4-1-3　电磁式车轮转速传感器的结构

传感器要求安装要牢固，只有这样才能确保汽车在制动过程中的振动不会干扰或影响传感信号正确无误地输出。

为了避免灰尘与飞溅的水、泥土等对传感器工作的影响，在安装前需将传感器加注润滑脂。如图 4-1-4 所示为车轮转速传感器的安装位置。

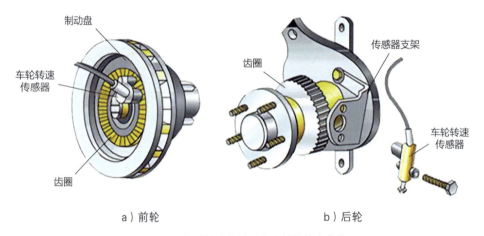

a）前轮　　　　　　　　　　b）后轮

图 4-1-4　车轮转速传感器在车轮处的安装位置

电磁式车轮转速传感器的工作原理如图 4-1-5 所示。传感器齿圈随车轮旋转的同时，与传感器极轴作相对运动。当传感器的极轴与齿圈的齿隙相对时，极轴距齿圈之间的空气间隙最大，即磁阻最大。传感器的磁极磁力线只有少量通过齿圈而构成回路，在电磁线圈周围的磁场较弱，如图 4-1-5a 所示；当传感器的极轴与齿圈的齿顶相对时，两者之间的空隙最小，即磁阻最小。传感器的磁极磁力线通过齿圈的数量增多，在电磁线圈周围的磁场较强，如图 4-1-5b 所示。

齿圈随车轮不停地旋转，就使传感器电磁线圈周围的磁场经强—弱—强—弱……周期性地变化，因此电磁线圈就感应出交变电压信号，即车轮转速信号，如图 4-1-6 所示。

项目四 防滑控制系统、巡航控制系统与轮胎胎压监测系统的检修

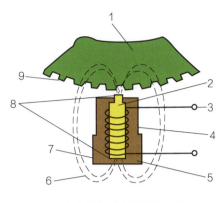 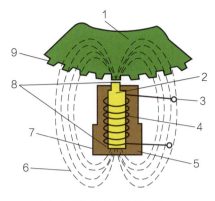

a）齿隙与磁心端部相对时　　　　b）齿顶与磁心端部相对时

图 4-1-5　电磁式车轮转速传感器的工作原理

1—齿圈　2—极轴　3—电磁线圈引线　4—电磁线圈　5—永久磁铁
6—磁力线　7—电磁式传感器　8—磁极　9—齿圈齿顶

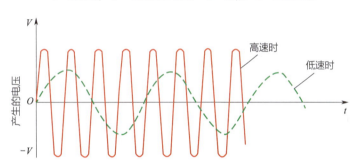

电磁式车轮转速传感器的工作原理

图 4-1-6　电磁式车轮转速传感器输出电压信号

交变电压信号的频率与齿圈的齿数和转速成正比，因齿圈的齿数一定，因而车轮转速传感器输出的交流电压信号频率只与相应的车轮转速成正比。

车轮转速传感器由电磁线圈引出两根导线，将其速度变化产生的交变电压信号送至 ABS 的电控单元（ECU）。为防止外部电磁波对速度信号的干扰，传感器的引出线采用屏蔽线，以保证反映车轮速度变化的交变电压信号准确地送至 ABS 的电控单元。

（2）霍尔式车轮转速传感器　霍尔式车轮转速传感器也是由传感器、齿圈等组成。其齿圈的结构及安装方式与电磁式车轮转速传感器的齿圈相同，传感器由永久磁铁、霍尔元件和电子电路等组成。

霍尔式车轮转速传感器是利用霍尔效应原理来产生与车轮转速相对应的电压脉冲信号的，其工作原理如图 4-1-7 所示，当齿圈位于图 4-1-7a 位置时，永久磁铁穿过霍尔元件的磁力线分散，磁场相对较弱；而当齿圈位于图 4-1-7b 位置时，永久磁铁穿过霍尔元件的磁力线集中，磁场相对较强。齿圈转动时，使得穿过霍尔元件的磁力线密度发生变化，因而引起霍尔元件电压的变化，霍尔元件将输出一个毫伏级的准正弦波电压。此信号由电子电路转化成标准的脉冲电压。

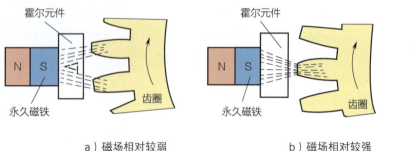

图 4-1-7 霍尔式车轮转速传感器

霍尔式车轮转速传感器输出信号电压幅值不受转速的影响,频率响应高,抗电磁波干扰能力强,因此,霍尔传感器在 ABS 中应用越来越广泛。

2. 电控单元

电控单元(ECU)是 ABS 的控制中枢,其主要作用是接收传感器信号,并对这些输入信号进行测量、比较、分析、放大和判别处理,通过精确计算,得出制动时车轮的滑移率、车轮的减速度,以判断车轮是否有抱死趋势,然后向制动压力调节器发出控制指令,去执行压力调节任务。

➡ **小提示**:电控单元还具有监控和保护功能,当系统出现故障时,能及时转换成常规制动,并以故障灯点亮的形式警告驾驶人,同时将检测到的故障以故障码的形式储存在存储器中。

电控单元内部电路通常包括:传感器输入电路、运算电路、输出控制电路和安全保护电路。常见的四传感器四通道 ABS 的 ECU 电路连接方式如图 4-1-8 所示。

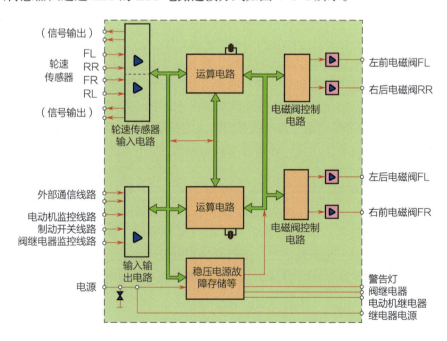

图 4-1-8 电控单元内部电路连接方式

（1）传感器输入电路　传感器输入电路的功用是将车轮转速传感器、减速度传感器及各种开关信号进行预处理和 A/D 模数转换等，然后输入到运算电路。不同的 ABS 传感器的数量不同，输入级放大电路的个数也不同。

（2）运算电路　运算电路的功用主要是根据输入信号进行车轮线速度、初始速度、滑移率、加速度和减速度的运算，以及调节电磁阀控制参数的运算和监视运算。

电控单元中一般设有两套运算电路，同时进行运算和传递数据，利用各自的运算结果相互比较、相互监视，确保可靠性。

（3）电磁阀控制电路　电磁阀控制电路的功用是接受运算电路输入的电磁阀控制参数信号，通过控制大功率晶体管，向电磁阀提供控制电流。

（4）安全保护电路　安全保护电路包括稳压电源、电源监控电路、故障反馈电路和继电器驱动电路等。主要作用是将汽车电源提供的 12V 电压变为 ECU 内部所需的 5V 标准稳定电压，监控 12V 和 5V 电压是否在规定范围内，并对输入电路、运算电路和电磁阀控制电路的反馈信号进行监视。当监测到 ABS 出现故障时，关闭各电磁阀，停止 ABS 工作，返回常规制动状态，同时点亮仪表板上的 ABS 警告灯，提醒驾驶人注意 ABS 的故障，并将故障信息以故障码的形式储存在存储器中，以供诊断时调取。

3. 制动压力调节器

制动压力调节器又称为 ABS 控制器，是 ABS 的执行机构，其功用是接受 ABS 电控单元（ECU）的控制指令，通过电磁阀的动作自动调节车轮制动轮缸的制动压力，防止车轮抱死，并使制动过程处于理想滑移率的状态。

制动压力调节器可分为液压式、气压式等，现代轿车主要采用液压式。液压式制动压力调节器串接在制动主缸与轮缸之间，通过电磁阀直接或间接地控制轮缸的制动压力。通常把电磁阀直接控制轮缸制动压力的制动压力调节器称为循环式调节器，把间接控制制动轮缸压力的制动压力调节器称为可变容积式调节器。液压式制动压力调节器主要由电动回油泵、液压电控单元（包括组装在一起的电磁阀和蓄能器）等组成，如图 4-1-9 所示。

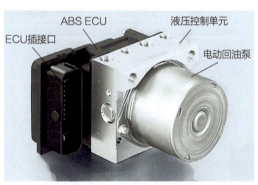

图 4-1-9　制动压力调节器

（1）电动液压泵　ABS 所用的电动液压泵多为柱塞式液压泵，它由直流电动机、柱塞式油泵、进出油阀等组成，如图 4-1-10 所示。在 ABS 运行时，电动液压泵根据 ECU 的信号确定是否工作，当 ECU 控制接通电动机电路，电动机便会驱动柱塞泵工作，从而起到循环制动液或提高制动液油压的作用。

液压泵根据其作用的不同可分为回油电动液压泵与增压电动液压泵。

回油电动液压泵与低压蓄能器和制动主缸相连，在 ABS 工作时，可将轮缸及低压蓄能器制动液压泵回制动主缸，如图 4-1-11 所示，用于循环式制动压力调节器系统。

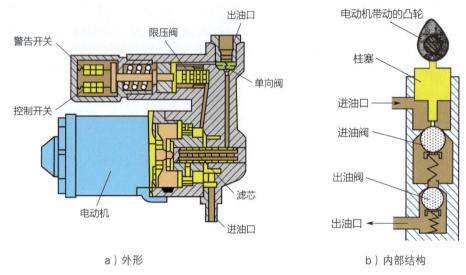

a）外形　　　　　　　　　　b）内部结构

图 4-1-10　柱塞式电动液压泵

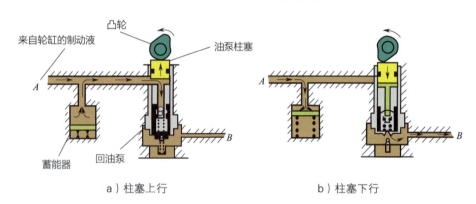

a）柱塞上行　　　　　　　　b）柱塞下行

图 4-1-11　回油泵的工作原理

增压电动液压泵与储液室和高压蓄能器相连，用于产生增压控制压力。如图 4-1-12 所示为用于可变容积式制动压力调节器系统的增压电动液压泵系统。

（2）蓄能器　蓄能器根据作用不同可以分为低压蓄能器和高压蓄能器两种。

1）低压蓄能器。低压蓄能器位于电磁阀与回油泵之间，用来容纳 ABS 减压过程中从制动轮缸回流的制动液，同时还对回流制动液的压力波动具有一定的衰减作用。其结构为一个内装活塞和弹簧的油缸，如图 4-1-13 所示。ABS 在减压时，由轮缸来的液压油进入蓄能器，进而压缩弹簧使蓄能器液压腔容积变大，以暂时储存制动液。

2）高压蓄能器。高压蓄能器用于储存制动中或 ABS 工作时所需的高压制动液，多采用气囊式蓄能器，其结构如图 4-1-14 所示。高压蓄能器的气囊体被一个膜片分隔成两个互不相通的腔室。上腔为气室，

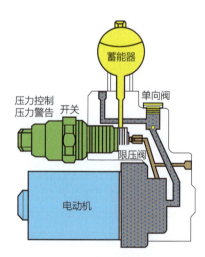

图 4-1-12　增压电动液压泵系统

内充满了高压氮气，可使制动液的压力保持在 14~18MPa 较高的压力。下腔为液室，与电动增压泵出液口相通，盛装由电动增压泵泵入的制动液。

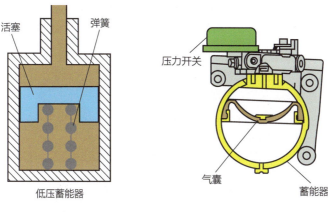

图 4-1-13　低压蓄能器　　　　图 4-1-14　气囊式蓄能器

→ **小提示**：高压蓄能器上装有压力控制开关，用于检测高压蓄能器下腔制动液压力。压力低于 15MPa 时，开关闭合，增压泵工作。压力达到 18MPa 时，开关打开，增压泵停止工作。

（3）电磁阀　ABS 中通常有 4~8 个电磁阀，分别对应控制前后轮的制动。常用的电磁阀为三位三通阀，其结构和工作过程如图 4-1-15 所示。电磁阀由电磁阀线圈、固定铁心和柱塞组成，阀上有三个孔分别通制动主缸、制动轮缸和蓄能器。电磁阀线圈受 ECU 控制，改变电磁线圈的电流可以改变柱塞的位置，以实现改变 3 个阀口之间通路的改变。根据电流的大小，可将柱塞控制在"升压""保压""减压"三种位置。

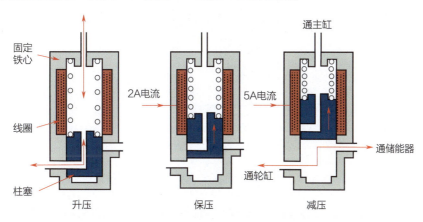

图 4-1-15　三位三通电磁阀的工作原理

（4）循环式制动压力调节器　循环式制动压力调节器在制动主缸与轮缸之间串联一个电磁阀，直接控制轮缸的制动压力。其基本结构如图 4-1-16 所示，主要由制动踏板机构、制动主缸、回油泵、蓄能器、电磁阀、制动轮缸组成。其中回油泵的作用是当电磁阀在"减压"过程中，将从制动轮缸流出的制动液经蓄能器泵回制动主缸；蓄能器的作用是当电磁阀在"减压"过程中，将从轮缸流出的制动液由蓄能器暂时储存，然后由回油泵泵回主缸。

循环式制动压力调节器式 ABS 系统在汽车制动过程中，根据 ECU 控制流经制动压力调节器电磁线圈电流的大小，可使 ABS 处于"升压""保压""减压""增压"四种状态。

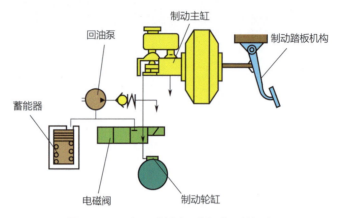

图 4-1-16　循环式制动压力调节器的组成

1）升压（常规制动）状态。如图 4-1-17 所示，在常规制动过程中，ABS 不工作，电磁线圈中无电流通过，电磁阀柱塞在复位弹簧的作用下处于"下端"（升压）位置。此时主缸与轮缸相通，由主缸来的制动液直接进入轮缸，轮缸压力随主缸压力的升高而升高。

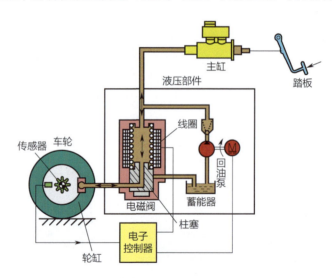

图 4-1-17　循环式制动压力调节器常规制动过程

2）保压状态。如图 4-1-18 所示，在保压制动过程中，电控单元向电磁线圈输入一个较小的电流时（约为最大电流的 1/2），电磁线圈产生较小的电磁力，使柱塞处于"中间"（保压）位置。此时主缸、轮缸和回油孔相互隔离，轮缸中的制动压力保持一定。

3）减压状态。如图 4-1-19 所示，在减压制动过程中，电控单元向电磁线圈输入一个最大电流时，电磁线圈产生更大的电磁力，使柱塞处于"上端"（减压）位置。此时电磁阀柱塞将轮缸与回油通道或蓄能器接通，轮缸中的制动液经电磁阀流入蓄能器，轮缸压力下降。与此同时，电动回油泵工作，将流回蓄能器的制动液输送回主缸，为下一个制动周期做好准备。

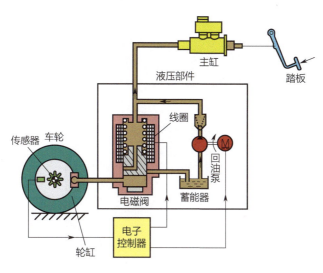

图 4-1-18 循环式制动压力调节器保压制动过程

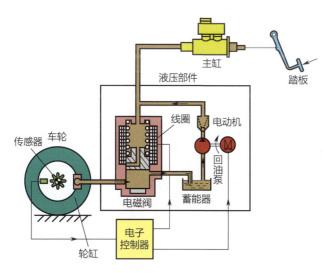

图 4-1-19 循环式制动压力调节器减压制动过程

4)增压状态。在制动压力下降,车轮的转速增加后,当电控单元检测到车轮转速增加太快时,便切断通往电磁阀的电流,使制动主缸与制动轮缸再次相通,制动主缸的高压制动液再次进入制动轮缸,制动力增加。

(5)可变容积式制动压力调节器 可变容积式制动压力调节器主要由电磁阀、控制活塞、液压泵、蓄能器等组成,如图 4-1-20 所示。该系统是在汽车原有制动管路上增加一套液压控制装置,用它控制制动管路中制动液容积的增减,从而控制制动压力的变化,其特点是制动压力油路和 ABS 控制压力油路是相互隔开的。

可变容积式制动压力调节器式 ABS 系统的工作过程同样可以分为"升压""保压""减压"和"增压"四种状态,具体工作过程可扫描二维码"可变容积式制动压力调节器式 ABS 系统的工作过程"学习。

可变容积式制动压力调节器式 ABS 系统的工作过程

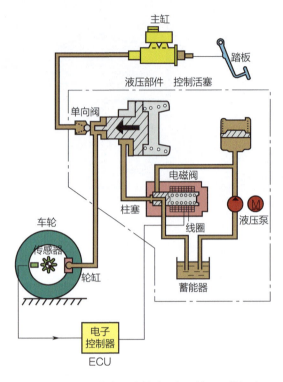

图 4-1-20　可变容积式制动压力调节器系统组成

四、大众车型 ABS 简介

1. 系统组成

大众车型 ABS 采用四传感器 / 三通道的 ABS 调节回路,主要由四个车轮转速传感器、ABS 控制器(包括电控单元、液压单元、回油泵等)、ABS 警告灯、制动警告灯等组成,如图 4-1-21 所示。

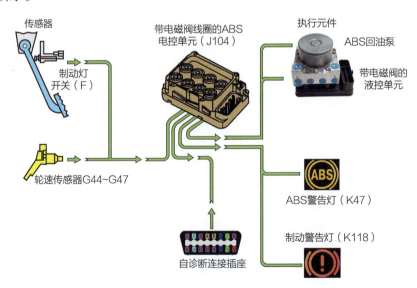

图 4-1-21　大众车型 ABS 系统组成示意图

(1)车轮转速传感器 大众车型 ABS 一般采用电磁感应式车轮转速传感器。共有 4 个车轮转速传感器,前轮的齿圈安装在传动轴上,转速传感器安装在转向节上;后轮的齿圈安装在后轮毂上,转速传感器则安装在固定支架上,如图 4-1-22 所示。

→ **小提示**:前轮两个传感器不能互换,后轮两个传感器能互换。如果单个传感器失灵,ABS 功能中断,EBD 电子制动力分配仍保持工作,ABS 警告灯亮;若两个以上传感器失灵,则 ABS/EBD 功能中断,ABS 警告灯亮。

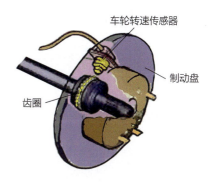

图 4-1-22 车轮转速传感器安装位置

(2)电控单元 ABS 电控单元(ECU)是 ABS 的控制中心,ECU 的主要任务是连续监测和接收 4 个车轮转速传感器送来的脉冲信号,分析 4 个车轮的制动情况,向液压控制单元发出指令,控制制动轮缸油路上电磁阀的通断和 ABS 回油泵的工作来调节制动压力,防止车轮抱死。

(3)ABS 电动回油泵和低压蓄能器 低压蓄能器与 ABS 回油泵合为一体装于液压控制单元上。低压蓄能器用于暂时储存从轮缸中流出的制动液,以缓和制动液从制动轮缸中流出时产生的脉冲。ABS 回油泵的作用是将在制动压力阶段流入低压蓄能器中的制动液及时送至制动主缸,同时在施加压力阶段,从低压蓄能器中吸取剩余制动力,泵入制动循环系统,给液压系统以压力支持,增加制动效能。

(4)液压控制单元 液压控制单元采用整体式结构,如图 4-1-23 所示,阀体内包括 8 个电磁阀,每个回路各一对,其中一个是常开进油阀,另一个是常闭出油阀。其主要任务是执行 ABS ECU 的指令,在制动主缸、制动轮缸和回油路之间建立联系,自动调节制动器中的液压压力,实现压力升高、压力保持和压力降低的功能,防止车轮抱死。

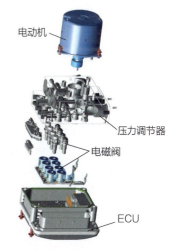

图 4-1-23 液压控制单元

(5)ABS 故障警告灯 ABS 在仪表板上装有 ABS 警告灯 K47。把点火开关打开,ABS 开始自检,ABS 警告灯正常点亮约 2s 后熄灭。如果灯不亮,说明警告灯本身或线路有故障;如果 ABS 警告灯常亮,说明 ABS 出现故障。

2. 工作过程

ABS 工作时,车轮转速传感器不断检测车轮转速信号,当发现某一车轮有抱死趋势时,电控单元发出指令,控制相应通道的常开电磁阀关闭,此时即使制动踏板力继续增大,该车轮制动器上的制动压力仍将保持不变。若在此情况下,该车轮仍有抱死趋势,电控单元发出指令,控制该通道的常闭电磁阀打开,进入降压阶段。此车轮抱死趋势消除后,常开电磁阀打开,常闭电磁阀关闭,重新进入升压阶段。

大众车型 ABS 系统工作时制动压力的调节过程可扫描二维码"大众车型

大众车型 ABS 系统工作时制动压力的调节过程

ABS 系统工作时制动压力的调节过程"学习。

五、电子制动力分配系统

电子制动力分配系统（Electric Brakeforce Distribution，EBD）是 ABS 功能的一个扩展。

1. 功用

车辆制动时，如果 4 个车轮附着地面的条件不同（如左侧车轮附着在湿滑路面上，而右侧车轮附着在干燥路面上），则 4 个车轮与地面的附着力会不同。这样在制动过程中，将容易产生打滑、倾斜和侧翻等现象。

为避免这种情况，电子制动力分配系统（EBD）会自动检测各个车轮的附着力状况，将制动系统所产生的制动力适当地分配至 4 个车轮。在 EBD 的辅助下，制动力可以得到最佳的分配，使得制动距离明显缩短，并在制动的同时保持车辆的平稳，提高行车安全。此外，车辆转弯时，如果进行制动操作，则 EBD 亦具有维持车辆稳定性的功能，以增加弯道行驶的安全性。

2. EBD 的基本组成

如图 4-1-24 所示，EBD 由车轮转速传感器、电子控制单元和液压控制单元（液压执行器）三部分组成。

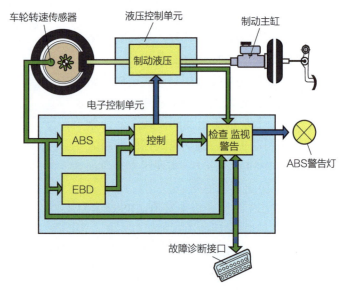

图 4-1-24　EBD 的基本组成

3. EBD 的工作原理

在车轮部分制动时，EBD 功能就起作用，车辆转弯时作用更明显，EBD 的工作区域示意图如图 4-1-25 所示。车轮转速传感器发出 4 个车轮的转速信号，电控单元根据这些信号计算车轮的转速及滑移率。如果后轮滑移率大于某个设定值，则由液压控制单元调节后轮制动压力，使后轮制动力降低，以保证后轮不会先于前轮抱死。当 ABS 起作用时，EBD 即停止工作。

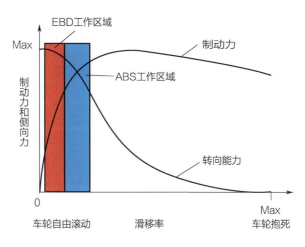

图 4-1-25　EBD 的工作区域示意图

EBD 压力调节过程分为升压、保压和减压三个阶段。制动时，通过制动主缸建立制动压力，此时常开阀打开，常闭阀关闭，制动压力进入车轮制动器，车轮转速迅速降低，直到电子控制器识别出车轮有抱死趋势为止。EBD 的升压及保压与 ABS 工作过程完全一样，但减压控制则有所不同。

① 减压过程。当后轮有抱死倾向时，后轮的常开阀关闭、常闭阀打开，车轮压力降低，减压过程如图 4-1-26 所示。与 ABS 不同的是：此时回油泵不工作，降压所排放出的制动液暂时存放在低压蓄能器中。

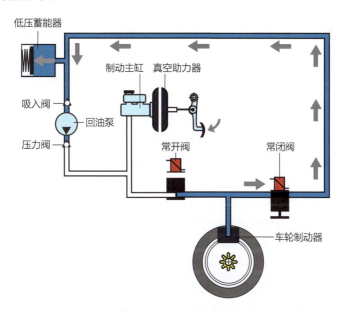

图 4-1-26　减压过程

② 低压蓄能器工作过程。如图 4-1-27 所示，当制动结束后，制动踏板松开，总泵内的制动压力为零，此时再次打开常闭阀，低压蓄能器中的制动液经常闭阀、常开阀返回总泵，低压蓄能器排空，为下一次 ABS 或 EDB 作好准备。

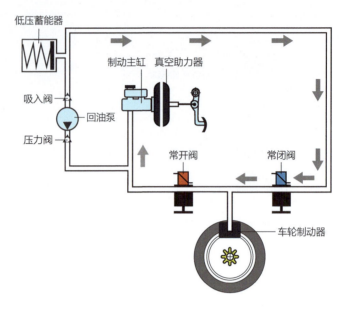

图 4-1-27 低压蓄能器工作过程

六、ABS 的检修与维护

1. ABS 检修注意事项

1）ABS 电控单元（ECU）对过电压、静电非常敏感，维修中稍有不慎就会损坏 ECU 中的芯片，造成整个 ABS 的损坏。因此，在点火开关接通时，不要插拔 ABS 的插接器；插拔 ECU 上的插接器应做好防静电措施；一定要先断开 ECU 插接器，然后再在车上进行焊接操作。

2）维修 ABS 液压控制装置时（例如：制动压力调节器的各部件、制动轮缸、蓄能器、电动回油泵、制动液管路等），一定要按规定程序释放 ABS 的压力（蓄能器可能存储了高达 18000kPa 的压力），然后再按规定进行修理，以免高压制动液喷出伤人。

卸压的方法：关闭点火开关，然后反复踩制动踏板 20 次以上，直到感觉踩制动踏板力明显增加（无液压助力）时为止。

3）液压制动系统维修作业完成后，应使用专用制动液充放机和故障诊断仪配合，对系统进行加液和排气。

4）拆卸时注意不要碰伤传感器磁头，不允许敲击车轮转速传感器的齿圈，不要用传感器齿圈当作撬面，否则会损坏齿圈或影响轮速信号的精度；安装时应先涂防锈油，并且只能压装，不可敲击或用蛮力，以免损坏传感器。

5）更换元件时，应使用原厂配件，安装时再从包内取出配件；更换电脑或制动压力调节器后，应使用故障诊断仪对电脑进行编码，否则 ABS 警告灯将点亮，系统不能正常工作。

6）ABS 与普通制动系统是不可分的，普通制动系统一旦出现问题，ABS 就不能正常工作。因此，要将两者视为整体进行维修，不能只把注意力集中于传感器、ECU 和液压调节器上。

7）在进行 ABS 诊断、检查时，只要能正确使用检测仪等专业工具，按照维修手册中给出的故障诊断图表准确地找出故障点即可，可不拘于检查的形式和步骤。

2. ABS 检修基本方法

ABS 的故障大致可分为以下几种情况：一是紧急制动时，车轮被抱死；二是制动效果不良；三是警告灯亮起；四是 ABS 出现不正常现象。对于不同车型，其诊断与检查的方法和程序都会有所不同，但是 ABS 的基本诊断与检查方法的内容是不变的，它们一般包括听取用户反馈、初步检查、自诊断检查、线路检查和元件检查等几项内容，其检查流程如图 4-1-28 所示。

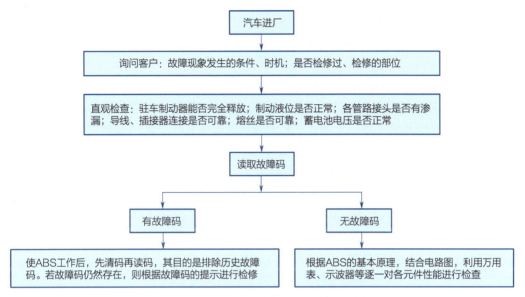

图 4-1-28　ABS 故障检查与诊断流程图

（1）听取用户反馈　通过了解用户的反馈意见，可以了解防抱死制动系统是否真的存在故障、在什么情况下发生故障、故障发生的现象等一些故障相关的具体的重要信息，以帮助了解、分析和判断故障的部位，确定诊断应该从哪里开始。不过，有些用户的反映可能属于正常的工作情况，比如，紧急制动时踏板颤动，在制动或者启动 ABS 自检时系统发出声音等。

（2）初步检查的方法　在听取用户的反馈后，应对系统进行初步检查。初步检查是对容易出现的故障且检查方法又很简单的部位先行检查，确定无异常时，再作系统检查，对迅速排除故障有利。

1）检查储液室是否液面过低、液压装置是否外部泄漏及制动主缸工作是否正常。

2）检查驻车制动器是否完全放松以及驻车开关功能是否正常，视具体情况进行维修或调整。

3）检查 ABS 熔丝是否熔断，找出熔丝烧坏的原因，并更换熔丝。

4）检查导线及插接器是否有破损或插接器松动现象，若有更换导线和插好各插接器。

5）检查所有的继电器、熔断器是否完好，插接是否牢固。

6）检查蓄电池电压是否在规定的范围内，检查蓄电池正、负极导线的连接是否牢靠，连接处是否清洁。

7）检查 ABS 电控单元、液压控制装置等的搭铁端是否接触良好。

8）检查车轮胎面纹槽的深度是否符合规定。

（3）自诊断检查　如果通过初步检查不能确定故障位置，就可转入故障自诊断进行故障检查。在进行自诊断前可通过初步路试来判断是常规制动系统故障还是 ABS 故障。方法是：拆下 ABS 继电器线束插接器或 ABS 制动压力调节器电磁阀线束插接器，使 ABS 制动压力调节器电磁阀不能通电工作，让汽车以普通制动器工作方式制动，如果故障现象消失，则说明是 ABS 电子控制系统有故障，否则，为 ABS 机械部分的故障。

1) ABS 的自检。当点火开关接通，ABS 电控单元就会对电源电压、控制电压和电磁阀线圈、车轮转速传感器、电控单元编号等外部电路和项目进行自检。此时，制动警告灯点亮 2s 后自动熄灭。如果上述自检过程中发现 ABS 工作异常，ECU 就停止使用 ABS，这时，制动警告灯亮起，并储存故障码。

现在汽车仪表板上有两个制动警告灯，其中一个是黄色灯，称 ABS 灯，另一个为红色制动警告灯。制动警告灯由制动液压力开关和液面开关及手制动灯开关控制。当红色制动警告灯亮起时，可能是制动液不足、蓄能器的制动液压过低或是驻车制动器开关有问题等。这时，ABS 防抱死控制和普通制动系统均不能正常工作，应停车检查故障原因，及时排除故障。如果只是黄色 ABS 灯常亮，则说明 ABS 电控单元发现 ABS 控制系统有故障，这时汽车制动时将无防抱死功能，因此，也要及时检修。

正常情况下，点火开关打开，ABS 警告灯和制动警告灯应闪亮约 2s，一旦发动机运转起来，驻车制动杆在释放位置，两个警告灯应熄灭，否则说明 ABS 有故障。可利用两灯的闪亮规律，初步判断出系统发生故障的部位。制动警告灯诊断见表 4-1-1。

表 4-1-1　制动警告灯诊断表

警告灯	故障现象	可能原因
ABS 警告灯亮	ABS 不起作用	1）车轮转速传感器不起作用 2）液控单元不良 3）ABS 电控单元不良
ABS 警告灯不亮	踩制动踏板时，踏板振动强烈	1）制动开关失效或调整不当 2）制动开关线路或插接件脱落 3）制动鼓（盘）变形 4）车轮转速传感器信号不良 5）液控单元不良
ABS 警告灯偶尔或间歇点亮	ABS 作用正常，只要点火开关关闭后再打开，ABS 警告即会熄灭	1）ABS 电控单元插接器松动 2）车轮转速传感器导线受干扰 3）车轮转速传感器内部工作不良 4）车轮轮毂轴承松旷 5）制动管路中有空气 6）制动轮缸工作不良 7）制动片不良
制动警告灯亮	制动液缺乏或驻车制动拖滞	1）驻车制动器调整不当 2）制动油管或制动轮缸漏油 3）制动警告灯搭铁
ABS 警告灯和制动警告灯亮	ABS 不起作用	1）两个以上车轮转速传感器故障 2）ABS 电控单元故障 3）液压控制单元工作不良

会将故障以故障码的形式储存在电控单元的存储器里，以便得到故障部位的准确提示，迅速排除故障。同时点亮 ABS 警告灯，提示驾驶人 ABS 系统故障。车型不同，故障码的显示方式也不同，可通过 ABS 警告灯或 ABS 电控单元上的发光二极管（LED）闪烁显示故障码；也可采用专用的故障检测仪器读取故障码，目前多采用后一种方法。

2）故障码的读取与清除。将故障诊断仪与车辆上的故障自诊断插接口相连，根据提示操作故障诊断仪，通过显示屏来读取故障码。故障码能够显示故障的性质和范围，维修人员可根据故障码的提示，迅速、准确地确定故障的性质和部位，有针对性地检查有关部位、元件和线路，将故障排除。

3. ABS 的线路检查

如果自诊断系统给出故障来源，则按照故障码的提示进行检测；如果自诊断系统没给出故障来源，则需要进行相应线路检测。

可根据 ABS ECU 各端子的功能，用万用表对 ABS ECU 各端子进行测量。当测得的数值稍微偏离额定值时，应清洁插头和插座端子，再重新测试。更换相应部件前，再次检查导线及连接，尤其是额定值小于 10Ω 的部件更应进行此项检查。如果测得的数值达到额定值，还应附带检查线路的电源或搭铁是否正常。

4. ABS 的使用与维护

（1）装备 ABS 的车辆使用时易出现的一些特殊现象

1）某些装有 ABS 的汽车，在发动机起动时，踏下制动踏板会弹起，而在发动机熄火时，制动踏板会下沉，这属于 ABS 的正常反应，并非故障现象。是由于 ABS 制动压力调节器与动力转向器共享一个油泵，在发动机起动，动力转向油泵开始工作时，就会使制动踏板上抬；发动机熄火，动力转向油泵停止工作时，则会使制动踏板下沉。

2）制动时，会产生液压工作噪声和制动踏板振颤，这属于正常现象，可以让驾驶人由此而感知到 ABS 正在起作用。在紧急制动时，应直接将加速踏板踩到底，且不放松。

3）制动时，有时会感到制动踏板有轻微下沉。这是由于道路路面附着系数变化，ABS 正常反应所引起的，并非故障现象。

4）制动时，转动转向盘，会感到转向盘有轻微的振动。这也是由于有的制动压力调节器与动力转向器共享一个油泵所引起的正常反应。

5）高速行驶急转弯或在冰滑路面上行驶时，有时会出现制动警告灯亮起的现象。这是上述情况中出现了车轮打滑现象，ABS 产生保护动作引起的，并非有故障。

6）制动时，ABS 继电器不断地动作，这也是 ABS 起作用的正常现象。

7）装有 ABS 的汽车，在制动后期，会有车轮被抱死，地面留下拖滑的印痕。这是因为在车速小于 7km/h 时，ABS 将不起作用，属正常现象。但是，ABS 紧急制动时留下的短而淡淡的印痕与普通制动器紧急制动留下的长拖印是截然不同的。

（2）ABS 使用与维护注意事项

1）ABS 对制动液的要求非常高，制动液每隔两年至少要换一次，最好是每年更换一次，更换制动液时，一定要使用厂家规定的品牌。

2）必须使用规定规格的轮胎，所有车轮的半径必须相等且气压符合规定。

3）更换 ABS 零部件时，一定要选用该车型高质量正宗的配件。

4）在驾驶 ABS 汽车时，要保持足够的制动距离，当在良好的路面上行驶时，至少要保证离前面的车辆有 3s 的制动时间；在不好的路面上行驶时，要留更长一些的制动时间。

5）在驾驶 ABS 汽车时，反复踩制动踏板会使 ABS 时断时通而导致制动效能减低和制动距离增加，使用时要始终用脚踩住制动踏板不放松，这样才能保证足够和连续的制动力，使 ABS 有效地发挥作用。

6）ABS 为驾驶人提供了转向盘的可控能力，不要忘记转动转向盘，但急转弯和快速变道以及其他急打转向盘的做法也是不适当和不安全的。

7）在行车中应留意仪表板上的 ABS 警告灯情况，若发现闪烁或长亮，说明已不具备 ABS 功能，但常规制动系统仍起作用，应尽快到修理厂检修。

相关技能

一、ABS 主要部件的检查

1. 车轮转速传感器的检查

车轮转速传感器可能出现的故障有：车轮转速传感器感应线圈短路、断路或接触不良等；车轮转速传感器齿圈脏污或损坏；车轮转速传感器信号探头部分安装不牢或磁极与齿圈之间有脏物等。具体检查方法如下：

1）检测信号电压及波形。顶起前轮，松开驻车制动，拆下传感器线束，在线束插接器处测量。当车轮转动时，用万用表交流电压档测量其信号电压值，电压值应随车轮转速的增加而升高，一般情况下，应达 2V 以上；用示波器检测传感器输出信号电压的波形，正常的信号电压波形应是均匀稳定的正弦电压波形。如果信号电压及波形有异常，应拆下传感器作进一步检查。

2）检查传感器感应线圈的电阻值。用万用表 40kΩ 档检查传感器电阻值，约为 1.0~1.3kΩ；如果电阻过大或过小，均说明传感器不良，应更换。

3）检查传感器外观及间隙。检查传感器导线及插接器有无松脱，探头及齿圈有无损坏及脏物，如果有，应紧固、更换或清理；在齿圈上取四点检查齿圈与车轮转速传感器信号磁头之间的间隙，标准值为前轮 1.10~1.97mm，后轮 0.42~0.80mm，如果间隙不符合标准，检查传感器磁头、齿圈是否松动，车轮轴承是否损坏。

2. ABS 压力调节器的检查

制动压力调节器可能的故障有制动压力调节器电磁阀线圈不良，制动压力调节器中的阀有泄漏，电动回油泵损坏等，其具体的检查方法如下：

1）电磁阀的检查。用万用表电阻档检测电磁阀线圈的电阻，如果电阻无穷大或过小等，均说明其电磁阀有故障；将制动压力调节器电磁阀加上工作电压，看检查电磁阀能否正常动作，如果不能正常动作，则说明电磁阀损坏，应更换制动压力调节器。

2）电动回油泵和液压循环检查。如果怀疑是制动压力调节器内部液压循环有问题，则应在制动压力调节器内无高压制动液时，仔细拆开调节器进行检查；也可通过故障诊断仪的

"03-执行元件测试"功能检查电动回油泵工作情况。

3. ABS继电器的检查

继电器的常见故障有触点接触不良、继电器线圈损坏等，检查方法如下：

1）继电器电阻检查。用万用表电阻档检测继电器线圈的电阻，电阻值应在正常范围之内，如果过大或过小，均应更换继电器。

2）继电器触点检查。对继电器施加其正常的工作电压，看继电器能否正常动作；若能正常动作，则用万用表检测继电器触点间的电阻，正常情况下触点闭合时的电阻应小于0.1Ω，若电阻较大，则说明触点接触不良，应更换继电器。

4. ABS电控单元（ECU）的检查

ABS电控单元常见的故障有线束插接器松动、插口损坏，操作不当造成ECU的内部损坏等，其具体检查方法如下：

1）ABS电控单元外部线束检查。先检查ABS电控单元线束插接器有无松动，插口有无损坏，如果线束松动，则紧固，如果插口损坏，则更换ECU。

2）ABS电控单元自身的检查。如果ECU内部损坏，多数可通过其自诊断功能读取到相应的故障码，如果对故障码进行确认后，则更换电控单元；如果没有提示相应的故障码，在检查传感器、继电器、电磁阀及其线路均无故障，怀疑ABS的ECU可能有故障时，可以用新的ECU替代，如果故障现象消失，则说明ECU损坏。

二、车辆的路试

故障检修完成后，应对车辆进行路试，检查故障是否被彻底排除。路试的内容与方法如下：

1）检查制动踏板行程和阻力是否适宜。

2）检查ABS警告灯和制动警告灯的指示情况是否正常。

3）检查ABS工作是否正常，在大于40km的初始速度下紧急制动，若感觉到制动踏板有轻微的颤动，轮胎与地面基本上无拖痕，说明ABS工作正常，否则，说明ABS存在故障，ABS不起作用。

4）检查制动时有没有一些其他不正常的现象，如果路试后一切正常，则说明故障被彻底排除。

三、制动液的更换

1. 制动液的更换

制动液具有较强的吸湿性，当制动液中含有水份后，其沸点下降，制动时容易产生"气阻"，使制动性能下降，同时对管路的腐蚀性增大。因此，一般要求每1~2年更换一次制动液。

更换制动液的具体步骤如下：

1）先将新制动液加至储液罐的最高液位标记处。

2）将点火开关置于ON位置，反复踩下和放松制动踏板，直到电动回油泵开始运转为止。

3）待电动回油泵停止运转后，再对储液罐中的液位进行检查。

4）如果储液罐中的制动液液位在最高液位标记以上，先不要泄放过多的制动液，而应重复步骤3）和步骤4）。

5）如果储液罐中的制动液液位在最高液位标记以下，应向储液罐再次补充新的制动液，使储液罐中的制动液液位达到最高标记处，但切不可将制动液加注到超过储液罐的最高标记，否则，当蓄能器中的制动液排出时，制动液可能会溢出储液罐。

2. ABS的排气

（1）ABS的手动排气

➡ **小提示**：ABS中的气体是极其有害的，它会破坏系统对制动压力的正常调节，严重时会导致制动力不足，甚至制动失灵。因此，在打开制动管路后或是制动踏板发软及制动效果变差时，必须对ABS进行排气。

在进行排气操作之前，应检查液压制动系统中的管路及其接头是否破裂或松动；检查储液罐的液位是否符合要求。

ABS的排气有手动排气和仪器排气两种方法，应根据不同的车型和条件进行选择。不同形式的ABS及排气设备，其排气程序可能会不同，应参照相应的维护保养手册要求进行排气操作。

1）准备必要的工具、制动液容器、擦布和软管等，仔细阅读对应车型的维修手册中的相关内容。

2）将排气软管装到右后轮排气阀上，将软管的另一端放在装有制动液的清洁容器中。踩下制动踏板并保持一定的踏板力，缓慢拧开排气阀1/2~3/4圈，直到制动液开始流出。关闭该阀后松开制动踏板。重复进行以上步骤，直到流出的制动液内没有气泡为止。

3）拧下储液罐盖，检查储液罐中的液面高度，必要时，加注到正确液面高度。

4）按规定的排气顺序，在其他车轮上进行排气操作。排气顺序为右后轮→左后轮→右前轮→左前轮。

（2）ABS的仪器排气

1）将车辆停放在水平地面上，抵住车轮前后，将自动变速器的变速杆置于P位。

2）松开驻车制动器。

3）安装ABS检测仪（具有排气的控制功能）或专用排气仪器的接线端子。

4）储液罐内加注制动液到最大液面高度。

5）起动发动机并以急速运转几分钟。

6）稳稳地踩下制动踏板，使检测仪器进入排气程序，并且感到制动踏板有反冲力。

7）按规定顺序打开放气螺钉，直至排净空气，在此过程中需要边排气边向制动主缸储液罐添加制动液。

维修实例

雷克萨斯LS400轿车ABS警告灯不亮且没有防抱死功能

1）故障现象　一辆2012款雷克萨斯LS400轿车，ABS警告灯不亮且没有防抱死功能。

项目四 防滑控制系统、巡航控制系统与轮胎胎压监测系统的检修

2）故障诊断与排除　经询问车主，得知该车在跑过一次长途之后出现 ABS 警告灯常亮，无防抱死功能后，曾在当地一家修理厂修理过，后来 ABS 警告灯不再常亮，但制动系统仍不具备防抱死功能。该车已行驶 11 万 km，一直正常保养制动系统。

根据故障现象进行分析，ABS 警告灯常亮时制动无防抱死效果且产生制动拖滞现象是正常的。但如果 ABS 警告灯不再常亮，就不应该产生制动抱死的现象。因此决定先进行自诊断调取故障码。按照正确的方法调取故障码，结果发现 ABS 警告灯一直不闪烁。判断可能指示灯线路有故障。

拆下仪表板，检查 ABS 警告灯线束，发现线路改过，从而导致 ABS 警告灯始终不亮。恢复了 ABS 警告灯线路后，再次进行调取故障码操作，警告灯闪出故障码 3l，内容提示前轮车轮转速传感器信号故障。于是举升车辆，拆检右前轮，发现右前轮车轮转速传感器表面有油污，导致无信号产生，致使 ABS 不起作用。清理右前轮车轮转速传感器，装复试车，故障排除。

任务二　驱动防滑控制系统与电子稳定程序控制系统的检修

岗位核心能力

◎ **知识目标**

1）能够熟悉驱动防滑控制系统的基本组成与工作原理。
2）能够熟悉驱动防滑控制系统主要部件的结构、工作过程和检修方法。
3）能够熟悉电子稳定程序控制系统的基本组成与工作原理。
4）能够熟悉电子稳定程序控制系统主要部件的结构、工作过程和检修方法。

◎ **技能目标**

1）能够掌握驱动防滑控制系统的检查方法、驱动防滑控制系统的正确使用与维护方法。
2）能够熟悉驱动防滑控制系统常见故障的检修方法。
3）能够掌握电子稳定程序控制系统的检查方法、驱动防滑控制系统的正确使用与维护方法。
4）能够熟悉电子稳定程序控制系统常见故障的检修方法。

案例导入一

一辆大众迈腾 2015 款 330 TSI DSG 双离合器自动变速器舒适型轿车，行驶里程约 13.7 万 km。在正常行驶过程中，仪表板上的 ASR 灯会突然亮起，此时按下 ASR 灯开关（关闭该功能）无效，只有关闭点火开关重新起动发动机后，ASR 灯才能熄灭，恢复正常。

该车的故障现象是典型的驱动防滑控制系统的故障。为了查明故障原因，正确地判断驱动防滑控制系统的故障，作为汽车维修人员必须熟悉驱动防滑控制系统的结构与工作原理等相关的基础知识，为排除驱动防滑控制系统的故障打下基础。

案例导入二

一辆大众迈腾2017款330 TSI DSG双离合器自动变速器舒适型轿车，行驶里程约8.4万km。驾驶人说，该车在正常行驶过程中，仪表板上的ESP警告灯一直亮起。经维修技师对车辆进行检查后判断为汽车电子稳定程序控制系统故障，需对其进行检修。为了查明故障原因，正确地判断汽车电子稳定程序控制系统的故障，作为汽车维修人员必须熟悉汽车电子稳定程序控制系统的结构与工作原理等相关的基础知识，为排除汽车电子稳定程序控制系统的故障打下基础。

相关知识

一、驱动防滑控制系统

（一）驱动防滑控制系统基本知识

驱动防滑控制系统（Acceleration Slip Regulation，ASR），有的称为牵引力控制系统（Traction Control System，TCS或TRC），是继制动防抱死系统（ABS）之后应用于车轮防滑的电子控制系统。

1. ASR的功用

驱动防滑控制系统的功用是防止汽车在起步、加速和在滑溜路面行驶过程驱动轮打滑，特别是防止汽车在非对称路面或在转向时驱动轮的滑转，以保持汽车行驶方向的操纵稳定性和维持汽车的最佳驱动力以及提高汽车的平顺性。

2. ASR与ABS之间的比较

（1）ASR与ABS的相同之处

1）ASR和ABS采用相同的控制技术，都是通过控制车轮和路面的滑移率来实现各自的控制功能。

2）ASR和ABS密切相关，通常结合在一起使用，共享许多系统部件来控制车轮的转动，以更好地保证汽车的行驶安全。

（2）ASR与ABS的不同之处

1）ABS是防止制动时车轮抱死滑移，主要是用来提高制动效果，确保制动安全；ASR则是防止驱动车轮的滑转，主要是用来提高汽车起步、加速及滑溜路面行驶时的牵引力，提高行驶性能，确保行驶稳定性。

2）在控制其滑移率的过程中，ABS对前后车轮都起作用，而ASR只对驱动车轮起控制作用。

3）ABS是在制动时工作，在车轮出现抱死趋势时起作用，在车速很低（小于8km/h）时不起作用；ASR则是在整个行驶过程中都工作，在车轮出现滑转时起作用，当车速很高（80~120km/h）时不起作用。

3. ASR基本组成及工作原理

ASR的基本组成及工作原理如图4-2-1所示。

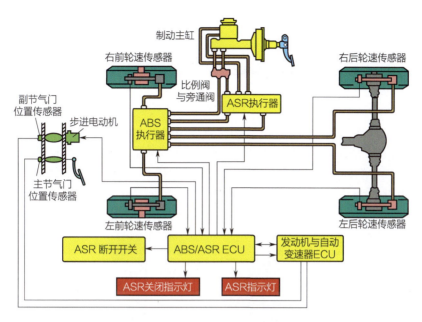

图 4-2-1 ASR 的基本组成

ASR 主要由输入装置（传感器和开关信号等）、电控单元（ECU）和执行机构（制动压力调节器、节气门驱动装置等）组成。

ASR 的传感器主要是车轮转速传感器和节气门位置传感器，车轮转速传感器与 ABS 共享，而节气门位置传感器则与发动机电子控制系统共享；ASR 的开关信号主要是 ASR 选择开关和转向开关信号，将 ASR 选择开关关闭，ASR 就不起作用。由于 ASR 和 ABS 的一些信号输入和处理都是相同的，因此 ASR 电控单元与 ABS 电控单元通常组合在一起，只是在通往驱动车轮制动轮缸的制动管路中增设了一个 ASR 执行器（制动压力调节器），在由加速踏板控制的主节气门上方增设了一个由步进电动机控制的副节气门，并在主、副节气门处各设置一个节气门位置传感器。

当驱动防滑系统处于工作状态时，电控单元根据各车轮转速传感器检测到的转速信号，确定驱动车轮的滑转率和汽车的参考速度。当电控单元判定驱动车轮的滑转率超过设定的限值时，就使驱动副节气门的步进电动机转动，减小副节气门的开度。此时，即使主节气门的开度不变，发动机的进气量也会因副节气门开度的关小而减小。如果驱动车轮的滑转率仍未降低到设定的控制范围内，电控单元又会控制 ASR 制动压力调节器和 ABS 制动压力调节器，对驱动车轮施加一定的制动压力，则驱动车轮上就会作用一制动力矩，从而使驱动车轮的转速降低。

4. 驱动防滑控制系统的控制方式

驱动防滑控制系统的控制参数是滑转率 Sd，控制器根据各车轮转速传感器信号计算 Sd，当 Sd 值超过某一限定值时，控制器就输出控制信号，抑制车轮的滑转，将车轮的滑转率控制在理想的范围内。

汽车驱动防滑控制系统常用的控制方式有发动机输出功率/转矩控制、驱动轮制动控制、发动机输出功率和驱动车轮的制动力同时控制、防滑差速锁止控制、差速锁与发动机输出功率综合控制等类型，具体内容可扫描二维码"驱动防滑控制系统的控制方式"学习。

（二）驱动防滑控制系统的主要部件

1. 输入装置

输入装置包括车轮转速传感器、节气门位置传感器及 ASR 选择开关等。

（1）车轮转速传感器　车轮转速传感器与 ABS 系统共享；用来检测每一车轮的运动状态。

（2）节气门位置传感器　在主、副节气门处各设置了一个节气门位置传感器与发动机电控系统共享，用来检测节气门打开的角度及进入发动机气缸的空气量，计算发动机输出转矩。其结构原理如图 4-2-2 所示。

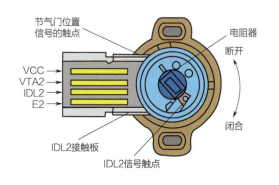
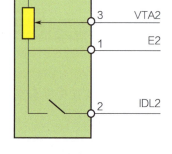

a）节气门位置传感器结构　　　b）节气门位置传感器原理

图 4-2-2　节气门位置传感器结构与原理

（3）ASR 选择开关　ASR 专用的信号输入装置，安装在驾驶人侧车门或仪表板下，ASR 选择开关关闭时，ASR 不起作用，ASR 控制开关指示灯会点亮。

2. ASR 电控单元

ASR 电控单元（ECU）也是以微处理器为核心，配以输入、输出电路及电源等组成。ASR 与 ABS 的一些输入信号和处理是相同的，为减少电子器件的应用数量，ASR 控制器与 ABS 电控单元常组合在一起。典型的 ABS/ASR 电控单元系统结构示意图如图 4-2-3 所示。

电控单元主要完成驱动车轮转速控制、继电器控制、初始检查、故障自诊断和失效保护等功能。

（1）驱动车轮转速控制功能　在起动和突然加速中，若后轮空转，其转速就不会与前轮转速相匹配。ABS/ASR ECU 根据车轮转速信号感知这一情况，当 ABS/ASR ECU 判定驱动车轮的滑转率超过设定值时，便启动 ASK 系统，会发出关闭副节气门信号至副节气门执行器。即使发动机主节气门的位置不发生变化，发动机的进气量也会因副节气门开度的减小而减小，从而使发动机的输出转矩减小，驱动力随之下降。若驱动车轮的滑移率仍未降到设定的控制范围内，ABS/ASR ECU 会控制 ASR 的制动压力调节装置，对驱动车轮施加一定的制动力，进一步降低驱动车轮的滑移率，以达到防止驱动车轮滑转的目的。在 ASR 处于防滑转控制过程中，驾驶人踩下制动踏板制动时，ASR 会自动退出控制，而不影响正常的制动过程。

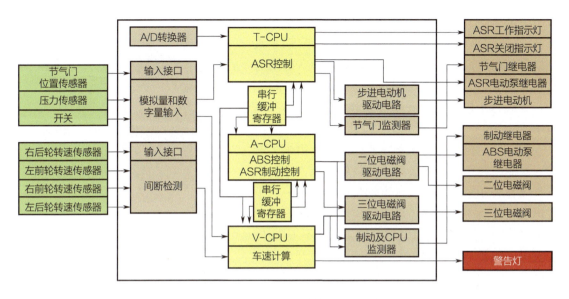

图 4-2-3　ABS/ASR 组合控制系统示意图

驱动车轮转速控制功能只有满足主节气门不全闭（IDL1 应断开），自动变速器变速杆置于 P 位和 N 位以外的档位，车辆以大于 9km/h 的速度行驶，制动灯开关断开，ASR 切断开关断开，ABS 系统不工作，ASR 系统不处在传感器检查模式或故障码输出模式等条件时才起作用。

（2）继电器控制功能　ECU 根据各传感器和开关的信号，可以通过控制相应继电器电磁线圈的电流回路来控制继电器的工作，进而控制相应的执行器工作。如果 ECU 检测到故障，ECU 就断开这些继电器。

例如：当点火开关接通时，ECU 就接通 ASR 主继电器和节气门继电器；当 ASR 主继电器接通、发动机转速超过 500 r/min、自动变速器变速杆在 P 位或 N 位以外的位置、主节气门没有完全关闭、压力传感器开关信号接通时，ECU 接通 ASR 液压电动泵继电器。

（3）初始检查功能　ECU 具有初始检测功能。当汽车处在停止状态，变速杆处在 P 位或 N 位，主节气门全闭而接通点火开关时，ECU 就会控制副节气门执行器，先将副节气门完全关闭，然后再完全打开，完成对副节气门执行器和副节气门位置传感器的电路的初始检查；当发动机工作，变速器变速杆位于 P 位或 N 位，汽车处在停止状态时，ECU 会操纵 ASR 制动执行器电磁阀，进行一次初始检查。

（4）故障自诊断功能　当电控单元检测到 ASR 出现故障时，即点亮仪表板上的 ASR 警告灯，警告驾驶人 ASR 已出现故障，同时将故障以故障码的形式存入存储器，供诊断时调取显示。

（5）失效保护功能　当 ASR 不工作和电控单元（ECU）检测到有故障时，电控单元立即发出指令，断开 ASR 节气门继电器、ASR 液压泵电动机继电器和 ASR 主继电器，从而使 ASR 系统不起作用。而发动机和制动系统仍可以按照没有采用 ASR 时那样工作。

3. 执行机构

（1）副节气门执行器（驱动装置）　副节气门驱动装置的主要作用是在驱动防滑控制的

过程中调节副节气门的开度，进而调整发动机的进气量，达到控制发动机输出转矩的目的。副节气门（或辅助节气门）设置在发动机节气门体主节气门的前方，副节气门是由步进电动机根据 ABS / ASR ECU 的指令进行控制的，其安装位置和结构如图 4-2-4 所示。

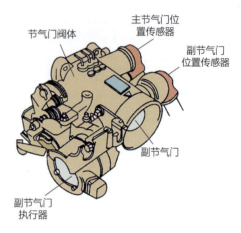

图 4-2-4 副节气门执行器（驱动装置）

副节气门执行器由永磁步进电动机（由永久磁铁、线圈、转子轴组成）和主动齿轮组成，主动齿轮安装在转子轴上，与步进电动机同步转动。当步进电动机转动时由主动齿轮带动副节气门轴端的扇形齿轮旋转以控制副节气门的开度。ASR 不工作时，步进电动机不通电，副节气门处于完全打开位置，此时发动机的进气量由主节气门进行控制；ASR 工作时，副节气门的开度由步进电动机根据 ECU 的指令进行控制，使副节气门处于开启一个适当的位置，实现进气量的自动调整，控制发动机的输出功率。节气门体上设有主、副节气门位置传感器，信号传给发动机的 ECU，发动机的 ECU 再将此信号传递给 ABS / ASR ECU，以实现闭环控制。

（2）ASR 制动压力调节器　ASR 制动压力调节器执行 ASR ECU 的指令，对滑转车轮施加制动力和控制制动力的大小，以使滑转车轮的滑转率在目标范围内。ASR 制动压力源是蓄能器，通过电磁阀来调节驱动车轮制动压力的大小。ASR 制动压力调节器的结构形式有单独方式和组合方式两种。

1）单独方式 ASR 制动压力调节器。所谓单独方式 ASR 制动压力调节器和 ABS 制动压力调节器在结构上各自分开，如图 4-2-5 所示。

在 ASR 不起作用，电磁阀不通电时，阀位于左侧位置，调压缸的右腔与储液罐相通而压力低，调压缸的活塞被复位弹簧推至右边极限位置。这时，调压缸活塞左端中央的通液孔将 ABS 制动压力调节器与车轮制动轮缸相通，因此，在 ASR 不起作用时，对 ABS 无影响。

当驱动轮出现滑转而需要驱动车轮实施制动时，ASR 控制器输出控制信号，使电磁阀通电而移至右位。这时，调压缸右腔与储液罐隔断而与蓄能器接通，蓄能器具有一定压力的制

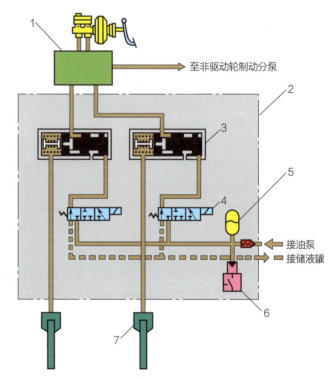

图 4-2-5 单独方式 ASR 制动压力调节器

1—ABS 制动压力调节器　2—ASR 制动压力调节器　3—调压缸
4—三位三通电磁阀　5—蓄能器　6—压力开关　7—驱动车轮制动器

动液推动调压缸的活塞左移，ABS 制动压力调节器与车轮分泵的通道被封闭，调压缸左腔的压力随活塞的左移而增大，驱动车轮制动轮缸的制动压力上升。

当需要保持驱动轮的制动压力时，控制器使电磁阀半通电，阀处于中位，使调压缸与储液罐和蓄能器都隔断，于是，调压缸活塞保持原位不动，使驱动车轮制动轮缸的制动压力不变。

当需要减小驱动车轮制动压力时，控制器使电磁阀断电，阀在其复位弹簧力的作用下回到左位，使调压缸右腔与蓄能器隔断而与储液器接通。于是，调压缸右腔压力下降，其活塞右移，使驱动车轮制动轮缸的制动压力下降。在驱动车轮出现滑转时，ASR ECU 就是通过对电磁阀的上述控制，实现对驱动车轮制动力的控制，将车轮的滑转率控制在目标范围内。

2）组合方式的 ASR 制动压力调节器。组合方式 ASR 制动压力调节器如图 4-2-6 所示。

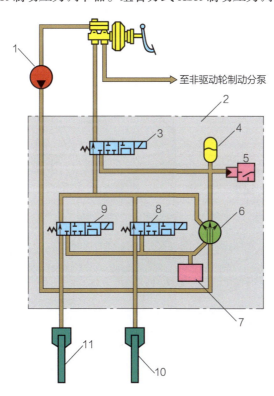

图 4-2-6　ABS/ASR 组合制动压力调节器原理

1—输液泵　2—ABS/ASR 制动压力调节器　3—电磁阀Ⅰ　4—蓄能器　5—压力开关
6—循环泵　7—储液罐　8—电磁阀Ⅱ　9—电磁阀Ⅲ　10、11—驱动车轮制动器

在 ASR 不起作用时，电磁阀Ⅰ不通电。汽车在制动过程中如果车轮出现抱死，ABS 起作用，通过控制电磁阀Ⅱ和电磁阀Ⅲ来调节制动压力。

当驱动车轮出现滑转时，ASR 控制器使电磁阀Ⅰ通电，阀移至右位，电磁阀Ⅱ和电磁阀Ⅲ不通电，阀仍在左位，于是，蓄能器的压力油通入驱动车轮制动轮缸，制动压力增大。

当需要保持驱动车轮的制动压力时，ASR 控制器使电磁阀Ⅰ半通电，阀移至中位，隔断了蓄能器及制动主缸的通路，驱动车轮制动轮缸的制动压力即被保持不变。

当需要减小驱动车轮的制动压力时，ASR 控制器使电磁阀Ⅱ和电磁阀Ⅲ通电，阀移至右位，将驱动车轮制动轮缸与储液罐接通，于是，制动压力下降。

如果需要对左右驱动车轮的制动压力实施不同的控制，ASR 控制器则分别对电磁阀Ⅱ和电磁阀Ⅲ实行不同的控制。

（三）典型驱动防滑控制系统

下面介绍丰田车系驱动防滑控制系统。

1. 丰田车系驱动防滑控制系统组成

丰田公司把 ASR 系统称作牵引力或驱动力控制（Traction Control，TRC）系统。其系统组成及在车上的布置如图 4-2-7 所示，主要元件的功能见表 4-2-1。

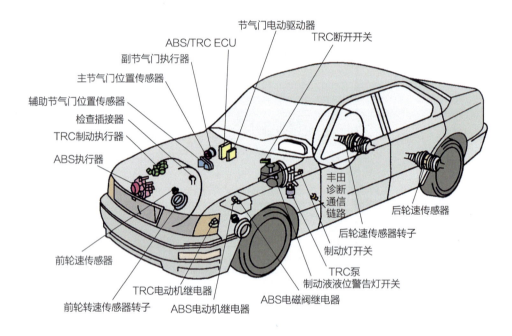

图 4-2-7　丰田车系 TRC 元件组成及在车上的布置

表 4-2-1　丰田 TRC 主要元件的功能

元件	功能
ABS/TRC ECU	接收各种信号，控制 TRC 制动执行器和副节气门执行器，从而控制驱动轮滑转；当控制系统出现故障时，进入失效保护状态，并控制故障指示灯点亮及存储故障码
发动机和变速器 ECU	将节气门信号传给 ABS/TRC ECU
车轮转速传感器	检测车轮转数，并将信号传给 ABS/TRC ECU
节气门位置传感器	检测节气门开度，并将信号传给发动机和变速器 ECU
制动灯开关	检测制动信号，并将信号传给 ABS/TRC ECU
TRC 切断开关	关闭 TRC 控制系统
副节气门执行器	根据 ABS/TRC ECU 的控制指令，控制副节气门的开度
TRC 制动执行器	据 ABS/TRC ECU 的控制指令，对驱动车辆实施制动

（续）

TRC 指示灯	提示驾驶人 TRC 系统在工作，警告驾驶人系统发生故障
TRC 关断指示灯	提示驾驶人 TRC 系统因 ABS 或发动机控制系统发生故障而不工作，TRC 切断开关断开
TRC 电动机继电器	向 TRC 泵电动机供电
TRC 节气门继电器	经 ABS/TRC ECU 向副节气门执行器供电
TRC 制动继电器	向 TRC 制动执行器和 TRC 电动机继电器供电

丰田 TRC 系统与 ABS 共用车轮转速传感器和电控单元 ECU，只是在通往驱动车轮制动缸的管路中增设一个 TRC 制动压力调节装置，在由加速踏板控制主节气门上方增设一个由步进电动机控制的副节气门，并在主、副节气门处各设置一个节气门位置传感器，即可实现驱动防滑控制。

2. 副节气门执行器及工作过程

副节气门执行器安装在节气门壳体上。当驱动防滑系统不工作时，副节气门在弹簧力作用下保持全开状态，进入发动机的空气量由驾驶人控制主节气门的开度决定。当前、后车轮转速传感器检测到车轮滑转需进行防滑控制时，电控单元驱动步进电动机通过凸轮轴齿轮旋转，从而控制副节气门的开度，如图 4-2-8 所示。

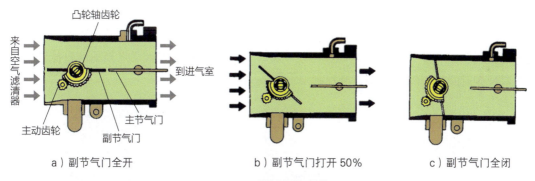

a) 副节气门全开　　　　b) 副节气门打开 50%　　　　c) 副节气门全闭

图 4-2-8　副节气门运转状况

3. TRC 制动执行器及工作过程

丰田车系 TRC 制动执行器主要由 TRC 隔离电磁阀总成和 TRC 制动供能总成组成，液压控制系统原理如图 4-2-9 所示。

（1）TRC 隔离电磁阀总成　TRC 隔离电磁阀通过管路与制动主缸、制动压力调节器和 TRC 制动供能总成相连，主要包括制动主缸隔离电磁阀、蓄能器隔离电磁阀和储液罐隔离电磁阀。其中蓄能器隔离电磁阀作用是在 TRC 系统工作时，将来自蓄能器的液压送至制动轮缸；制动主缸隔离电磁阀的作用是当蓄能器中的液压被送至制动轮缸时，阻止制动液流回到总泵；储液罐隔离电磁阀的作用是在 TRC 系统工作时，使制动液从制动轮缸流回至主缸储液罐。

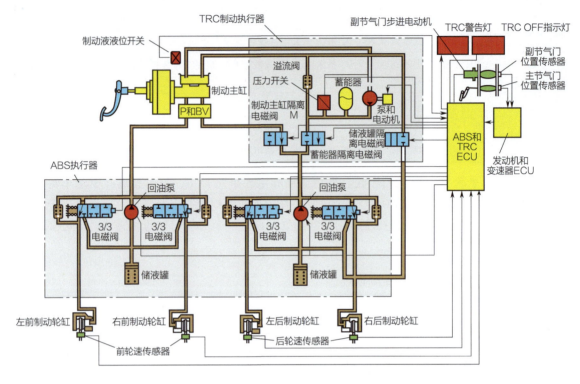

图 4-2-9 丰田车系 ASR/ABS 液压控制原理图

（2）TRC 制动供能总成　如图 4-2-10 所示，该装置通过管路与制动主缸储液罐和 TRC 隔离电磁阀总成相连，主要由电动液压泵和蓄能器组成。电动液压泵将制动液自储液罐以一定压力泵入蓄能器，作为驱动防滑控制制动力源。

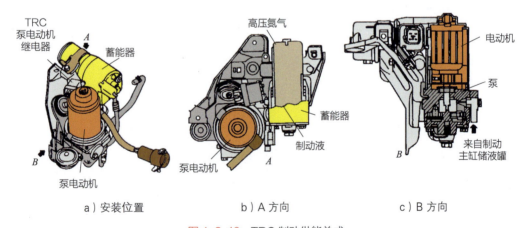

a）安装位置　　　b）A 方向　　　c）B 方向

图 4-2-10　TRC 制动供能总成

（3）工作过程　下面以一个驱动轮为例介绍其工作过程。

1）正常制动过程（TRC 不起作用）。正常制动时，TRC 制动执行器的三个隔离电磁阀不通电，制动主缸电磁阀阀门处于接通状态，将制动主缸至制动压力调节器中后调压电磁阀的制动液通路接通；蓄能器隔离电磁阀处于截止状态，将 TRC 制动供能总成至制动压力调节器中后调压电磁阀的制动液通路封闭；储液罐隔离电磁阀处于截止状态，将制动压力调节器中的后调压电磁阀至储液罐的制动液通路封闭。当 TRC 在此状态下，将制动踏板踩下时，主缸内产生的液压经主缸切断电磁阀和 ABS 执行器的三位三通电磁阀作用在制动轮缸上。当松开制动踏板时，制动液从盘式制动轮缸流回到主缸，如图 4-2-11 所示。

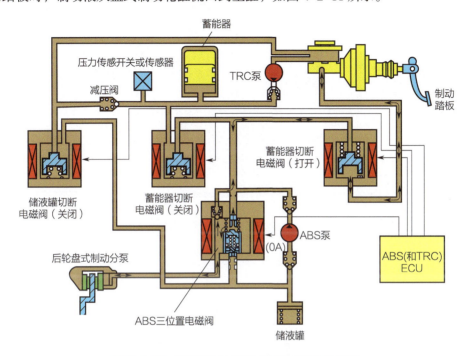

图 4-2-11　正常制动时 TRC 制动执行器工作情况

2）汽车加速过程（TRC 起作用）。如果汽车后轮在加速过程中滑转，ABS/TRC 电控单元会控制发动机输出功率以及对后轮进行制动，以免发生滑转。在 TRC 工作过程中，三个隔离电磁阀在 ABS/TRC ECU 的控制下全部通电，此时制动主缸隔离电磁阀阀门处于关闭状态，以防止制动液流回制动主缸；蓄能器隔离电磁阀处于接通状态，将蓄能器升压后的制动液通过电磁阀送到后轮制动轮缸；储液罐隔离电磁阀也处于接通状态，以便能将储液罐及制动轮缸的制动液送回制动主缸。

此时左右后轮制动器中的液压被分别控制为三种状态：压力升高、压力保持和压力降低。

①压力升高：当踩下加速踏板而后轮滑转时，TRC 执行器中所有电磁阀都在从电控单元传来的信号的控制下全部接通。同时，ABS 执行器的 3 位电磁阀的开关也被置于"压力升高"状态。在这种状态下，制动主缸切断电磁阀被接通（关状态），蓄能器切断电磁阀也被接通（开状态）。这就使得蓄能器中被加压的制动液通过蓄能器切断电磁阀和 ABS 执行器的 3 位电磁阀，对车轮制动轮缸产生作用。当压力开关检测到蓄能器中压力下降（不管 TRC 运转与否）时，ECU 就控制并打开 TRC 泵来升高压力，如图 4-2-12 所示。

②压力保持：当后轮制动轮缸中的液压升高或降低到规定值时，系统就进入（压力保持）状态。这种状态的变换是由 ABS 执行器的 3 位电磁阀开关来完成的。这样就防止蓄能器中的压力逸出，保持了车轮制动轮缸中的液压，如图 4-2-13 所示。

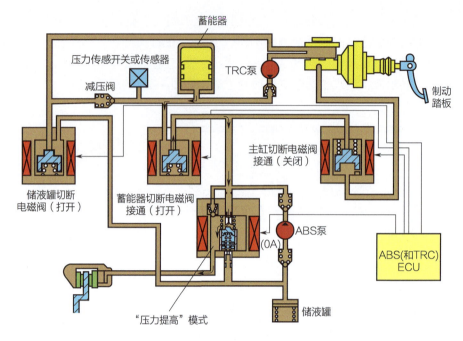

图 4-2-12 "压力提高"时 TRC 制动执行器的工作情况

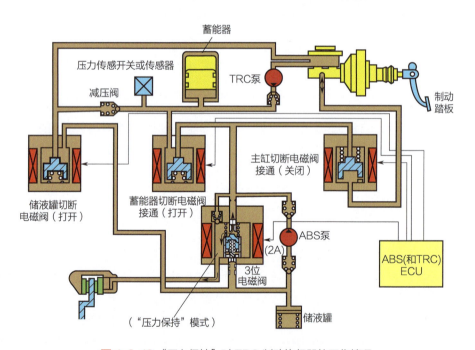

图 4-2-13 "压力保持"时 TRC 制动执行器的工作情况

③压力降低：当需要降低后制动轮缸中的液压时，ABS/TRC ECU 就将 ABS 执行器的 3 位电磁阀开关置于"压力降低"状态。这种状态也是通过 ABS 执行器的 3 位电磁阀来完成。使车轮制动轮缸中液压通过 ABS 执行器的 3 位电磁阀和储液罐隔离电磁阀流回到制动主缸的储液罐中，制动压力降低，如图 4-2-14 所示。

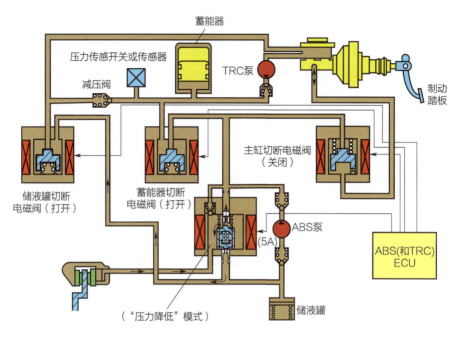

图 4-2-14 "压力降低"时 TRC 制动执行器的工作情况

4. 车轮转速控制过程

ECU 不断地从四个车轮转速传感器接收信号并不断地计算每个车轮的速度，同时根据两个非驱动车轮速度估算出汽车的行驶速度，然后设置目标转速。如果在湿滑路面上突然踩下加速踏板，若驱动轮开始滑转，则其转动速度就会超过目标控制速度，ECU 就会向副节气门执行器传送减小副节气门开度的信号。同时也向 TRC 制动执行器传送信号，通过控制 TRC 执行器的隔离电磁阀和 ABS 执行器的电磁阀来控制驱动轮制动轮缸压力，使其不断处于"压力升高"和"压力降低"的循环控制过程，将车轮速度保持在目标控制速度值附近，从而防止车轮滑转。

二、电子稳定程序控制系统

（一）基本知识

1. 概述

汽车电子稳定程序控制系统（Electronic Stability Program，ESP）是改善汽车行驶性能的主动安全控制系统，ESP 包含 ABS 和 ASR，并在这两种系统功能上进行的延伸。ABS 一般是在车辆制动时防止车轮抱死，ASR 系统是在车辆起步和加速行驶时防止驱动轮滑转（空转）。而 ESP 系统则在整个行驶过程中始终处于工作状态，通过有选择性地控制各车轮上的制动力，防止车辆滑移，提高了汽车的操控性和行驶稳定性。

ESP 系统在不同的车型中有不同的名称，见表 4-2-2。

表 4-2-2　ESP 系统在不同的车型中的名称

车　型	名　　称
奔驰、奥迪	ESP（Electronic Stability Program，汽车电子稳定程序控制系统）
宝马	DSC（Dynamic Stability Control，动态稳定性控制）
丰田、雷克萨斯	VSC（Vehicle Stability Control，汽车稳定性控制系统）
三菱	ASC/AYC（Active Stability Control/Active Yaw Control，主动稳定控制/主动横摆控制系统）
本田	VSA（Vehicle Stability Assist，车身稳定性辅助系统）
VOLVO 汽车	DSTC（Dynamic Stability and Traction Control，动态循迹防滑控制系统）

2. ESP 系统基本组成

ESP 系统主要由 ESP 电控单元、转向盘转角传感器、车轮转速传感器、侧向加速度传感器、横向加速度传感器等组成，如图 4-2-15 所示。

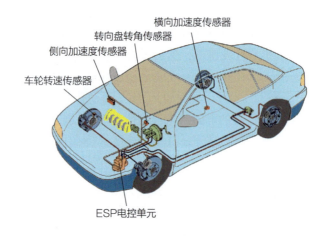

电子稳定程序
控制系统 ESP

图 4-2-15　ESP 系统的基本组成

3. ESP 系统的基本工作原理

汽车在高速行驶急转弯时会出现两种危险状况：一种是不足转向（有冲出弯道的倾向），另一种是过度转向（有甩尾的倾向），两种状况都可能导致汽车行驶时发生危险。

ESP 系统的基本工作原理是通过转向盘转角传感器、车轮转速传感器、横摆角速度传感器、纵向/横向加速度传感器等实时地检测驾驶人的驾驶意图和车辆的实际行驶情况。ECU 根据各传感器的信号计算出车辆的实际运动轨迹，如果实际运动轨迹与理论运动轨迹（驾驶人意图）有偏差，或者检测出某个车轮打滑，ECU 就会首先控制副节气门控制机构减小开度，以减小发动机输出功率，并且控制制动系统对某个车轮进行制动，来修正运动轨迹，克服汽车在高速行驶急转弯时出现的转向不足或转向过度，使车辆稳定行驶。

当实际运动轨迹与理论运动轨迹相一致时，ESP 自动解除控制。例如：当 ESP 判定为出现不足转向时，将制动内侧后轮，使车辆进一步沿驾驶人转弯方向偏转，从而稳定车辆；当 ESP 判定为出现过度转向时，ESP 将制动外侧前轮，防止出现甩尾，并减弱过度转向趋势，稳定车辆，如图 4-2-16 所示。

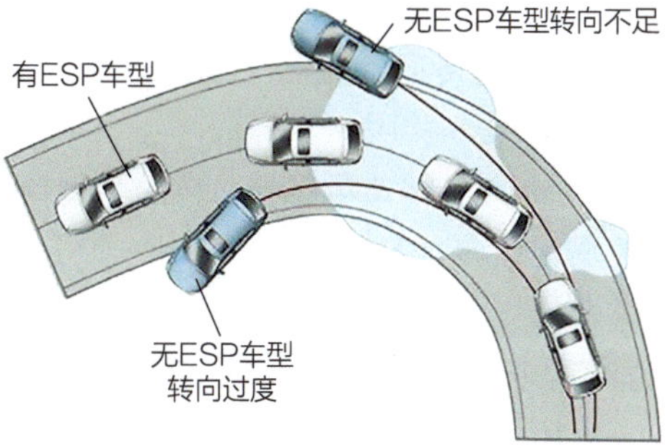

图 4-2-16　ESP 工作原理

（二）典型车辆 ESP 系统

1. 雷克萨斯 LS400 轿车 ESP 系统

（1）LS400 轿车 ESP 系统主要零部件的作用　LS400 轿车 ESP 系统主要零部件及其在车上的安装位置如图 4-2-17 所示，各零部件的作用见表 4-2-3。

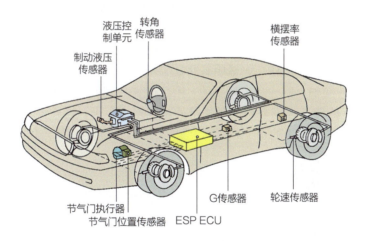

图 4-2-17　LS400 轿车 ESP 系统主要零部件在车上的安装位置

表 4-2-3　ESP 系统各主要零部件的作用

零部件	作用
横摆率传感器	检测横摆率（汽车绕垂直旋转的角速度）
G 传感器	检测汽车的纵向和横向加速度
转角传感器	检测由驾驶人操纵的转向盘转动情况
制动液压传感器	检测由驾驶人进行制动操作时制动液压的变化
轮速传感器	检测每个车轮的角速度
节气门位置传感器	检测由驾驶人操纵加速踏板引起的主节气门开度以及由节气门执行器控制引起的副节气门开度的变化
ESP ECU	接收各传感器的信号，向执行器发出控制指令，实现车辆的稳定控制
节气门执行器	变化根据 ESP ECU 的控制指令，调节副节气门的开度
液压控制单元	执行通常的制动助力功能；当车轮在加速或减速下出现滑移时，执行 TRC 和 ABS 功能；当汽车出现侧滑时，执行稳定控制功能

（2）ESP 系统主要传感器的结构与原理　ESP 主要传感器包括车轮转速传感器、转向盘

转角传感器、加速度传感器和横摆角速度传感器等。

1）车轮转速传感器。车轮转速传感器装在每个车轮的相应位置上，用于检测车轮旋转的速度，与 ABS 共用。

2）转向盘转角传感器。转向盘转角传感器装于转向盘后侧，用于检测转向盘的转向角度，可根据转向盘的转动情况输出一个可表示 ±720° 转向盘旋转角度的输出信号，电控单元利用这个信息计算出驾驶人所要求的方向。电控单元再通过转向盘转角传感器与横摆角速度传感器信号的比较，确定车辆实际行驶轨迹与驾驶要求是否一致，从而确定控制目标。

常用的转向盘转角传感器有霍尔式和磁阻式。

①霍尔式转向盘转角传感器。具体结构如图 4-2-18 所示，霍尔式转向盘转角传感器共有 14 个霍尔传感器用于检测角度和转向盘的转动，每个霍尔传感器不断检测相邻磁铁的磁场变化。传感器上面的 9 个磁铁，根据转向盘转向位置，被放在它下面的软磁材料的编码盘逐个屏蔽。在印制电路板上有相应的开关和微处理器，微处理器可检测传感器的可信度，通过 9 个霍尔传感器的编码信息得到转向盘转角。下面 5 个霍尔传感器通过 4∶1 的减速比，将转向盘的转动范围变为 360°，用于记录转向盘的转动信息。

②磁阻式转向盘转角传感器。磁阻式转向盘转角传感器如图 4-2-19 所示。其上装有带有各向异性磁阻式传感器（AMR），磁阻式传感器电阻随外部磁场磁通密度的变化而变化，两个测量齿轮是由转向轴上的一个齿轮驱动，两个磁铁分别放在两个测量齿轮中，在两个磁铁上面是两个 AMR 传感器集成电路。两测量齿轮相差 1 个齿，这样，从两个齿轮的所测量的一对角度值就可知道转向盘的每个可能的位置，可得到转向盘的转角信号。

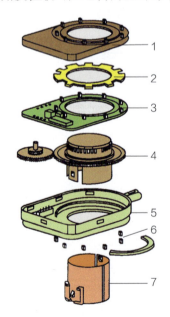

图 4-2-18 霍尔式转向盘转角传感器结构

1—壳体盖（带有 9 个等距分布的永久磁铁）
2—软磁材料的编码盘 3—电路板（带 9 个霍尔传感器和微处理器） 4—减速器 5—壳体
6—霍尔传感器 7—转向柱固定套筒

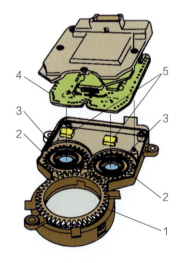

图 4-2-19 磁阻式转向盘转角传感器结构

1—测量齿轮 1 2—测量齿轮 2 3—磁铁
4—判断电路 5—各向异性磁阻（AMR）集成电路

3）加速度传感器。加速度传感器用于测量汽车行驶时的纵向和横向加速度。常见的有霍尔加速度传感器。

霍尔加速度传感器的结构原理如图4-2-20所示。在传感器中使用"弹性"固定的弹簧-质量系统，传感器有一个竖放的带状弹簧，一端夹紧，另一端固定着永久磁铁，以作为振动质量。在永久磁铁上面是带有信号处理集成电路的霍尔传感器，在下面有一块铜阻尼板。

如果传感器感受到横向加速度α，则传感器的弹簧-质量系统离开它的静止位置而偏移。偏移程度与加速度大小有关。运动的磁铁在霍尔元件中产生霍尔电压U_H，经信号处理电路处理后输出信号电压，信号电压随加速度增加而线性增加。其输出在静态时为2.5V左右，正的加速度对应正的电压变化，负的加速度对应负的电压变化，具体参数因传感器不同而有所不同。

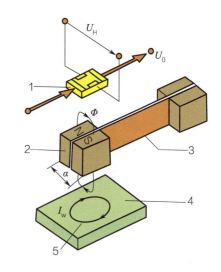

图4-2-20　霍尔加速度传感器结构

1—霍尔元件　2—永久磁铁　3—弹簧　4—阻尼板
5—I_w涡流　U_H—霍尔电压　U_0—供电电压
Φ—磁场　α—检测的横向加速度

4）横摆角速度传感器。横摆角速度传感器或偏转速度传感器也称陀螺测速仪，一般装在汽车行李舱前部，与汽车垂直轴线平行，用于检测汽车横摆率，它通过检测汽车在弯道行驶或加速时绕其垂直轴的转动，以对其动态行驶状态进行调节。

（3）ESP系统电控单元的结构与原理　电控单元是ESP系统的控制中心，它与液压控制装置集成在一起组成一个总成。电控单元持续监测并判断蓄电池电压、车轮速度、车轮横向与纵向加速度、转向盘转角、横向偏摆率以及点火开关接通、停车灯开关、串行数据通信电路等信号。根据所接收的输入信号，电控单元将向液压调节器、发动机控制模块、组合仪表和串行数据通信电路等发送输出控制信号。当点火开关接通时，电控单元会不断进行自检，以检测ESP系统是否存在的故障。此外，电控单元还在每个点火循环都执行自检初始化程序。当车速达到约15km/h时，初始化程序即启动。在执行初始化程序时，可能会听到或感觉到程序正在运行，这属于系统的正常操作。在执行初始化程序的过程中，电控单元将向液压调节器发送一个控制信号，循环操作各电磁阀并运行电动液压泵，以检查各部件是否正常工作。如果电动液压泵或任何电磁阀不能正常工作，电控单元会设置一个相应故障码。同时电控单元会将输入和输出信号与电控单元中所存储的正常工作参数进行比较，以此来不断监测ESP系统。如果有任何输入或输出信号超出正常工作参数范围，则电控单元将设置相应故障码。

电控单元是主要完成以下控制功能，以确保行驶车辆的稳定性。

1）控制驱动力，防止车轮打滑。ESP能够避免车辆的起步打滑，系统对制动、发动机管理和变速换档控制及时干预，让汽车在起动时保持合适的转矩，而整个过程ESP利用微处理器分析来自传感器的信号并输出相应的控制指令。

2）控制过度转向或不足转向。在转向过程中，如果驾驶人对车辆的操作过于激烈，会使车辆不能按照自己的轨迹行驶，后驱汽车常出现转向过度情况，此时后轮失控而甩尾。当电控单元检测到车辆转向过度时,向液压调节器发送一个信号,将合适的制动液压力施加外侧前轮的制动轮缸,让外侧前轮制动减速,以使车辆朝驾驶人想要的方向转向。当电控单元检测到车辆转向不足时,电控单元将向液压调节器发送信号,将合适的制动液压力施加到内侧后轮的制动轮缸,让内侧后制动减速,以使车辆朝驾驶人想要的方向转向。

3)控制方向,减少对开路面制动距离。对开路面,指的是汽车的左右轮分别位于不同附着系数的路面上,如一半是干燥路面,而另一半是积水甚至是积雪路面。在这种路面上制动时,制动系统在对附着力较低的路面上的车轮施加制动力时,为了防止车轮的抱死滑动,不能够对其施加与干燥路面上的车轮同样大的制动力。不对称的制动力会使车辆受到一个水平方向的转矩,在路面旋转打滑,ESP系统察觉到后,系统会通过转向系统进行相反方向控制车身。这时,驾驶人能够感觉到转向盘的变化,并随之继续控制转向盘,反向旋转。在这样的作用下,制动力能够发挥地面附着力的最大值,并把制动距离缩短5%~10%。如果在ESP模式下进行人工制动,则退出ESP制动干预模式,并允许常规制动。

(4)ESP系统液压控制装置的结构和工作原理

1)液压控制装置的结构。液压控制装置主要由供能部分、制动主缸和制动助力器部分、选择电磁阀部分和控制电磁阀部分等组成,其外形与ABS基本相同。

①供能部分。由电动机驱动液压泵和蓄能器组成。蓄能器储存由液压泵供应的液压油,作为液压装置的压力源。

②制动主缸和制动助力器部分。这部分根据驾驶人的制动操作产生液压,并进行助力。

③选择电磁阀部分。当VSC、TRC或ABS工作时,它关闭制动主缸的液压油,并把从供能部分(动力液压)来的液压油,或从制动助力器(调节液压)来的液压油送到控制电磁阀,从而控制每个车轮分泵的液压。

④控制电磁阀部分。当ESP、TRC或ABS工作时,它增加或降低每个车轮分泵的液压,以控制每个车轮的制动力。

2)液压控制装置的工作原理

①抑制前轮侧滑。当因前轮产生侧滑而出现"漂出"现象时,ESP系统把制动力施加到两后轮上。ESP液压控制装置的基本动作是把经调节的供能部分的液压送到两个后轮分泵上。通过操作选择电磁阀,从蓄能器来的动力液压油被分配到两个后轮,控制电磁阀由通与断的占空比来驱动,以把动力液压调控到合适的水平。

②抑制后轮侧滑。当因后轮产生侧滑而使汽车滑移角增加时,ESP系统立即把制动力加到正在转弯的外前轮上。通过操作选择电磁阀,从蓄能器来的动力液压被分配到正在转弯的外前轮上。控制电磁阀由通与断的占空比来驱动,以把动力液压调节并控制到合适的水平。

2. 大众车系MK60 ESP

大众速腾、途安、高尔夫、明锐和途观等车型都采用ATE公司生产的ESP,ATE公司的汽车电子稳定程序控制系统主要分为三个版本,分别为MK60、MK60AT、MK60EC等。

(1)MK60 ESP的组成 MK60 ESP主要由传感器、电控单元和执行器三部分组成,如图4-2-21所示。

项目四 防滑控制系统、巡航控制系统与轮胎胎压监测系统的检修

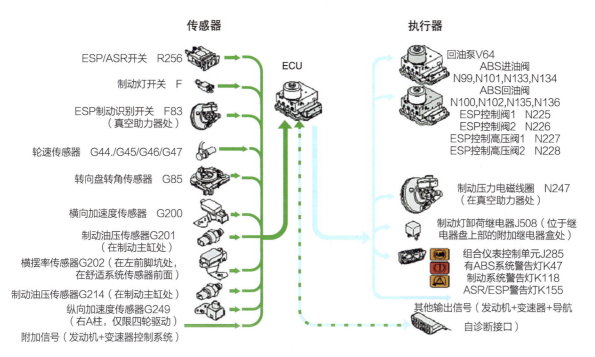

图 4-2-21 MK60 ESP 的组成

（2）MK60 ESP 的工作原理　MK60 ESP 的工作原理如图 4-2-22 所示。

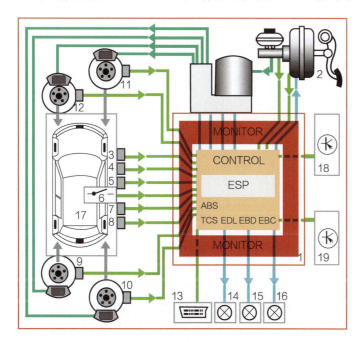

图 4-2-22 MK60 ESP 的工作原理

1—ABS 控制单元（带有 EDL/ASR/ESP）　2—主动式真空助力器（带有制动压力传感器以及压力释放开关）
3—纵向加速度传感器（仅限于四驱）　4—横向加速度传感器　5—横摆率传感器　6—ESP/ASR 开关
7—转向盘转角传感器　8—制动灯开关　9~12—轮速传感器　13—自诊断接口　14—制动警告灯
15—ABS 警告灯　16—ABS/ESP 警告灯　17—驾驶人意图与车辆的行驶状态
18—进行发动机控制系统干预　19—进行变速器控制系统干预（仅限于自动变速器）

197

1）车轮转速传感器不断提供每只车轮的转速数据，转向盘转角传感器将它得到的数据直接通过CAN总线传给电控单元。由这两种信息的电控单元计算出车辆的所需转向和所需行驶状态。

2）横向加速度传感器向电控单元传送侧向的偏转信息，偏转率传感器传送车辆的离心趋势，从这两种信息的电控单元计算出车辆实际状态。若计算出所需值和实际有偏差，控制系统进行调节。

3）ESP通过计算确定哪个车轮应制动或加速；发动机的转矩是否该减小；在装有自动变速器的车型上是否需要使用变速器电控单元。之后根据各传感器传输的数据，ESP系统再检查调节器作用是否有成效。如果有成效，则ESP停止工作，并继续观察车辆的运行状态；如果没有成效，则调节系统重新工作。调节ESP系统工作时，ESP指示灯亮，提示驾驶人注意。

（3）主要部件简介

1）电控单元J104

①带EBD/ASR/ESP的ABS电控单元J104和液压调节单元合并成一个标准组件。

②电控单元J104的功能：进行ABS/EBD/ASR/ESP的功能控制；连续监控所有的电器部件；进行系统故障自诊断。

③打开点火开关后，电控单元J104将执行故障自诊断，所有的电器连接都将被连续监控，并周期性检查电磁阀功能。

2）车轮转速传感器G44、G45、G46、G47。车轮转速传感器G44、G45、G46、G47的安装位置和结构如图4-2-23所示，采用的是霍尔主动式车轮转速传感器，其测量元件是带有三个霍尔元件的霍尔传感器。三个霍尔元件装配位置符合一定的关系，其中，A和C是在B的两边。A与C的霍尔电压的波形相位差为180°，B的相位差与他们两个相差90°。

a）安装位置　　　　　　　　　　　b）结构

图4-2-23　车轮转速传感器的安装位置和结构

3）转向盘转角传感器G85。转向盘转角传感器G85安装在转向柱上，在转向开关与转向盘之间，与安全气囊螺旋电缆集成为一体，安装位置和结构如图4-2-24所示。

转向盘转角传感器的功能是将驾驶人转动转向盘的转角（顺时针/逆时针）向带有EDL/TCS/ESP的ABS电控单元传递转向盘转角信号。测量范围为±720°，共计4圈。

转向盘转角传感器是ESP系统中唯一一个直接由CAN总线向电控单元传递信号的传感器。打开点火开关后，转向盘被转动4.5°（相当于1.5cm），传感器进行初始化。

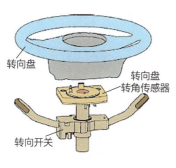

a）安装位置

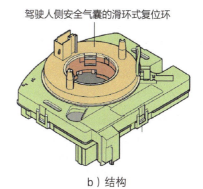

b）结构

图 4-2-24　转向盘转角传感器 G85 安装位置和结构 A、B、C- 霍尔元件

→ **小提示**：转向盘转角传感器失效后，系统将不能识别车辆的预期行驶方向（驾驶人意愿），导致 ESP 不起作用。

拆装注意事项：安装时，要保证 G85 在正中位置，观察孔内黄色标记可见。

4）横向加速度传感器 G200。横向加速度传感器安装位置：转向柱下方偏右侧，与横摆角速度传感器一体。横向加速度传感器的外形如图 4-2-25 所示。

横向加速度传感器用来确定车辆偏离预定方向的侧向力及其大小，这样 ESP 就能估算出在实际道路情况下，车辆应做怎样的运动才能保持稳定。

失效影响：没有横向加速度传感器信号，无法识别车辆状态，ESP 会失效。

5）偏转率传感器 G202。偏转率传感器的外形如图 4-2-26 所示，其功能如下：

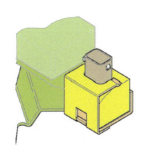

图 4-2-25　横向加速度传感器的外形

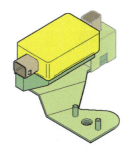

图 4-2-26　偏转率传感器的外形

①用来确定车辆受不受到旋转力矩的作用。
②根据它的安装位置，可以检测物体绕空间某个轴的旋转。
③在 ESP 系统中，它是用来确定车辆是否绕着垂直轴旋转，即偏转率。

6）ESP/ASR 开关 E256。ESP/ASR 开关 E256 安装在仪表板上。如果驾驶人想要关闭 ESP/ASR 功能，按此开关即可，同时仪表上的 ESP 警告灯会亮起。再次按压此开关可重新激活 ESP/ASR 功能。如果驾驶人忘记重新激活 ESP/ASR，再次起动发动机后系统可被重新激活。ESP 正在介入时，系统将无法被关闭。

E256 关闭或失效，ESP 将不起作用。

下列情况下，有必要关闭 ESP：

①在积雪路面或松软路面上，让车轮自由转动，前后移动车辆。

②安装了防滑链的车辆。

③在测功机上检测车辆。

7）液压调节单元。液压调节单元有两条对角线分布的制动回路。与以前的ABS液压调节单元相比，ESP的每条制动回路上增加了两个控制电磁阀，其中一个是控制阀N225，另一个是ESP动态控制高压阀N227。回油泵变为了自吸式结构。如果某一个阀工作不正常，ESP系统将关闭。

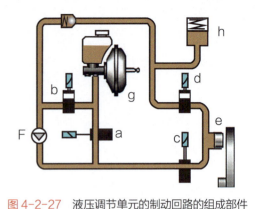

图4-2-27 液压调节单元的制动回路的组成部件

a—控制阀N225 b—动态控制高压阀N227
c—进油阀 d—出油阀 e—制动缸 F—回油泵
g—制动伺服器 h—低压蓄能器

液压调节单元的制动回路的组成部件如图4-2-27所示，基本部件包括：控制阀N225、动态控制高压阀N227、进油阀、出油阀、回油泵、低压蓄能器等。

液压调节单元的工作过程如图4-2-28所示。

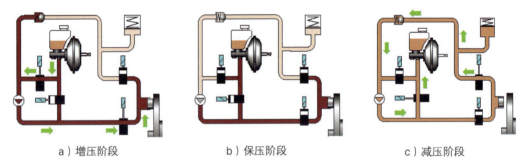

a）增压阶段　　　　b）保压阶段　　　　c）减压阶段

图4-2-28 液压调节单元的工作过程

①增压阶段。助力器建立预压力使回油泵吸入制动液。N225关闭，N227打开，进油阀保持开启，直到车轮被制动到所需要的制动强度。

②保压阶段。所有的控制阀都处于关闭状态。

③减压阶段。出油阀打开，N225视压力大小打开或关闭，N227和进油阀关闭。制动液经N225和主缸流回到制动液储液罐。

相关技能

一、驱动防滑控制系统的检修

1. ASR检修要求及注意事项

1）拆装系统中的电器元件和线束插头时，应将点火开关断开，否则将损坏电子控制装置；不可向电子控制装置提供过高的电压，否则容易损坏电子控制装置；不要让电子控制装置，特别是其端子受到油污等污染，以免线束插头接触不良，影响系统的正常工作；不要用砂纸打磨系统中各插头的端子，否则也易造成接触不良。

2）不要使车轮转速传感器和传感器齿圈沾上油污或其他脏物，否则车轮转速传感器产生的轮速信号可能不够准确，此外，不可敲击转速传感器，以免传感器发生消磁现象，影响系统的正常工作。

3）在对液压系统进行维修作业时，应首先释放系统里的高压制动液，以免高压制动液喷出伤人。在释放蓄能器中的高压制动液时，应先将点火开关断开，然后反复踩下和放松制动踏板，直到制动踏板变得很硬为止。此外，要注意在制动系统装完之前，切不可接通点火开关，以免电动泵通电运转。

4）大多数汽车驱动防滑控制系统中的车轮转速传感器、电子控制装置和制动压力调节装置都是不可修复的，如果发生损坏，应进行整体更换。

5）更换轮胎时，应选用汽车生产厂家推荐的轮胎。如果换用其他型号的轮胎，应该选用与原车所用轮胎的外径、附着性能和转动惯量相近的轮胎，但不能混用不同规格的轮胎，否则将影响驱动防滑控制系统的制动效能。

6）制动系统维修结束后，在使用过程中若发现制动踏板变软时，应按照要求的方法和顺序，对制动系统进行空气排除。在空气排除之前，须检查储液器中的液位情况，如果发现液位过低，应先向储液器补充制动液。

2. 驱动防滑控制系统的检修

下面以 LS400 轿车驱动防滑控制系统（TRC）为例，介绍其检修方法。

（1）系统的自检　当点火开关接通时，仪表板上的 TRC 警告灯会亮起，3s 后 TRC 警告灯熄灭。如果点火开关接通时，TRC 警告灯不亮或 3s 后不熄灭，应为不正常，需进行检查。

（2）故障自诊断　TRC 系统故障码的读取及清除方法与 ABS 故障码的读取方法基本相同，可参照 ABS 系统故障码读取与清除步骤进行操作。

（3）线路的检测　如果自诊断系统给出故障来源，则只进行相应线路检测；如果自诊断系统没给出故障来源，则需要进行全部线路检测。在进行线路检测时，应保证熔断器完好，并且关闭所有用电设备。

1）拔下电控单元（ECU）线束插头，使用专用适配器将 ECU 线束插头与 ECU 插座连接在一起。

2）根据各端子的功能，用万用表对各端口进行测量。当测得的数值稍微偏离额定值时，应清洁插头和插座端子，再重新测试。更换相应部件前，再次检查导线及连接，尤其是额定值小于 10Ω 的部件更应进行此项检查。如果测得的数值达到额定值，应检查线路的电源或搭铁是否正常。

（4）输入元件的检测

➡ **小提示**：在线路测量中，如果发现故障，则先检查该线路的连接情况，如果线路连接没有问题，则检测与该线路连接的相关元件。

1）车轮转速传感器检测。车轮转速传感器与 ABS 共用，其检查方法与 ABS 车轮转速传感器检查方法相同。

2）节气门位置传感器检测。测量端子 VC、VTA、IDL2 与端子 E2 之间的电压与导通情况，电阻应与表 4-2-4 所示相同，如果检测结果不正常，应更换节气门位置传感器。

表 4-2-4　节气门位置传感器的检测

节气门开度 检测项目	节气门全闭	节气门全开	节气门转动
VC 与 E2	5V，导通	5V，导通	5V，导通
VTA 与 E2	0.6V	5V	0.2~5V 之间变化，导通
IDL2 与 E2	0V，导通	5V，不导通	由 0V 变为 5V，由导通变为不导通

3）压力开关电路检查。起动发动机并维持怠速运转 30s 以上，以使 TRC 制动压力调节器内的压力升高。然后将发动机熄火，点火开关仍转至接通（ON）位置，测量电控单元端子 PR 与端子 E2 之间的电压应为 5V，电阻为 1.5kΩ；放出 TRC 制动压力调节器内的制动液，使其内部压力降低，再测量端子 PR 与端子 E2 之间的电压为 0V，电阻为 0Ω。若上述检查结果不正常，更换压力开关。

（5）电控单元检测　TRC 电控单元（ECU）常见的故障有线束插接器松动、插口损坏，操作不当造成 ECU 的内部损坏等，其具体检查方法如下：

1）TRC 电控单元（ECU）外部线束检查。先检查 TRC 电控单元线束插接器有无松动，插口有无损坏，如果线束松动，则进行紧固，如果插口损坏，则更换 ECU。

2）TRC 电控单元自身的检查。如果 ECU 内部损坏，多数可通过其自诊断功能读取到相应的故障码，如果对故障码进行确认后，则更换电控单元；如果没有提示相应的故障码，再检查传感器、继电器、电磁阀及其线路均无故障，怀疑 TRC 的 ECU 可能有故障时可以用新的 ECU 替代，如果故障现象消失，则说明 ECU 损坏。

（6）执行器检测

1）主继电器电路检查。主继电器电路如图 4-2-29 所示，主继电器的测量方法如图 4-2-30 所示，测量继电器插接器各端子之间的导通情况。是否为：端子1与端子2之间不导通（电阻 ∞），端子3与端子4之间导通（电阻很小）。给继电器端子3与端子4间施加蓄电池电压，此时继电器1-2之间应导通，若上述检查结果不正常，应更换继电器。

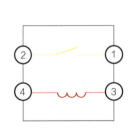

图 4-2-29　主继电器电路

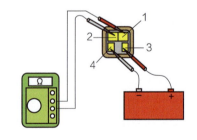

图 4-2-30　主继电器的测量
1~4—端子

2）电磁阀检查。电磁阀的检查方法与 ABS 电磁阀检查方法相同，可参照 ABS 电磁阀的检查方法对其进行检查。

3）检查 TRC 电动液压泵。电动液压泵的线路如图 4-2-31 所示。拆下 TRC 液压泵电动机插接器，给液压泵电动机接上蓄电池电压（+ 接 3 号端子，– 接 1 号端子），是否能听到 TRC 液压泵电动机运转的声音。若接上蓄电池电压后，TRC 液压泵电动机不工作，应更换 TRC 液压泵及电动机总成。若液压泵电动机工作，检查端子 2 与端子 3、端子 4 与端子 5 之间导通情况，如果不导通，应更换 TRC 液压泵及电动机总成。

4）副节气门驱动器装置检测。副节气门驱动装置各端子连接情况如图 4-2-32 所示。

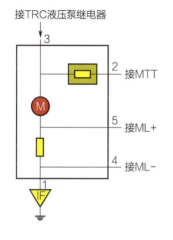

图 4-2-31　电动液压泵线路图

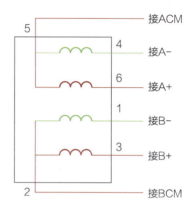

图 4-2-32　检查副节气门驱动装置

拆开 TRC 辅助节气门驱动器插接器，检查插接器各端子之间的导通情况，正常情况为端子 1-2-3 之间应导通，端子 4-5-6 之间应导通。若检查结果不正常，应更换 TRC 副节气门驱动装置。

二、电子稳定程序控制系统的检修

1. ESP 警告灯故障诊断

当 ESP 出现故障时，相应的仪表板的警告灯会点亮，ESP 警告灯有三个，分别是 ABS 警告灯 K47、制动警告灯 K118 及 ASR/ESP 警告灯 K155。警告灯位置如图 4-2-33 所示，不同警告灯点亮的故障原因见表 4-2-5，可根据故障原因进行相应的诊断。

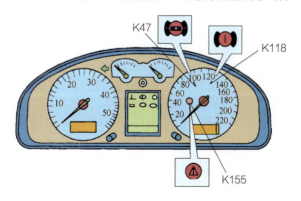

图 4-2-33　警告灯位置

表 4-2-5　不同警告灯点亮的故障原因

故　　障	故障原因
ABS 警告灯 K47 不熄灭	1）供电电压低于 lov 2）ABS 有故障。若有故障时，防抱死功能被切断，但常规制动功能正常 3）最后一次起动车辆后，转速传感器有偶然故障。在此状况下，起动车后且车速超过 20km/h 时，ABS 警告灯 K47 自动熄灭 4）组合仪表与电控单元 J104 间断路 5）组合仪表损坏
ABS 警告灯 K47 熄灭和制动警告灯 K118 亮	1）驻车制动器已拉紧 2）制动警告灯 K118 的控制有故障 3）制动液液面过低 如果 K47 及 K118 亮，说明 ABS 及 EBD（电子制动力分配）有故障 如果 ABS 警告灯 K47 及制动系统警告灯 K118 点亮，则制动时后轮可能提前抱死
ESP 警告灯 K155 不熄灭	如果打开点火开关且检测结束后，K155 不熄灭，故障原因如下： 1）ASR/ESP 按钮 E256 对正极短路 2）ESP 警告灯 K155 的控制有故障 3）ASR/ESP 已由 E256 切断，此故障只影响 ASR/ESP 安全系统，车上的 ABS/EBD（电子制动力分配系统）安全系统功能完全正常。车辆在行驶中，若 ESP 警告灯 K155 闪亮，说明 ASR 及 ESP 正在工作

2. 转向盘转角传感器 G85 零点平衡的初始化标定

➡ **小提示**：如果更换了转向盘转角传感器 G85、电控单元 J104 或者蓄电池的电压值不正常，传感器的标定值会丢失，即电控单元无法正常识别传感器的数据起始点和变化规律，所以需重新进行初始化标定（即传感器学习转向盘正前方位置）。若 G85 底部检查孔内的黄点清晰可见，则表明传感器在零点位置。更换了压力传感器、侧向/纵向加速度传感器，也需要做调整工作。

04 功能"基本设定"中的通道号如下：60—转向盘转角传感器零点调整；63—横向加速度传感器零点调整；66—制动压力传感器零点调整；69—纵向加速度传感器零点调整（四轮驱动）。

转向盘转角传感器 G85 初始化标定的方法有路试和使用 V.A.S 5051 两种。

路试时，通过短距离行驶，传感器 G85 会根据转速传感器信息重新初始化。

利用故障诊断仪 V.A.S 5051 进行初始化标定的方法和步骤如下：

1）连接 V.A.G 1551 或 V.A.S 5051 进入 03 地址。

2）登录"11"，按 Q 键确认，输入登录密码"40168"，再按 Q 键（做多项调整时，只需登录 1 次）。

3）起动车辆，在平坦路面试车，以不超过 20km/h 车速行驶。

4）如果转向盘是正中位置（若不在正中位置，调整），停车即可，不要再调整转向盘，不要关闭点火开关。

5）选择读取数据流 08 功能，输入"004"通道，观察第一显示区数值是否为 –4.5~5。

6）选择基本设定功能 04，按 Q 键确认，再输入组别号"001"，ABS 警告灯闪亮。

7）选择 06 退出，按 Q 键确认，ABS 和 ESP 警告灯亮约 2s。

8）结束。

3. 横向加速度传感器 G200 零点平衡的初始化标定

1）将车停在水平路面上。

2）连接 V.A.G 1551 或 V.A.S 5051 进入 03 地址。

3）选择登陆"11"，按 Q 键确认，输入登录密码"40168"，再按 Q 键确认。

4）选择基本设定功能 04，按 Q 键确认，输入组别号"063"，再按 Q 键确认，ABS 警告灯闪亮。

5）选择退出功能 06，按 Q 键确认，ABS 和 ESP 警告灯亮约 2s。

6）结束。

➡ **小提示**：若显示该功能不能执行，说明登录有误。若显示基本设定关闭，说明超出零点平衡允许公差。读取 08 数据块（004 通道第二显示区静止时 ±1.5；转向盘至止点，以 20km/h 车速左 / 右转弯，测量值应均匀上升）及故障记忆。然后重新进行。

4. 制动压力传感器 G201 零点平衡的初始化标定

1）不要踩制动踏板。连接 V.A.G 1551 或 V.A.S 5051 进入 03 地址。

2）进入 08 功能阅读测量数据块，输入"005"通道，检查第一显示区数值是否为 ±700kPa。

3）选择登录"11"，按 Q 键确认，输入登录密码"40168"，再按 Q 键确认。

4）选择基本设定功能 04，按 Q 键确认，输入组别号"066"，再按 Q 键确认；ABS 警告灯闪亮。

5）选择退出功能 06，按 Q 键确认，ABS 和 ESP 警告灯亮约 2s。

➡ **小提示**：若显示该功能不能执行，说明登录有误。若显示基本设定关闭，说明超出零点平衡允许公差。读取 08 数据块（005 通道）及故障记忆，然后重新进行设定。

5. ESP 启动的检测

➡ **小提示**：ESP 启动检测用于检查系统各传感器信号的可靠性（G200，G202，G201）。拆卸或更换 ESP 部件后，必须进行 ESP 检测。对 ESP 系统的检测一旦开始，就不能中止，必须全部进行完毕。

测试过程如下：

1）连接 V. A. G 1551 或 V. A. S 5051，打开点火开关，进入 03（ABS）地址。

2）进入 04 基本设定，选择 093 通道，按 Q 键确认，显示屏显示 ON，ABS 警告灯亮。

3）拔下自诊断插头，起动发动机。

4）用力踩下制动踏板（制动力应大于 3.5kPa），直到 ESP 警告灯 K155 闪亮。

5）以 15~30km/h 试车，时间不超过 50s，转弯并保证转向盘转角大于 90°。行车时应保证 ABS、EBD、ASR、ESP 不起作用。

➡ **小提示**：测试结束后，ABS 警告灯和 ESP 警告灯熄灭，则 ESP 检测顺利完成，系统正常。若 ABS 灯不灭，说明 ESP 检测未顺利完成；若 ABS 灯不灭且 ESP 灯亮起，查询故障存储器，再进行测试。

维修实例

1. 驱动防滑控制系统的维修实例

奔驰轿车 ASR 警告灯常亮

（1）故障现象　一辆 2012 款奔驰轿车，车主说该车的 ASR 警告灯常亮。

（2）故障诊断与排除　经询问车主得知，在故障刚出现时，车辆需行驶一段时间，ASR 警告灯才会亮；关闭发动机，再重新起动，ASR 警告灯又会熄灭；但再行驶一段路程，警告灯又重新亮。该故障曾在一家修理厂修理过，故障没有排除，ASR 警告灯却变成了常亮。

1）首先对 ASR 系统进行自诊断，调取故障码，故障码显示：ASR 电脑与 EGAS（电子节气门控制系统）电脑（电控单元）信号传输有问题。

2）对 EGAS 系统调取故障码，该系统却没有任何反应，怀疑 EGAS 电脑不工作，从而不能输出信息。

3）检查 EGAS 电脑线路没有发现问题。更换 EGAS 电脑后起动发动机，ASR 警告灯不亮，但路试一段距离，ASR 警告灯又亮了。

4）再对 ASR 系统调取故障码，故障码显示：怠速触点线路不良。

5）检查控制怠速的触点线路，发现有一线路断路，修复后试车，ASR 警告灯不亮，故障彻底排除。

该车 EGAS 电脑可能是上一次修理过程中，在测试电子节气门时因操作不当被而烧毁。

2. 电子稳定程序控制系统的维修实例

奔驰 ML500 汽车行驶中仪表板上的 ESP 警告灯点亮

（1）故障现象　一辆 2001 年款奔驰 ML500 汽车，行驶里程 12 万 km。车主反映说，车辆在行驶中仪表板上的 ESP（电子稳定程序控制系统）、ETS（循迹控制系统）以及 ABS（制动防抱死系统）三个仪表警告灯全部点亮。

（2）故障诊断与排除

1）连接故障诊断仪，读取故障码，查询 ESP 系统后得到一个故障码 C1402，含义为"高压回流泵故障"。

2）根据故障码产生的原因提示，故障的可能部位有 ABS 泵、ESP 电控单元以及相关控制电路。

3）对 ABS 泵进行替换试验。维修人员拆下另一辆相同型号车辆上的 ABS 泵并安装到故障车上。清除故障码后进行路试，车辆行驶了几公里后仪表板上的 ETS 警告灯就又点亮了。

用故障诊断仪读取故障码还是 C1402，说明不是 ABS 泵故障。

4）对 ESP 电控单元进行替换试验。将两车的 ESP 电控单元进行了对调。由于更换了 ESP 电控单元，所以先用故障诊断仪对更换的电控单元进行了编码，并激活了驾驶测试。进行路试时发现仪表板上 ETS 警告灯和 ABS 警告灯仍然常亮，说明 ESP 电控单元也没有故障。

5）换回原车的 ABS 泵和 ESP 电控单元，仔细检查 ABS 泵和 ESP 电控单元上的线束插接器，并测量了相关控制线路，都正常。查看电路图，发现在 ESP 电控单元和 M1 高压回流泵的控制线路中有一继电器 K25。于是拔下 K25 继电器，用万用表检测，发现该继电器触点电路断路。

6）更换 K25 继电器后，再次读取故障码，没有故障码出现。

7）上路试车，ESP 警告灯、ETS 警告灯和 ABS 警告灯不再点亮，故障排除。

任务三 巡航控制系统与轮胎胎压监测系统的检修

岗位核心能力

◎ 知识目标

1）能够熟悉巡航控制系统的基本组成与工作原理。
2）能够熟悉巡航控制系统主要部件的结构、工作过程和检修方法。
3）能够熟悉轮胎胎压监测系统的基本组成与工作原理。
4）能够熟悉轮胎胎压监测系统主要部件的结构、工作过程和检修方法。

◎ 技能目标

1）能够掌握巡航控制系统的正确使用、维护方法及故障诊断方法。
2）能够掌握轮胎胎压监测系统的正确使用、维护方法及故障诊断方法。

案例导入

一辆大众迈腾 2016 款 1.8 TSI 智享领先型轿车，行驶里程约 6.8 万 km。驾驶人反映该车仪表盘上的巡航控制系统警告灯常亮，胎压警告灯也闪烁不停。

该车的两个警告灯闪亮，是巡航控制系统和轮胎胎压监测系统出现了故障。为了查明故障原因，正确地判断巡航控制系统和轮胎胎压监测系统的故障，作为汽车维修人员必须全面认识巡航控制系统和轮胎胎压监测系统，熟悉巡航控制系统和轮胎胎压监测系统的结构与工作原理，了解巡航控制系统和轮胎胎压监测系统分类、组成等相关的基础知识，为巡航控制系统和轮胎胎压监测系统的故障打下基础。

相关知识

一、巡航控制系统

巡航控制系统（Cruise Control System，CCS），该系统对汽车速度和行驶状态进行调节和控制，以减轻驾驶人的疲劳强度，提高行车安全性以及舒适性。

1. 巡航控制系统的功能

1）保持设定车速。汽车行驶路况较好时，驾驶人按下设置键，系统以设定车速为目标车速匀速行驶。

2）微调目标车速。可以通过操纵按键来对车速进行微调（1km/h），以达到所希望的车速。

3）车速恢复。在主动或被动解除巡航控制之后，系统未断开主开关之前，驾驶人可以通过按下恢复键来使车辆恢复前次所设定车速。

4）自动解除巡航控制。汽车在巡航行驶时，如果车速在1s之内的变化过大（如车速误差大于15km/h）时，巡航系统将自动退出控制状态。

5）手动解除巡航控制。驾驶人操纵制动、离合踏板时解除巡航控制。

2. 巡航控制系统的优点

1）减轻驾驶人的劳动强度，提高行驶安全性。

2）行驶速度稳定，提高乘坐舒适性。

3）节省燃料消耗，提高燃油经济性和排放性能。实践证明，汽车在相同行驶条件下，利用巡航行驶可以节省15%左右的燃料。

3. 巡航控制系统的组成及工作原理

汽车巡航控制系统（CCS）主要由输入装置（车速传感器、节气门位置传感器、控制开关等）、巡航控制电控单元（CCS ECU）和执行器（步进电动机、节气门连动器等）等部件组成，其组成及工作原理如图4-3-1所示。

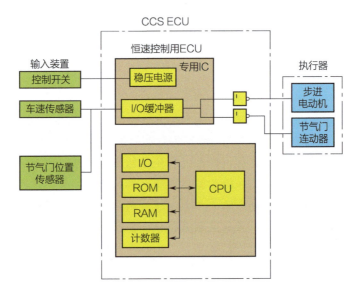

图4-3-1 巡航控制系统的组成

1）车速传感器和节气门位置传感器的功用分别是向CCS ECU提供汽车行驶速度信号和发动机节气门开度（转角）信号。两传感器既可与发动机控制系统和电子控制自动变速系统公用，也可专门设置独立使用。

2）控制开关主要有巡航开关、制动灯开关、驻车制动开关、点火开关、离合器开关（仅对手动变速器汽车）或空档起动开关（对于自动变速器汽车）等。巡航开关如图4-3-2所示，功用是将恒速、加速或减速、恢复原速以及取消巡航行驶等指令信号输入CCS ECU。其他开关的功用是将各种状态信息输入CCS ECU，以便CCS ECU确定是否进行恒速控制。

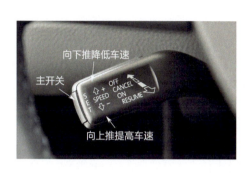

a）拨杆式（大众车型）　　　　b）按键式（通用别克昂科威汽车）

图4-3-2　巡航开关

3）CCS ECU是巡航控制系统的控制核心，其作用是接受车速传感器、节气门位置传感器、控制开关等的信号，经计算、记忆、放大信号转换等处理后，输出控制信号，驱动执行器动作。

4）执行器的功用是根据CCS ECU指令，以电动或气动方式调节发动机节气门的开度，使汽车加速、减速及使车速保持恒定。执行器可分为电动机式和真空式两种，电动机式执行器的控制方式更为先进，在现代轿车的巡航控制系统中得到广泛应用。

4. 巡航控制系统（GRA）的使用

大众迈腾B8轿车的车速巡航控制系统（GRA）在车速高于20km/h时可以设定。当组合仪表的显示屏显示 时，说明GRA处于激活状态，GRA设定成功并正在使用，同时组合仪表上的绿色指示灯 点亮。

多功能转向盘左侧设置有GRA操作按钮，如图4-3-3所示，操作方法见表4-3-1。

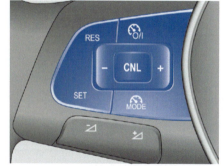

图4-3-3　多功能转向盘左侧的GRA操作按钮

表4-3-1　GRA操作方法

功能	按钮的操作	操作含义
起动GRA	按压多功能转向盘上的按钮 （主开关）	起动系统。尚未储存巡航车速，也未控制车速
在GRA和车速限制器之间进行切换	按压多功能转向盘上的按钮 （模式选择开关）	在GRA和车速限制器之间进行切换

(续)

功能	按钮的操作	操作含义
激活 GRA 控制功能	按压多功能转向盘上的按钮 SET（设置开关）	当前车速被储存为巡航车速，系统按此车速控制车辆
暂时关闭 GRA 控制功能	按压多功能转向盘上的按钮 CNL（即 cancel，撤销开关）、按一下多功能转向盘上的按钮 O/I、踏下制动踏板均可	暂时关闭 GRA 控制功能，但设定的巡航车速仍储存在系统里
恢复 GRA 的车速控制功能	按压多功能转向盘上的按钮 RES（恢复开关）	激活控制功能，系统重新按储存的巡航车速控制车速
提高设定的巡航车速（GRA 处于控制状态）	按一下多功能转向盘上的按钮 RES，巡航车速提高 1km/h，并将新设定的巡航车速储存在系统里	车辆主动加速，直至达到新设定的巡航车速
	按一下多功能转向盘上的按钮 +，巡航车速提高 10km/h，并将新设定的巡航车速储存在系统里	
	按住多功能转向盘上的按钮 +，即可连续提高巡航车速，松开按钮，当时的车速即被储存为巡航车速	
降低设定的巡航车速（GRA 处于控制状态）	按一下多功能转向盘上的按钮 SET，巡航车速降低 1km/h，并将新设定的巡航车速储存在系统里	系统不主动施加制动，而通过减少供油方式自动降低车速，直至达到新设定的巡航车速
	按一下多功能转向盘上的按钮 −，巡航车速降低 10km/h，并将新设定的巡航车速储存在系统里	
	按住多功能转向盘上的按钮 −，即可连续降低巡航车速，松开按钮，当时的车速即被储存为巡航车速	
完全关闭 GRA	系统处于调节状态时，快按两下多功能转向盘上的按钮 O/I 或在任一行驶模式下，按住多功能转向盘上的按钮 O/I	系统完全被关闭，同时删除储存的车速

5. 自适应巡航控制系统

（1）自适应巡航控制系统功能　自适应巡航控制（ACC）系统是车速巡航控制系统和预碰撞安全系统的组合体，是智能化的车速自动控制系统，可视交通情况自动采取适宜措施（加速、减速、制动），使得自适应巡航系统能很好地适应道路行驶。ACC 系统可综合控制车速和与前车的距离，可在 30~160km/h 车速范围内设定并保持某一车速，使车辆以设定的车速恒速行驶。此外，该系统还可设定和保持与前车的时间间隔。配备自动变速器的车辆，当前方车辆减速停车时，ACC 系统可对车辆施加制动，直到车辆停在前方车辆后面。

虽然自适应巡航控制系统可以自动控制车速，但在任何时候驾驶人都可以主动进行加速或制动。当驾驶人在巡航控制状态下进行制动后，ACC 控制单元就会终止巡航控制；当驾驶人在巡航控制状态下进行加速，停止加速后，ACC 控制单元会按照原来设定的车速进行巡航控制。

（2）自适应巡航控制系统组成　自适应巡航控制系统主要由车距传感器（雷达）、车轮转速传感器、转向角传感器、控制开关以及 ACC 电控单元、执行器等组成。

车距传感器（雷达）一般安装在散热器格栅内或前保险杠的内侧（车标后部），如图 4-3-4 所示。可识别最远约 200m 的前方车辆。车距传感器与 ACC 电控单元安装在同一壳体内。若车距传感器被泥浆、雪、暴雨或飞溅的水等覆盖时，其检测效能将大大降低，从而使 ACC 无法工作。

在前后车轮上装有车轮转速传感器（与 ABS 共用），可以检测车辆的行驶速度；转向角传感器用来判断车辆行驶的方向；ACC 电控单元采集各个传感器的信号并进行计算，以便实时地与发动机电控单元和防抱死制动系统的电控单元交换数据。

（3）自适应巡航控制系统工作原理　自适应巡航控制系统是一种智能化的自动控制系统，它是在巡航控制系统技术的基础上发展而来的。

在车辆行驶过程中，安装在车辆前部的车距传感器持续扫描车辆前方道路，同时车轮转速传感器采集车速信号。当与前车之间的距离过小时，ACC 电控单元可以通过与防抱死制动系统、发动机控制系统协调动作，使车轮适当制动，并使发动机的输出功率下降，以使车辆与前方车辆始终保持安全距离。

自适应巡航控制系统在控制车辆制动时，通常会将制动减速度限制在不影响舒适性的程度，当需要更大的减速度时，ACC 电控单元会发出声光信号通知驾驶人主动采取制动操作。当与前车之间的距离增加到安全距离时，ACC 电控单元车辆按照设定的车速行驶。

虽然自适应巡航控制系统可以自动控制车速，但在任何时候驾驶人都可以主动进行加速或制动。当驾驶人在巡航控制状态下进行制动后，ACC ECU 就会终止巡航控制；当驾驶人在巡航控制状态下进行加速，停止加速后，ACC ECU 会按照原来设定的车速进行控制。

自适应巡航控制系统 ACC

（4）自适应巡航控制系统操作　装备自适应巡航控制系统的大众迈腾 B8 轿车多功能转向盘左侧设置有 ACC 操作按钮，如图 4-3-5 所示，按钮位置及操作方法与车速巡航控制系统（GRA）基本相同。

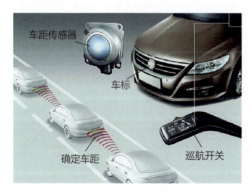

图 4-3-4　车距传感器安装位置

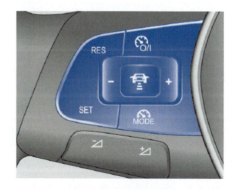

图 4-3-5　多功能转向盘左侧的 ACC 操作按钮

在操作过程中，显示屏的显示模式含义见表 4-3-2。

表 4-3-2　显示屏的显示模式含义

显示模式	含 义
(图示①②)	①未激活 ACC 控制功能时的前方车辆显示 ②未激活 ACC 控制功能时选定的距前方车辆的距离范围
(图示③④⑤)	③探测到前方车辆，ACC 处于激活状态 ④轿车以储存的巡航车速行驶时调节距前方车辆的时间间隔 ⑤轿车以储存的巡航车速行驶时已设定的距前方车辆的时间间隔
(图示⑥)	⑥识别到左侧车道上前方有车辆

ACC 系统中警告灯和指示灯的含义见表 4-3-3。

表 4-3-3　ACC 系统中警告灯和指示灯的含义

点亮的警告灯和指示灯	含义（可能的原因）	处理方法
(红色禁止图标)	ACC 系统降低车速仍不能与前车保持足够的安全距离	系统提示驾驶人应主动操控车辆，必须立即踩制动踏板
(黄色表盘!图标)	ACC 当前不可用	关闭发动机，车辆处于静止状态时再起动发动机。检查车距传感器是否脏污或结冰。若系统经常出现这种情况，就尽快检查
(灰色表盘箭头图标)	ACC 处于激活状态。前方未探测到任何车辆。车辆以设定的巡航车速恒速行驶	—
(灰色表盘车辆图标)	显示白色时：ACC 功能处于激活状态。探测到前方车辆，ACC 调节车速及与前方车辆的距离	—
	显示灰色时：ACC 控制功能处于未激活状态。系统处于打开状态，但未进行调节	
(绿色表盘图标)	ACC 控制功能处于激活状态	—

起动 ACC 时组合仪表里面的绿色指示灯 (图标) 点亮，同时组合仪表显示屏显示储存的巡航车速和 ACC 的状态。

ACC 系统的起动条件是：变速杆必须处于 D 位、S 位或将变速杆移入 Tiptronic 换档槽板；手动变速器必须挂入除 1 档外的某个前进档。

二、轮胎胎压监测系统

1. 轮胎胎压监测系统的功用

汽车轮胎压力是汽车轮胎是否正常工作的一个重要数据，关系到汽车在行驶过程中的安全问题。当汽车胎压过低时，汽车轮毂在行驶过程中容易产生变形从而导致轮胎爆胎，引发交通事故。当轮胎胎压过高时，行驶在路上的汽车就会显得颠簸，影响驾驶的舒适性能。

根据工信部的要求，自 2020 年 1 月 1 日起，所有类型的新车都必须安装胎压监测系统，在我国生产的所有车辆，胎压监测功能将成为标配。

根据交管部门的统计，高速公路超过 42% 的意外交通事故是由爆胎造成的。其中重大的交通意外，爆胎占的比例高达 70%，时速在 140km/h 以上，发生高速爆胎的死亡率接近 100%。轮胎在行驶过程中之所以会爆胎，大多数都是因为轮胎内的胎压异常，或者轮胎被异物扎破这两个原因，而车主也不容易发现。这时候一旦驾驶车辆高速行驶，很容易引发爆胎。车辆安装胎压监测系统，驾驶人就能提前知道轮胎胎压是否正常，从而可以避免事故发生。所以汽车胎压对行车安全来说是非常重要的。

胎压监测系统简称（Tire Pressure Monitoring System，TPMS）。可以通过记录轮胎转速或安装在轮胎中的电子传感器，对轮胎的各种状况进行实时自动监测，能够为行驶提供有效的安全保障。

汽车胎压监测不仅可以提前预警防止轮胎爆胎，提升汽车安全驾驶性外，还可以提升轮胎的使用寿命，降低车辆的保养成本。

2. 轮胎胎压监测系统的类型

轮胎胎压监测系统可分为两种：一种是间接式胎压监测系统，是通过轮胎的转速差来判断轮胎是否异常；另一种是直接式胎压监测系统，通过在轮胎里面加装四个胎压监测传感器，在汽车静止或者行驶过程中对轮胎气压和温度进行实时自动监测，并对轮胎高压、低压、高温进行及时报警，避免因轮胎故障引发的交通事故，以确保行车安全。

（1）间接式胎压监测系统　如图 4-3-6 所示，间接式胎压监测系统是通过 ABS 的车轮转速传感器来比较轮胎之间的转速差别，以达到监测胎压的目的。ABS 通过轮速传感器来确定车轮是否抱死，从而决定是否启动 ABS。

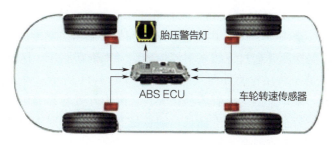

图 4-3-6　间接式胎压监测系统

当某轮胎的气压降低时，车辆的重量会使轮胎的滚动半径变小，导致该轮胎的转速比其他车轮快，车速就会产生变化。车速变化就会触发胎压监测系统的胎压警告灯闪烁，从而提醒驾驶人注意轮胎胎压不足。通过比较轮胎之间的转速差别，以达到监视胎压的目的。间接式轮胎报警系统实际上是依靠计算轮胎滚动半径来对胎压进行监测。因此间接式的胎压监测系统属于被动型胎压监测系统。

直接式胎压监测系统

（2）直接式胎压监测系统

1）直接式胎压监测系统的组成及特点。直接式胎压监测系统由胎压传感器、接收器和显示器等组成，如图4-3-7所示。直接式胎压监测系统属于主动型TPMS，是利用安装在轮胎上的压力传感器来测量轮胎的气压和温度，利用无线发射器将压力信息从轮胎内部发送到中央接收器模块上的系统，然后通过显示器对轮胎气压数据进行显示（图4-3-8），方便驾驶人察看。当轮胎出现高压、低压、高温或漏气时，胎压监测系统数据会发生变化，严重时会通过仪表盘上的胎压警告灯来提示驾驶人。有的车型，驾驶人可以根据用车习惯、地理位置自行设定胎压警告值范围和温度报警值。

图4-3-7　直接式胎压监测系统

如图4-3-9所示，胎压警告灯闪烁或点亮，说明车辆轮胎压力不足或者过高，应及时停车检查并处理，否则有爆胎危险。如果胎压高，可以放一些气；胎压低，及时补充气压或更换备胎。

图4-3-8　显示器显示轮胎气压数据

图4-3-9　胎压警告灯

如图4-3-10所示为胎压传感器实物，内有电池和发射感应器。

2）内置式和外置式胎压传感器。内置胎压监测和外置胎压监测的原理是一样的，都是通过车轮上的胎压传感器探测并通过无线发射器传输信号来判断胎压。区别是内置式是内置在轮胎里边的，外置式是安装在轮胎外面气门上，如图4-3-11所示。外置的优点是安装简易可自主安装，费用低。缺点是因为外置容易丢失，且因为外置容易突出轮胎部分，易磨损。内置的优点是安装后一劳永逸，使用寿命长。缺点是安装复杂，成本较高。车主可以视自身情况去选择适合自己的胎压监测。

（3）直接式和间接式胎压监测系统的对比　直接式可以提供更高级的功能，随时测定每个轮胎内部的实际瞬压,很容易确定故障轮胎。间接系统造价相对较低,已经装备了四轮ABS(每个轮胎装备一个轮速传感器)的汽车只需对软件进行升级。但是,间接系统没有直接系统准确率高,它根本不能确定故障轮胎,而且系统校准极其复杂,在某些情况下该系统会无法正常工作,例如同一车轴的两个轮胎气压都低时。

a)实物

b)内部零件

图 4-3-10 胎压传感器实物

a)外置式

b)内置式

图 4-3-11 内置式和外置式胎压传感器

相关技能

一、巡航控制系统的检修

1. 巡航控制系统不工作的检修

出现巡航控制系统不工作的故障,首先要检查 CCS 控制电路上所有的熔丝是否正常,然后目测检查系统有无电气线路连接点脱落、接触端子腐蚀生锈、线路绝缘损坏等。

如果目测正常,没有不良情况,可参考下列步骤继续检测。

1)踩住制动踏板,观察制动灯是否正常发光。如果制动灯不亮且并非灯泡损坏,则检查制动灯开关及与巡航控制系统相关的电路。

2)如果车辆装备的是手动变速器,则检查离合器开关的工作是否正常。用万用表检测并判断其工作情况。

3)检查执行器是否正常。

4）如果巡航控制系统采用的是气动式的结构，则需要检查执行器的单向阀是否良好。

5）检测控制开关和相关线路，对照电路图检查线路连接是否正确可靠，对照开关连通检查开关端子之间的对应关系是否正确。

6）如果所有检测均正常，但巡航控制系统还不能工作，则需检测或更换电控单元。

2. 巡航控制系统控制车速不能稳定的检修

车辆进入巡航控制状态，并且设置好巡航车速之后，车速却明显忽高忽低，这种现象又称"游车"。对于无自诊断功能的巡航控制系统，当车辆出现"游车"时需进行以下检查：

1）检查执行器连杆机构操作是否平稳，有无间隙过大等松旷情况。

2）检查车速传感器工作是否正常。

3）检查所有的电气连接是否正确、可靠。

4）如果所有检测均正常，但巡航控制系统还不能工作，则需检测或更换 CCS ECU。

3. 巡航控制系统出现间歇性工作的检修

巡航控制系统工作时的间歇性动作，通常是由电气连接或真空连接松动引起的。如果目测检查不能查出故障，就要进行汽车行驶检测并在出现故障时进行辨别。

1）如果是气动式执行器，将真空表连接到执行器的入口管处，应该至少有80kPa的真空度。

2）检测执行器的工作是否正常。如不正常，可修理或更换新件。

3）检测各控制开关的工作情况是否正常。如不正常，可修理或更换新件。

如果行驶（或道路检测）检测不能识别故障，就在进行模拟道路试验的同时晃动电气线路、插接器和真空管路、阀体的连接处，以便找出故障隐患。

4. ACC 系统的检修

车距传感器和制动助力控制单元监测 ACC 系统是否有故障。当系统有故障时，使用专用检测仪器可查询。车距传感器安装在汽车前部外露位置，雨雪天气碰撞事故极易发生，如果传感器损坏，CAN 系统关闭，汽车动力传动系统失效，相关总成（发动机、变速器）不工作，此时需通过制动助力器控制单元内的总线继电器关闭车距传感器。

更换车距传感器并对事故车钣金喷漆整形后，需对车距传感器的安装位置进行校正，校正车距传感器需用四轮定位仪和专用设备调整，通过车距传感器的固定螺钉，来调节车距传感器水平角度、垂直角度，直至符合标准。

二、轮胎胎压监测系统的检修

1. 宝马轿车胎压监测系统初始化设置

（1）宝马 3 系列胎压监测系统初始化设置

1）检查所有轮胎充气压力是否正常。

2）将点火开关转到点火档，不起动发动机。

3）在仪表板操作面板上按带有胎压警告灯图标的按钮，直至组合仪表内的胎压警告灯以黄色亮起几秒钟。

4) 车辆行驶几分钟后, 胎压监测系统接收轮胎内的实际充气压力, 作为监控用的标准值。

(2) 宝马5系列胎压监测系统初始化设置

1) 起动发动机, 使发动机怠速运转。

2) 调用菜单, 选择胎压监测系统。

3) 选择"车辆设置"并按控制器。

4) 选择"RPA"（爆胎显示）并按控制器。

5) 选择"设置轮胎压力"并按控制器。

6) 选择"是"并按控制器。

7) 行驶车辆, 完成胎压监测系统初始化。

➡ **小提示**: 在带雪地防滑链或成套车轮行驶时, 不对系统进行初始化设置

(3) 宝马7系列胎压监测系统初始化设置

1) 打开点火开关到点火档, 不起动发动机。

2) 在菜单"设置"中选择"RDC"（轮胎压力监控）并确认初始化菜单显示。

3) 选择"初始化设置"并确认。

4) "RDC"被初始化, 在检查控制中显示一条信息。

5) 车辆行驶几分钟后, "RDC"接收轮胎内的实际充气压力, 作为监控用的标准值, 完成胎压监测系统初始化。

2. 奥迪A6L轿车胎压监测系统故障诊断

如果TPMS系统报警, 应检查各轮胎压力是否符合标准值。若符合标准值还报警, 则应用故障诊断仪阅读数据块的功能进行故障的诊断。

奥迪A6L轿车胎压监测系统常见故障诊断与排除见表4-3-4。

表4-3-4　奥迪A6L轿车胎压监测系统常见故障诊断与排除

序号	故障现象	原因分析
1	因某个轮胎损坏报警在更换备胎后, 选择存储胎压后行驶一段时间, 显示TPMS系统故障报警, 有故障码"传感器无通信"	因轮胎传感器的位置已变, 系统仍寻找原来记忆ID的传感器, 但装此传感器的轮胎已被更换, 所以会出现此故障码。此时选择"更换车轮", 然后再次试车, 直到数据块1、4、7和10显示正确胎压即可
2	显示TPMS系统故障报警, 有故障码"传感器无通信"或"系统最低值未达到"	①检查数据块3、6、9和12, 是否有某个ID无法识别出来 ②用16数据块结合放气的方法判断哪个车轮传感器ID无法被接收 ③检查传感器是否被拆掉
3	总是报警, 显示气压低	①阅读相应数据块系统识别到传感器反馈值 ②检查编码是否正确

（续）

序号	故障现象	原因分析
4	偶尔 TPMS 报警，读取各数据块 ID 号总是在几个数据块中变换顺序	拆下后室内灯饰板，检查天线是否固定良好
5	偶尔 TPMS 报警，故障码为"系统不正常"	检查车内是否有换下来的传感器，因为系统规定只能在一定区域内寻找到四个传感器，如果有换下来的传感器放在驾驶室内，会出现此种情况
6	维修提示：备胎内也装备了传感器，但本系统不监控备胎，数据块中也无关于备胎的显示，如果怀疑某个轮胎传感器损坏，可直接将备胎换上，选择"更换轮胎"试车即可	

维修实例

大众迈腾轿车行驶时胎压警告灯常亮

（1）故障现象　一辆 2015 年款一汽大众迈腾 1.8T 轿车，车型为 B7L，搭载 CGM 发动机和 7 档双离合变速器，行驶里程 3.3 万 km。驾驶人反映该车在行驶中胎压警告灯常亮。

（2）故障诊断与排除

1）接车后，维修人员检查四个轮胎的胎压，均正常，但胎压复位不能存储。

2）连接故障诊断仪，读取发动机电控单元故障码，出现一个故障码：故障码 00112——环境温度传感器电气故障；读取制动系统电控单元故障码，出现一个故障码：故障码 01325——轮胎气压监控控制单元无信号。

3）对轮胎气压进行调整并重新设定后，上路试车，故障依旧。在试车过程中发现，经过颠簸路面时，胎压警告灯点亮的同时，仪表板上显示的室外温度突然变为 –25℃，因为此时的室外温度应为 20℃左右，该车的室外温度显示显然不正常。这两个故障现象同时出现，说明它们之间应该有某种关联。

4）查看该车的控制电路，没有发现环境温度传感器（即室外温度传感器）与胎压监测系统有直接联系。在检查安装情况时，发现环境温度传感器与插接器虚接，没有完全安装到位，导致该传感器断路。

5）故障排除。将环境温度传感器重新安装到位，上路试车，胎压警告灯熄灭，故障排除。

6）分析认为，该车的胎压监测系统是通过比较轮胎之间的转速差来工作的，这种系统实际上是依靠计算轮胎滚动半径来对气压进行监测的。这种使用间接式胎压监测的车辆会出现两个问题，一是绝大多数采用间接式胎压监测装置的车型都不能具体指示出是哪一条轮胎胎压不足；二是如果四个轮胎的胎压同时下降，那么这种装置也就失效了。这种情况在冬天气温下降时尤其明显。

该车故障可能的原因是，环境温度传感器断路后，胎压监测系统认为此时环境温度极低，比如冰雪路面，由于此种状态下间接胎压监测系统的局限性，导致胎压监测系统停止工作，因此仪表板上的胎压警告灯常亮。

参 考 文 献

[1] 崔胜民. 现代汽车新技术解析【M】. 北京：化学工业出版社，2016.
[2] 李伟. 图解汽车底盘电控新技术与故障精解【M】. 北京：机械工业出版社，2011.
[3] 舒华. 汽车新技术【M】. 北京：国防工业出版社，2012.
[4] 姚美红. 奥迪A6L轿车新技术解析与电气维修【M】. 北京：机械工业出版社，2012.
[5] 沈沉. 汽车底盘电控系统原理与检修一体化教程【M】. 北京：机械工业出版社，2014.
[6] 李培军. 汽车底盘电控技术【M】. 北京：人民邮电出版社，2011.
[7] 张明. 汽车底盘机械系统检修【M】. 北京：人民邮电出版社，2016.
[8] 王盛良. 汽车底盘及车身电控技术与检修【M】. 北京：机械工业出版社，2009.
[9] 张立新. 汽车底盘电控系统检修【M】. 北京：人民交通出版社，2012.
[10] 陈家瑞. 汽车构造下册【M】. 4版. 北京：人民交通出版社，2002.
[11] 于海东. 透视图解汽车构造原理与拆装【M】. 4版. 北京：化学工业出版社，2017.
[12] 杨智勇. 汽车底盘维修就这么简单【M】. 4版. 北京：机械工业出版社，2015.

读者服务

机械工业出版社立足工程科技主业,坚持传播工业技术、工匠技能和工业文化,是集专业出版、教育出版和大众出版于一体的大型综合性科技出版机构。旗下汽车分社面向汽车全产业链提供知识服务,出版服务覆盖包括工程技术人员、研究人员、管理人员等在内的汽车产业从业者,高等院校、职业院校汽车专业师生和广大汽车爱好者、消费者。

一、意见反馈

感谢您购买机械工业出版社出版的图书。我们一直致力于"以专业铸就品质,让阅读更有价值",这离不开您的支持!如果您对本书有任何建议或意见,请您反馈给我。我社长期接收汽车技术、交通技术、汽车维修、汽车科普、汽车管理及汽车类、交通类教材方面的稿件,欢迎来电来函咨询。

咨询电话:010-88379353   编辑信箱:cmpzhq@163.com

二、课件下载

选用本书作为教材,免费赠送电子课件等教学资源供授课教师使用,请添加客服人员微信手机号"13683016884"咨询详情;亦可在机械工业出版社教育服务网(www.cmpedu.com)注册后免费下载。

三、教师服务

机工汽车教师群为您提供教学样书申领、最新教材信息、教材特色介绍、专业教材推荐、出版合作咨询等服务,还可免费收看大咖直播课,参加有奖赠书活动,更有机会获得签名版图书、购书优惠券。

加入方式:搜索QQ群号码317137009,加入机工汽车教师群2群。请您加入时备注院校+专业+姓名。

四、购书渠道

机工汽车小编
13683016884

我社出版的图书在京东、当当、淘宝、天猫及全国各大新华书店均有销售。

团购热线:010-88379735
零售热线:010-68326294 88379203

推荐阅读

书号	书名	作者	定价（元）
智能网联、新能源汽车专业教材			
9787111678618	智能网联汽车技术入门一本通（全彩印刷）	程增木	69
9787111715276	智能汽车技术（全彩印刷）	凌永成	85
9787111702696	智能网联汽车技术原理与应用（彩色版）	程增木 杨胜兵	65
9787111628118	智能网联汽车技术概论（全彩印刷）	李妙然 邹德伟	49.9
9787111693284	智能网联汽车底盘线控系统装调与检修（附任务工单）	李东兵 杨连福	59.9
9787111710288	智能网联汽车智能传感器安装与调试（全彩活页式教材）	中国汽车工程学会 等	49.9
9787111712480	智能网联汽车底盘线控执行系统安装与调试（全彩印刷）	中国汽车工程学会 等	49.9
9787111709800	智能网联汽车计算平台测试装调（全彩印刷）	中国汽车工程学会 等	49.9
9787111711711	智能网联汽车智能座舱系统测试装调（全彩印刷）	中国汽车工程学会 等	49.9
9787111710318	新能源汽车检测与故障诊断技术（彩色版配实训工单）	吴海东 等	69
9787111707585	新能源汽车电动空调 转向和制动系统检修（彩色版配实训工单）	王景智 等	69
9787111702931	新能源汽车整车控制系统检修（彩色版配实训工单）	吴东盛 等	69
9787111701637	新能源汽车动力电池及管理系统检修（彩色版配实训工单）	吴海东 等	59
9787111707165	新能源汽车技术概论（全彩印刷）	赵振宁	55
9787111706717	纯电动汽车构造原理与检修（全彩印刷）	赵振宁	59
9787111587590	纯电动/混合动力汽车结构原理与检修（配实训工单）（全彩印刷）	金希计 吴荣辉	59.9
9787111709565	新能源汽车维护与故障诊断（配实训工单）（全彩印刷）	林康 吴荣辉	59
9787111700524	新能源汽车整车控制系统诊断（双色印刷）	赵振宁	55
9787111699545	智能网联汽车概论（全彩印刷）	吴荣辉 吴论生	59.9
9787111698081	新能源汽车结构原理与检修（全彩印刷）	吴荣辉	65
9787111683056	新能源汽车认知与应用（第2版）（全彩印刷）	吴荣辉 李颖	55
9787111615767	新能源汽车概论（全彩印刷）	张斌 蔡春华	49
9787111644385	新能源汽车电力电子技术（全彩印刷）	冯津 钟永刚	49
9787111684428	新能源汽车高压安全与防护	吴荣辉 金朝昆	45
9787111610175	新能源汽车动力电池及充电系统检修（全彩印刷）	许云 赵良红	55
9787111613183	新能源汽车电机驱动系统检修（全彩印刷）	王毅 巩航军	49
9787111613206	新能源汽车辅助系统检修（全彩印刷）	任春晖 李颖	45
9787111646242	新能源汽车维护与故障诊断（全彩印刷）	王强 等	55
9787111670469	新能源汽车结构原理与检修（彩色版）	康杰 等	55

（续）

书号	书名	作者	定价（元）
9787111448389	电动汽车动力电池管理系统原理与检修	朱升高 等	59.9
9787111675372	新能源汽车动力蓄电池与驱动电机系统结构原理及检修	周旭 石未华	49.9
9787111672999	电动汽车结构原理与故障诊断（第2版）（配实训工作手册）	陈黎明 冯亚朋	69.9
9787111623625	电动汽车结构原理与维修	朱升高 等	49
9787111610717	新能源汽车结构与维修（第2版）	蔡兴旺 康晓清	49
9787111591566	电动汽车电机控制与驱动技术	严朝勇	45
9787111484868	电动汽车动力电池及电源管理（"十二五"职业教育国家规划教材）	徐艳民	35
9787111660972	新能源汽车专业英语	宋进桂 徐永亮	45
9787111684862	智能网联汽车技术概论（彩色版配视频）	程增木 康杰	55
9787111674559	混合动力汽车结构与检修一体化教程（彩色版）（附赠习题册含工作任务单）	汤茂银	55
传统汽车专业教材			
9787111678892	汽车构造与原理（彩色版）	谢伟钢 范盈圻	59
9787111702474	汽车销售基础与实务（全彩印刷）	周瑞丽 冯霞	59
9787111678151	汽车网络与新媒体营销（全彩印刷）	田凤霞	59.9
9787111687085	汽车销售实用教程（第2版）（全彩印刷）	林绪东 葛长兴	55
9787111687351	汽车自动变速器原理与诊断维修（彩色版）	张月相 张雾琳	65
9787111704225	汽车机械基础一体化教程（彩色版配实训工作页）	广东合赢	59
9787111698098	汽车检测与故障诊断一体化教程（彩色版配工作页）	秦志刚 梁卫强	69
9787111699934	汽车舒适与安全系统原理检修一体化教程（配任务工单）	栾琪文	59.9
9787111711667	汽车发动机电控系统结构原理与检修（彩色版配实训工单）	李先伟 吴荣辉	59
9787111689218	汽车底盘电控系统原理与检修一体化教程（彩色版）（附实训工作页）	杨智勇 金艳秋 翟静	69
9787111676836	汽车底盘机械系统构造与检修一体化教程（全彩印刷）	杨智勇 黄艳玲 李培军	59
9787111699637	汽车电气设备结构原理与检修（配实训工单）（全彩印刷）	管伟雄 吴荣辉	69
汽车维修必读			
9787111715054	动画图解汽车构造原理与维修	胡欢贵	99.9
9787111708261	汽车常见故障诊断与排除速查手册(赠全套352分钟维修微课)（双色印刷）	邱新生 刘国纯	79
9787111649571	新能源汽车维修完全自学手册	胡欢贵	85
9787111663546	汽车构造原理从入门到精通（彩色图解＋视频）	于海东 蔡晓兵	78
9787111626367	新能源汽车维修从入门到精通（彩色图解＋视频）	杜慧起	89
9787111661290	汽车电工从入门到精通（彩色图解＋视频）	于海东 蔡晓兵	78
9787111602699	汽车维修从入门到精通（彩色图解＋视频）（附赠汽车故障诊断图表手册）	于海东	78

复习题

项目一 电控自动变速器的检修

一、选择题

1. 如果自动变速器油液呈乳白色,说明（　　）。
   A. 发动机冷却液已渗漏到自动变速器油液中　　B. 自动变速器油液中混合有空气
   C. 自动变速器油液过热了　　D. 自动变速器油液中杂质过多
2. 自动变速器中用于工作的油液为专用的（　　）。
   A. 汽油　　B. 机油　　C. ATF　　D. 齿轮油
3. 自动变速器中的油泵是由（　　）驱动的。
   A. 电动机　　B. 液压
   C. 发动机通过变矩器泵轮　　D. 输出轴
4. 自动变速器中的（　　）是用来连接或脱开输入轴、中间轴、输出轴和行星齿轮机构,实现转矩的传递。
   A. 多片离合器　　B. 湿式多片制动器　　C. 单向离合器　　D. 电磁阀
5. 甲说检查自动变速器油的液面高度,必经在热机、怠速状态下进行。乙说检查液面高度,只要将汽车停在平地上就可以了。（　　）
   A. 甲正确　　B. 乙正确　　C. 两人都正确　　D. 两人都不正确
6. 甲说自动变速器油加少了会造成打滑,乙说油加多了会造成换档粗暴。（　　）
   A. 甲正确　　B. 乙正确　　C. 两人都正确　　D. 两人都不正确
7. 测试自动变速器的主油道油压过高,说明（　　）。
   A. 油泵的滤清器堵塞　　B. 伺服机构存在内部泄漏
   C. 主油压调节阀不良　　D. 储能器背压过高
8. 行星齿轮机构在自动变速器中的作用是（　　）。
   A. 变矩　　B. 变速　　C. 调节液压　　D. 没有作用
9. 下列（　　）有两个功用,一是给自动变速器 ECU 提供档位信息,二是保证只有变速杆置于 P 位或 N 位才能起动发动机。
   A. 强制降档开关　　B. 制动灯开关
   C. 驻车档/空档位置开关（又称空档起动开关）　　D. 模式选择开关
10. 关于自动变速器的液力变矩器,下列说法中正确的是（　　）。

A. 能将发动机的转矩传递给变速器　　　　　B. 涡轮与发动机转速相同
C. 导轮由发动机直接驱动　　　　　　　　　D. 导轮与涡轮之间通过单向离合器连接

11. 在自动变速器档位名称中，驻车档为（　　）。
A. P 位　　　　　B. R 位　　　　　C. N 位　　　　　D. D 位

12. 液力变矩器所需的油压是由（　　）调节提供的。
A. 油泵　　　　　B. 主调压阀　　　C. 次调压阀　　　D. 手动阀

13. 在自动变速器档位名称中，倒档为（　　）。
A. P 位　　　　　B. R 位　　　　　C. N 位　　　　　D. D 位

二、判断题

1. 具有 4 个前进档的电控自动变速器，必须具有 4 个换档电磁阀。　　　　（　　）
2. 在一般的自动变速器中，一组共用太阳齿轮的辛普森行星齿轮系，
   可提供两个前进档和一个倒档。　　　　　　　　　　　　　　　　　（　　）
3. 根据换档工况的需要，自动变速器中的单向离合器由液压系统控制其
   自由或锁止。　　　　　　　　　　　　　　　　　　　　　　　　　（　　）
4. 在自动变速器中，由于行星齿轮机构处于常啮合状态，故动力传输不会
   产生齿轮间冲击。　　　　　　　　　　　　　　　　　　　　　　　（　　）
5. 自动变速器时滞试验是测量从换档开始至车轮转动所需要的时间。　　（　　）
6. 发动机的怠速不正常不会影响到自动变速器的工作。　　　　　　　　（　　）
7. 自动变速器中，换档离合器的油道是装于壳体上。　　　　　　　　　（　　）
8. 在自动变速器的液控系统中，储能器的作用是预先储备一定油压以补足
   换档时系统油压的不足。　　　　　　　　　　　　　　　　　　　　（　　）
9. 在自动变速器档位名称中，L 为倒档。　　　　　　　　　　　　　　（　　）
10. 绝大多数自动变速器的换档电磁阀采用开关式电磁阀，油压电磁阀采用
    占空比式电磁阀。　　　　　　　　　　　　　　　　　　　　　　　（　　）
11. 在单排行星齿轮变速机构中，行星齿轮与齿圈内啮合，与太阳轮外啮合。（　　）
12. 在单排行星齿轮变速机构中，太阳轮为主动件（输入），行星架为从动件
    （输出），齿圈固定，此时传动比为 $1+\alpha$。　　　　　　　　　　　　（　　）
13. 自动变速器中的内啮合式齿轮泵，其内齿轮是不旋转的。　　　　　　（　　）
14. 自动变速器加压控制的换档阀是通过开启或关闭换档阀控制油路的泄
    油孔来控制换档阀的工作。　　　　　　　　　　　　　　　　　　　（　　）
15. 装备自动变速器的车辆，在实际操作过程中，可以采用"抬加速踏板"
    的方式来快速升档。　　　　　　　　　　　　　　　　　　　　　　（　　）
16. 在单排行星齿轮变速机构中，行星架为主动件（输入），太阳轮为从动件
    （输出），齿圈固定，此时传动比为 $\alpha/(1+\alpha)$。　　　　　　　　　　（　　）
17. 自动变速器消除了频繁换档时离合器和变速杆的复杂操作，使驾驶操作
    变得简单而省力，同时，也提高了行车的安全性。　　　　　　　　　（　　）
18. 自动变速器中制动器的作用是把行星齿轮机构中的某两个元件连接起来，

形成一个整体共同旋转。( )
19. 无级变速器中的金属传动带是将动力从主动带轮传送到从动带轮。( )
20. 大众01J无级变速器的传动链采用了等长度的链节，可以有效防止共振，并减小运动噪声。( )
21. 无级变速器的液压控制系统也像自动变速器的液压控制系统一样，担负着系统油压的控制、油路的转换控制、用油元件的供油以及冷却、润滑控制等。( )
22. 双离合器自动变速器换档时没有动力中断，换档平稳。( )
23. 双离合器自动变速器有两根输入轴，档位按奇偶数分开布置在两根输入轴上。( )
24. 双离合器自动变速器离合器的切换和档位变换由控制单元和执行机构进行自动控制。( )
25. 双离合器自动变速器换档方式与换档齿轮基本结构与手动变速器不一样。( )

三、问答题

1. 自动变速器的基本组成及各部分的功用有哪些？
2. 液力变矩器的结构、功用及工作原理是怎样的？
3. 说明单排行星齿轮机构的组成、连接关系和运动规律。
4. 照图说明典型四档辛普森行星齿轮变速器各档动力传动路线。
5. 如何检修、调整离合器和制动器？
6. 照图说明四档拉维娜式行星齿轮变速器各档的传动路线。
7. 简述自动变速器在不同工况时对油压的要求。
8. 简述自动变速器信号输入装置的组成及功用。
9. 简述自动变速器电子控制单元的功能。
10. 如何检测开关式电磁阀和占空比式电磁阀？
11. 如何读取、清除01N自动变速器的故障码？
12. 简述自动变速器油质的检查方法。
13. 如何判断锁止离合器的工作情况？
14. 简述失速试验的操作方法，并对试验结果进行分析。
15. 分析自动变速器打滑的故障现象及原因。
16. 简述无级变速器的特点。
17. 简述01J无级变速器的基本组成及各部分的作用。
18. 照图说明01J无级变速器动力传递过程。
19. 简述01J无级变速器速比变换的控制过程。
20. 简述01J无级变速器接触压力的控制过程。
21. 简述双离合器自动变速器的基本组成及工作过程。
22. 简述双离合器自动变速器的结构特点及优点。
23. 双离合器自动变速器的电子控制单元具有哪些功能？
24. 双离合器自动变速器的液压控制系统具有哪些功能？
25. 照图说明双离合器自动变速器各档位传递路线。

项目二　电控悬架系统的检修

一、选择题

1. 当汽车高速行驶时（车速 >90km/h），电子控制悬架系统可自动（　　）车高，以改善高速行驶时的空气动力学参数和稳定性。
   A. 降低　　　　　　B. 升高　　　　　　C. 保持　　　　　　D. 调整
2. 不属于电子控制悬架系统的传感器是（　　）。
   A. 转向盘转角传感器　　　　　　　　B. 车轮转速传感器
   C. 车高传感器　　　　　　　　　　　D. 加速度传感器
3. 下面不属于电控悬架系统车身高度控制功能的是（　　）。
   A. 高速感应控制　　　　　　　　　　B. 点火开关 OFF 控制
   C. 自动高度控制　　　　　　　　　　D. 制动点头控制

二、判断题

1. 电子控制悬架系统的优点是能使悬架随着不同的路况和行驶状态做出相应的调整，保证了汽车的乘坐舒适性和稳定性。（　　）
2. 装有电子控制悬架系统的汽车可以防止汽车制动时车头的下冲。（　　）
3. 装有电子控制悬架系统的汽车在不平路面上行驶时，当汽车载荷变化时能自动保持车身高度不变，使车身稳定。（　　）
4. 装有电子控制悬架系统的汽车无论车辆负载多少，都可以保持汽车高度一定，车身保持水平。（　　）
5. 在电子控制悬架系统中，电子控制单元根据车速传感器和转角传感器的信号，判断汽车转向时侧向力的大小和方向，以控制车身的侧倾。（　　）
6. 装有电子控制悬架系统的汽车可以避免汽车转弯时车身向外倾斜，提高汽车转弯时的操纵稳定性。（　　）
7. 装有电子控制悬架系统的汽车可以防止汽车急转弯时车身横向摇动和换档时车身纵向摇动。（　　）
8. 装有电子控制悬架系统的汽车在高速行驶时，可以使车高降低，以减少空气阻力、提高操纵的稳定性。（　　）
9. 在电子控制悬架系统中，电子控制单元根据车速传感器和转角传感器的信号，判断汽车转向时侧向力的大小和方向，以控制车身的侧倾。（　　）
10. 电子控制悬架系统主要有半主动悬架和主动悬架两种。（　　）
11. 采用主动式悬架后，汽车对侧倾、俯仰、横摆跳动和车身的控制都能更加

迅速、精确，汽车高速行驶和转弯的稳定性提高、车身侧倾减少。（　　）
12. 空气弹簧由主气室和副气室组成，主气室位于副气室上方，其容积是可变的。（　　）
13. 反力控制式动力转向系统中的电磁阀，在车速低时，通电电流大，则流回油箱的回流量增加。（　　）

三、简答题

1. 简述电控悬架系统的基本组成和工作原理。
2. 电控悬架系统常用的传感器有哪些？各有什么功用？
3. 电控悬架系统的控制功能有哪些？
4. 试述可调阻尼式减振器的工作原理。
5. 简述悬架刚度调节的基本原理。
6. 简述空气悬架系统车身高度控制的工作原理。
7. 电控悬架检修的注意事项有哪些？
8. 简述电控悬架系统检修的基本方法。
9. 如何诊断、排除悬架高度和阻尼系数控制失灵的故障？

项目三　电控转向系统的检修

一、选择题

1. 带有平行轴传动机构（APA）的电动机械式转向机构，其电动机位置传感器安装在何处？（　　）
   A. 直接安装在转向机构主动齿轮上
   B. 是电动机 V187 的组件，在 V187 内
   C. 安装在转向柱和转向柱开关之间
2. 带有平行轴传动机构（APA）的电动机械式转向机构，使用的是哪种电动机？（　　）
   A. 三相同步电动机　　B. 三相异步电动机　　C. 两相同步电动机
3. 带有平行轴传动机构（APA）的电动机械式转向机构，电动机与齿条之间是如何传递力的？（　　）
   A. 用行星齿轮机构　　B. 用循环球机构　　C. 用蜗轮蜗杆机构
4. 转向力矩传感器的信号是如何传递的？（　　）
   A. 经卷簧和两个一同转动的霍尔传感器
   B. 经两个霍尔传感器，它们与壳体刚性连接且不转动
   C. 通过旋转部件外的一个霍尔传感器
5. 循环球螺母内的循环通道是做什么用的？（　　）
   A. 收集循环球
   B. 让循环球经过循环球螺母
   C. 将循环球再送回原始位置
6. 大众公司带有平行轴传动机构（APA）的电动机械转向系统属于哪种形式？（　　）
   A. 转向轴助力式　　B. 齿轮助力式　　C. 齿条助力式　　D. 转向盘助力式

二、判断题

1. 现在的汽车上均采用动力转向系统。　　　　　　　　　　　　　　　　　　（　　）
2. 电控式动力转向系是在原有机械式转向系组成基础上增设一套液压助力装置。　　　　　　　　　　　　　　　　　　　　　　　　　　　　　（　　）
3. 在电子控制的液压动力转向系统中，旁通流量控制电磁阀是由电脑控制的，电脑会根据车速、转向盘速度等信息，通过该阀控制液压油流量。　　　（　　）
4. 在电动式动力转向系统中，当电动机等发生故障时，电磁离合器会自动分离，这时可恢复手动控制转向。　　　　　　　　　　　　　　　　　（　　）
5. 根据电动机布置位置的不同，电动式动力转向系统可分为转向轴助力式、

齿轮助力式和齿条助力式三种。　　　　　　　　　　　　（　　）
　6. 反力控制式动力转向系统是按照车速的变化，由 ECU 控制回转阀中油压
　　的大小对转向助力进行调整的。　　　　　　　　　　　　（　　）

三、简答题

　1. 简述电子控制动力转向系统的优点。
　2. 简述流量控制式 EPS 的工作原理。
　3. 简述反力控制式 EPS 的工作原理。
　4. 简述阀灵敏控制式 EPS 的工作原理。
　5. 简述电动式 EPS 的工作原理。
　6. 电动式 EPS 由哪些部件组成？分几种类型？
　7. 说明转向助力电动机是如何实现转向时正反转控制的。
　8. 电动式 EPS 转矩传感器的作用是什么？电磁感应式转矩传感器是如何工作的？
　9. 如何对液压式电控动力转向系统进行检修？
　10. 如何对电动式电控动力转向系统进行检修？

项目四 防滑控制系统、巡航控制系统与轮胎胎压监测系统的检修

一、选择题

1. 汽车的制动防抱死系统基本由（　　）压力调节器,电子控制装置(ECU)三大部分组成。
   A. 制动主缸（总泵）　B. 车轮转速传感器　C. 真空增压器　D. 轮毂
2. 汽车在行驶中ABS功能正常,但ABS故障警告灯一直亮,最可能的故障原因是（　　）。
   A. 油管内有空气　　　　　　　　　　B. 制动系统机械故障
   C. 车轮转速传感器　　　　　　　　　D. 警告灯线路短路
3. ABS失效后,汽车（　　）。
   A. 无常规制动　B. 有常规制动　C. 会造成间歇故障码　D. 以上均错
4. 下列哪项不是ABS车速传感器的检查方法（　　）。
   A. 间隙检查　　　　　　　　　　　　B. 电阻检查
   C. 电压检查　　　　　　　　　　　　D. 通电听动作声音检查
5. 仪表显示ABS故障灯点亮,在诊断与排除故障时我们首先应该（　　）。
   A. 拆卸车轮转速传感器　　　　　　　B. 检查线路是否有故障
   C. 检查仪表是否工作正常　　　　　　D. 用故障诊断仪读取故障码
6. 关于ABS系统检修下列说法不正确的是（　　）。
   A. 维修ABS系统的液压控制单元时,要首先进行泄压,然后再按规定进行修理
   B. 制动液最好每两年更换一次
   C. 在对汽车进行烤漆作业前,应将电子控制模块从车上拆下
   D. 安装轮速传感器前应先涂防锈油,安装过程中不可敲击
7. ABS制动系统就是将滑移率控制在（　　）左右（最佳制动点）,使制动效果最好,以确保行车安全效率。
   A. 40%　　　B. 50%　　　C. 20%　　　D. 5%
8. 当ESP判定出现不足转向时,将制动（　　）,使车辆进一步沿驾驶人转弯方向偏转,从而稳定车辆。
   A. 内侧前轮　B. 内侧后轮　C. 外侧前轮　D. 外侧后轮
9. 汽车巡航控制系统实施巡航控制的最低车速一般不低于（　　）。
   A. 20km/h　　B. 40km/h　　C. 60km/h
10. 实践证明,在道路条件良好的情况下,利用巡航行驶可节省燃料为（　　）。
    A. 5%　　　B. 10%　　　C. 15%
11. 汽车巡航控制系统适合在下列道路条件下使用（　　）。
    A. 高速公路　B. 城市道路　C. 乡村土路

12. 在巡航系统工作正常的情况下，当接通巡航主开关时，仪表盘上的"巡航指示灯"将（　　）。

　　A. 一直发亮　　　　B. 一直闪亮　　　　C. 亮 3~5s 后熄灭

13. 轮胎胎压监测系统可直接显示每个轮胎的压力数值，通过（　　）检测轮胎的压力情况。

　　A. 胎压传感器　　　B. 车轮转速传感器　　C. ABS 系统　　　D. 温度传感器

二、判断题

1. ABS/ASR 系统就是要防止在车辆加速或制动时出现我们所不期望的纵向滑移，而 ESP 就是要控制横向滑移。（　　）
2. 在路滑的左弯道上，当过度转向使车辆向右甩尾时，ESP 传感器测得车轮滑动，信息送入 ECU，通过 ASR 牵制发动机动力输出，通过 ABS 对车轮进行制动，使汽车产生逆时针方向的力矩，保持原行驶轨道。（　　）
3. 若系统电压不稳定，将导致 ABS 系统产生间歇故障，与正常相比，制动性能下降。（　　）
4. ABS 系统产生故障后，系统将停止工作，并使常规制动效果下降。（　　）
5. 发动机起动后，ABS 警告灯应在几秒后熄灭，并在 ABS 工作时闪烁。（　　）
6. 装备 ABS 汽车，如果 ABS 系统有故障，汽车将失去制动功能。（　　）
7. ASR 处于防滑转调节过程中，踩下制动踏板，ASR 自动退出防滑转调节。（　　）
8. ASR 只在一定的车速范围内进行防滑转调节。（　　）
9. ASR 可以由驾驶人通过 ASR 选择开关对其是否进入工作状态进行选择。（　　）
10. ASR 只对驱动轮实行制动控制，并有选择开关，当该开关关闭时，系统不进行控制。（　　）
11. ASR 在车速很高时（一般 80~120km/h）不起作用。（　　）
12. ASR 控制期间，离合器处于分离状态，发动机惯性会对 ASR 控制产生较大影响。（　　）
13. ESP 是一种提高车辆曲线行驶稳定性的主动安全系统，它通过制动和干预发动机来实现让车辆按理想轨迹行进的目的，同时保持车辆的可操纵性。（　　）
14. ESP 是一个主动安全系统。它是建立在其他牵引控制系统之上的一个非独立的系统。（　　）
15. 在同样弯路中行驶，由于转向不足，车速较快使前轮驶离路面而丧失地面附着力时，ESP 系统将产生逆时针方向的力矩，使汽车回到正确的轨道上。（　　）
16. 驱动防滑控制系统的控制参数是车轮的滑移率。（　　）
17. 当制动系统液压力增大到某一值时，地面制动力达到附着力，此时车轮开始抱死不转出现拖滑的现象。（　　）
18. 汽车进入巡航控制系统后，无论发生何种情况，车速一直不变。（　　）
19. 轮胎胎压监测系统监测到轮胎胎压过低时，仪表盘上会出现橘色的警告标志，以提醒驾驶人。（　　）

三、简答题

1. 解释滑移率的概念，说明滑移率与路面附着系数的关系。
2. 说明防抱死制动系统的功能和分类。
3. 与传统制动系统相比，采用ABS有哪些特点？
4. 简述电控ABS的工作原理。
5. 简述ABS系统基本组成部件和各部件的作用。
6. 简述电磁式轮速传感器的结构、原理及检测方法。
7. 简述循环式制动压力调节器的工作原理。
8. 简述可变容积式制动压力调节器的组成及工作原理。
9. 简述ABS系统检修方法及步骤。
10. 简述为什么要采用ASR系统。
11. 防滑转控制的方式有哪几种？
12. ASR和ABS有哪些异同点？
13. 简述ASR的基本组成和工作原理。
14. 简述单独方式ASR制动压力调节器的工作原理。
15. 副节气门装置的主要作用是什么？
16. 简述ASR系统检修的基本方法。
17. 汽车电子稳定系统的作用是什么？
18. 汽车电子稳定系统由哪些部分组成？各部分的基本作用是什么？
19. 为什么把汽车巡航控制系统称为恒速控制系统？
20. 汽车巡航控制系统的功用是什么？
21. 汽车巡航控制系统的控制原理是什么？
22. 什么是自适应巡航控制系统？
23. 什么是轮胎胎压监测系统？
24. 轮胎胎压监测系统的优点有哪些？
25. 轮胎胎压监测系统分哪几种类型？

实训工作页

实训工作页 1　自动变速器的认识

实训项目	自动变速器的认识		日期	
学生姓名		班级	学号	
实训仪器设备				

1. 按图填写自动变速器的组成部件

1: _____　2: _____　3: _____　4: _____　5: _____

2. 写出下表中液力自动变速器的组成部件的作用

表 1-1　液力自动变速器组成部件的作用

序号	组成部件	作用
1	液力变矩器	
2	齿轮变速机构	
3	换档执行机构	
4	液压操控系统	
5	电子控制系统	
6	冷却滤油装置	

3. 观察自动变速器变速杆的布置，写出表中自动变速器各档位名称及功用

表1-2 自动变速器各档位名称及功用

档位	档位名称	档位功用
P		
R		
N		
D		
3		
2（S）		
L（1）		
OD		

4. 本次实训中存在的疑问有哪些

5. 自我评价

你认为个人技能掌握程度是：非常熟练□　比较熟练□　一般熟练□　不熟练□

教师评语：

成绩：_____　教师签字：_____

实训工作页 2　液力变矩器的检修

实训项目	液力变矩器的检修		日期	
学生姓名		班级	学号	
实训仪器设备				

1. 按图填写液力变矩器的组成部件

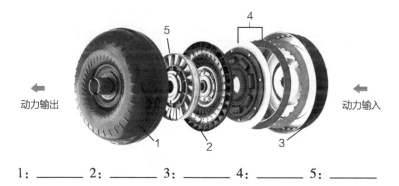

1：_____　2：_____　3：_____　4：_____　5：_____

2. 液力变矩器的检查

（1）检查液力变矩器的外部

目视检查液力变矩器的外部有无损坏和裂纹，油泵驱动轴套外径有无磨损、驱动油泵的轴套缺口有无损伤，若有异常，更换液力变矩器。　是□　否□

（2）检查液力变矩器内部干涉

1）检查导轮和涡轮之间的干涉。把涡轮轴插入涡轮轮毂中，使油泵和液力变矩器保持不动，然后顺时针、逆时针反复转动涡轮轴，是否转动不顺畅或有噪声。　是□　否□

2）导轮和泵轮之间的干涉检查。把液力变矩器安装在油泵上，固定住油泵并逆时针转动液力变矩器，是否转动不顺畅或有噪声。　是□　否□

3）液力变矩器轴套径向圆跳动检查。将液力变矩器安装到飞轮上，用千分表检查变矩器轴套的径向圆跳动误差为_____，是否正常？　是□　否□

3. 单向离合器的检查

1）用专用工具插入油泵驱动毂和单向离合器外座圈的槽口中。

2）用手指压住单向离合器的内座圈并转动内座圈，检查顺时针方向是否能转动而逆时针方向锁止。　是□　否□

4. 观察锁止离合器的结构特点，写出锁止离合器的工作过程

_____
_____
_____
_____

5. 本次实训中存在的疑问有哪些

_____
_____
_____
_____

6. 自我评价

你认为个人技能掌握程度是：非常熟练□　比较熟练□　一般熟练□　不熟练□

教师评语：

_____
_____

成绩：_____　教师签字：_____

实训工作页 3　自动变速器齿轮变速机构的检修

实训项目	自动变速器齿轮变速机构的检修		日期	
学生姓名		班级	学号	
实训仪器设备				

1. 在图中写出单排行星齿轮机构各零部件名称

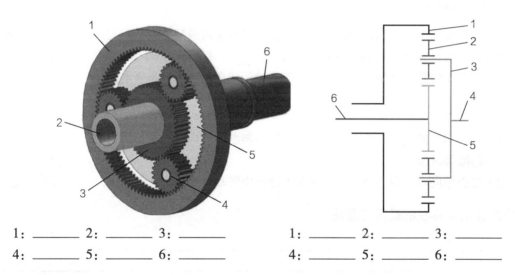

1：_____　2：_____　3：_____
4：_____　5：_____　6：_____

1：_____　2：_____　3：_____
4：_____　5：_____　6：_____

2. 离合器检修

1）摩擦片表面出现剥落、有裂纹、内花键不光滑等现象。　　　　　　　是□　否□
2）摩擦片是否出现翘曲变形。　　　　　　　　　　　　　　　　　　是□　否□
3）摩擦片表面是否发黑（烧蚀）。　　　　　　　　　　　　　　　　　是□　否□
4）摩擦片上的沟槽是否磨平。　　　　　　　　　　　　　　　　　　是□　否□
5）摩擦表面上的含油层是否被抛光。　　　　　　　　　　　　　　　是□　否□
6）摩擦片上的数字记号是否已被磨掉。　　　　　　　　　　　　　　是□　否□
7）压盘和钢片上的齿是否完好，是否有拉毛现象。　　　　　　　　　是□　否□
8）压盘和钢片是否有蓝色过热的斑迹。　　　　　　　　　　　　　　是□　否□
9）压盘和钢片是否变形或表面有裂纹。　　　　　　　　　　　　　　是□　否□
10）装配前，新、旧摩擦片是否在洁净的 ATF 中浸泡至规定时间。　　　是□　否□
11）装配时摩擦片花键缺口是否对正。　　　　　　　　　　　　　　　是□　否□
12）检查离合器鼓、花键毂、压盘等是否磨损严重、变形。　　　　　　是□　否□

13）复位弹簧是否变形、过短、折断、弹性不足。 是☐ 否☐
14）单向球阀是否密封良好等。 是☐ 否☐
15）离合器重新装配后，用塞尺检查离合器间隙为_____，是否正常？ 是☐ 否☐

3. 带式制动器检修

    1）检查制动带是否有破裂、过热、不均匀磨损、表面剥落等缺陷。 是☐ 否☐
    2）检查制动带磨损是否均匀。 是☐ 否☐
    3）检查摩擦材料上印制的数字是否磨掉。 是☐ 否☐
    4）检查制动带摩擦片表面的含油能力，轻压制动带摩擦片，
       是否有油溢出。 是☐ 否☐
    5）检查制动鼓表面是否磨损严重、有烧蚀污点、划伤、磨光、
       变形等缺陷。 是☐ 否☐

4. 行星排的检修

    1）检查太阳轮、行星轮和齿圈的齿面，是否有磨损或疲劳剥落。 是☐ 否☐
    2）检查行星轮与行星架之间的间隙为_____，是否正常？ 是☐ 否☐
    3）检查太阳轮、行星架、齿圈等零件的轴径或滑动轴承处是否磨损。 是☐ 否☐

5. 单向离合器的检查

    1）单向离合器是否有滚柱破裂、滚珠保持架断裂或内外圈滚道磨损
       起槽等现象。 是☐ 否☐
    2）检查单向离合器是否在一个方向上能自由转动，而反方向锁止。 是☐ 否☐

6. 本次实训中存在的疑问有哪些

_____
_____
_____
_____

7. 自我评价

    你认为个人技能掌握程度是：非常熟练☐　比较熟练☐　一般熟练☐　不熟练☐

    教师评语：

_____
_____

                                          成绩：_____　　教师签字：_____

实训工作页 4　油泵和阀体的检修

实训项目	油泵和阀体的检修			日期	
学生姓名		班级		学号	
实训仪器设备					

1. 写出图中油泵零部件名称

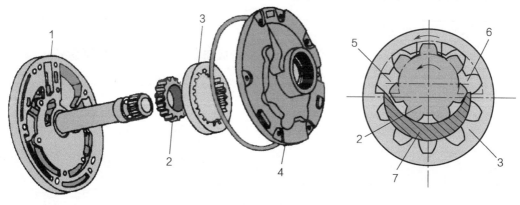

1：_____　2：_____　3：_____　4：_____　5：_____　6：_____　7：_____

2. 油泵的检查

1）检查从动齿轮与泵体之间的间隙。用塞尺测量从动齿轮与泵体之间的间隙_____，是否正常？　　　　　　　　　　　　　　　是□　否□

2）检查从动齿轮齿顶与月牙板之间的间隙。用塞尺测量从动齿轮齿顶与月牙板之间的间隙_____，是否正常？　　　　　　　　　是□　否□

3）检查主动齿轮齿顶与月牙板之间的间隙。用塞尺测量主动齿轮齿顶与月牙板之间的间隙_____，是否正常？　　　　　　　　　是□　否□

4）检查主动齿轮与从动齿轮的侧隙。用直尺和塞尺测量主动齿轮与从动齿轮的侧隙_____，是否正常？　　　　　　　　　　　　是□　否□

5）用百分表测量油泵体衬套内径为_____，是否正常？　　　是□　否□

3. 阀体的检查

1）检查所有阀芯表面是否有刮伤痕迹。是否正常？　　　　　是□　否□

2）检查各弹簧是否变形、折断。是否正常？　　　　　　　　是□　否□

3）测量各弹簧长度是否符合要求。是否正常？　　　　　　　是□　否□

4）检查滤网有无损坏或堵塞。是否正常？ 是□ 否□

4. 本次实训中存在的疑问有哪些

_____
_____
_____
_____

5. 自我评价

你认为个人技能掌握程度是：非常熟练□　比较熟练□　一般熟练□　不熟练□

教师评语：

_____
_____

成绩：_____　　教师签字：_____

实训工作页 5　自动变速器电子控制系统的检修

实训项目	自动变速器电子控制系统的检修		日期	
学生姓名		班级	学号	
实训仪器设备				

1. 写出图中自动变速器的电子控制系统主要部件

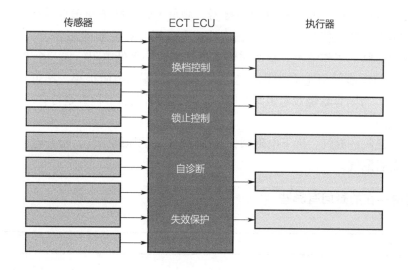

2. 故障码的读取与清除

　　1）在连接故障诊断仪之前，是否将变速杆置于 P 位，是否拉起
　　　驻车制动器。　　　　　　　　　　　　　　　　　　　　　　　　　　是□　否□
　　2）蓄电池电压是否正常。　　　　　　　　　　　　　　　　　　　是□　否□
　　3）关闭点火开关，将故障诊断仪连接到故障车上的诊断插头上，按照故障诊断
　　　仪显示屏的提示，进行相应操作。记录自动变速器故障码为_____，故障码含
　　　义：_____，可能的故障部位。

3. 车速传感器（电磁式）的检测

　　1）外观检查。检查转子是否有断齿、脏污等情况。是否正常？　　　是□　否□
　　2）检查转子齿顶与传感器之间的间隙。用标准间隙厚度的塞尺插入转子
　　　齿顶与传感器之间，如果感觉阻力合适表明间隙符合标准，如果阻力
　　　大说明间隙过小，如果没有阻力说明间隙大。是否正常？　　　　　是□　否□

3）检查电磁线圈电阻。关闭点火开关，拔下传感器插头，用万用表电阻档
　　　测量电磁线圈电阻，为_____。与标准电阻值进行比较。是否正常？　　是□　否□
　　4）模拟检查。举升车辆，用交流电压表 2V 档测量输出电压，运转时应
　　　为_____。用示波器检测输出信号波形是否完整、连续、光滑等。
　　　是否正常？　　　　　　　　　　　　　　　　　　　　　　　　　　　是□　否□

4. 空档起动开关的检测

　　1）检查开关导通情况。点火开关关闭，拔下传感器插接器插头，用万用表
　　　电阻档测量各端子之间的导通情况。是否正常？　　　　　　　　　　　是□　否□
　　2）检查空档起动开关各端子电压。打开点火开关，但不起动发动机。用
　　　万用表电压档测量空档起动开关各端子之间的电压。是否正常？　　　　是□　否□

5. 开关式电磁阀的检测

　　1）检查电磁阀电阻。脱开电磁阀插接器，测量电磁阀端子与车身搭铁之间的电阻，开
　　　关式电磁阀电阻值为_____，占空比式电磁阀电阻值为_____。
　　2）检查电磁阀的工作情况。检测时将蓄电池串联一个低电阻，如一个 8~10W 的灯泡，
　　　然后再与电磁阀相连（由于占空比式电磁阀线圈的电阻很小，不可与 12V 蓄电池直
　　　接相连，否则容易烧毁电磁阀线圈），电磁阀通电后，检查是否有
　　　工作响声。　　　　　　　　　　　　　　　　　　　　　　　　　　　是□　否□
　　3）检查电磁阀的漏气。拆下电磁阀，施加 0.5MPa 的压缩空气，检查电
　　　磁阀是否漏气。　　　　　　　　　　　　　　　　　　　　　　　　　是□　否□

6. 本次实训中存在的疑问有哪些

_____
_____
_____
_____

7. 自我评价

　　你认为个人技能掌握程度是：非常熟练□　比较熟练□　一般熟练□　不熟练□

　　教师评语：

_____
_____

　　　　　　　　　　　　　　　　　　　　　成绩：_____　　教师签字：_____

实训工作页 6　自动变速器的基本检查

实训项目	自动变速器的基本检查			日期	
学生姓名		班级		学号	
实训仪器设备					

1. ATF 液面高度的检查

1）起动发动机，预热车辆，使发动机冷却液温度和自动变速器 ATF 温度
达到正常工作温度。　　　　　　　　　　　　　　　　　　　　　是☐　否☐
2）将车辆停在水平地面，并可靠驻车。　　　　　　　　　　　　　是☐　否☐
3）发动机怠速运转，将变速杆由 P 位切换至各档位，再退回 P 位。　是☐　否☐
4）拉出变速器油尺，并将其擦拭干净。　　　　　　　　　　　　　是☐　否☐
5）将油尺全部插回套管。　　　　　　　　　　　　　　　　　　　是☐　否☐
6）再将油尺拉出，检查油面是否在 HOT 范围。　　　　　　　　　是☐　否☐

2. ATF 油质的检查

1）颜色：ATF 颜色是否为鲜亮、透明的红色。　　　　　　　　　　是☐　否☐
2）气味：ATF 是否有气味。　是☐　否☐。ATF 是否有焦糊味。　　是☐　否☐
3）杂质：ATF 中是否有金属屑。　是☐　否☐。ATF 中是否有胶质状油。　是☐　否☐

3. ATF 的更换

1）拆下放油塞，将 ATF 排放到容器中。　　　　　　　　　　　　　是☐　否☐
2）再将放油塞紧固上。　　　　　　　　　　　　　　　　　　　　是☐　否☐
3）发动机熄火，通过加油管加入新油。　　　　　　　　　　　　　是☐　否☐
4）起动发动机，将变速杆由 P 位换至 L 位，再退回 P 位。　　　　是☐　否☐
5）检查 ATF 油位，应在"COOL"范围内。　　　　　　　　　　　　是☐　否☐
6）在正常温度（70~80℃）时检查 ATF 油位，是否在 HOT 范围，
油位是否正常。　　　　　　　　　　　　　　　　　　　　　　是☐　否☐

4. 空档起动开关的检查与调整

1）松开空档起动开关固定螺栓，将变速杆置于 N 位。　　　　　　是☐　否☐
2）将槽口对准空档基准线。　　　　　　　　　　　　　　　　　　是☐　否☐
3）定位位置后，按规定力矩拧紧固定螺栓。　　　　　　　　　　　是☐　否☐

5. 本次实训中存在的疑问有哪些

_____
_____
_____
_____

6. 自我评价

  你认为个人技能掌握程度是：非常熟练□ 比较熟练□ 一般熟练□ 不熟练□

教师评语：

_____
_____

            成绩：_____ 教师签字：_____

实训工作页 7　无级变速器（CVT）的维护

实训项目	无级变速器（CVT）的维护		日期	
学生姓名		班级	学号	
实训仪器设备				

1. 写出图中无级变速器零部件名称

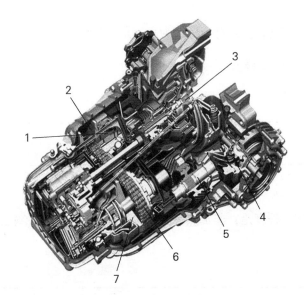

1：_____　2：_____　3：_____　4：_____　5：_____　6：_____　7：_____

2. ATF 油位的检查

（1）准备工作

1）车辆处于水平位置。

2）发动机运转时，将变速杆挂入 P 位，并拉紧驻车制动器。　　　　　　　　　　是□　否□

3）连接故障诊断仪，然后按照显示屏提示选择车辆自诊断和车辆系统中的
　　自动变速器。　　　　　　　　　　　　　　　　　　　　　　　　　　　　是□　否□

4）发动机处于怠速运转。　　　　　　　　　　　　　　　　　　　　　　　　是□　否□

5）关掉空调制冷系统和暖风系统。　　　　　　　　　　　　　　　　　　　　是□　否□

6）开始检查前，ATF 的温度不允许超过 30℃，必要时先冷却变速器。　　　　　是□　否□

（2）ATF 油位的检查

1）在故障诊断仪上读取 ATF 温度，变速器温度在 30~35℃时进行操作。
是否正常？ 是□ 否□

2）发动机处于怠速运转，踩下制动器，在所有档位（P、R、N、D）上停留一遍，并且在每一个位置上发动机怠速运转约 2s，最后将变速杆置于 P 位置。是否正常？ 是□ 否□

3）举升车辆，拧下变速器壳体上的检查螺栓，检查有无 ATF 从检查孔溢出，如果没有需加注 ATF，直到 ATF 从检查孔溢出为止。是否正常？ 是□ 否□

3. 更换 ATF

1）打开变速器底部放油螺栓，将旧的 ATF 排出。然后再拧紧放油螺栓。
是否正常？ 是□ 否□

2）将变速器底部的 ATF 加注螺栓拆下来，用专用 ATF 加注器将新的 ATF 加入变速器内部。是否正常？ 是□ 否□

3）检查 ATF 油面高度，直到符合标准为止。是否正常？ 是□ 否□

4. 本次实训中存在的疑问有哪些

_____
_____
_____
_____

5. 自我评价

你认为个人技能掌握程度是：非常熟练□ 比较熟练□ 一般熟练□ 不熟练□

教师评语：

_____
_____

成绩：_____ 教师签字：_____

实训工作页 8　双离合器自动变速器的检修

实训项目	双离合器自动变速器的检修		日期	
学生姓名		班级	学号	
实训仪器设备				

1. 写出图中双离合器自动变速器零部件名称

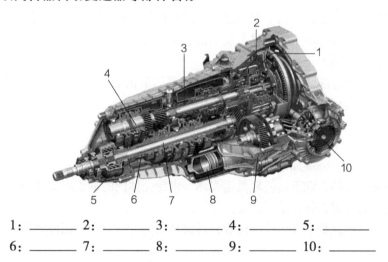

1：_____　2：_____　3：_____　4：_____　5：_____
6：_____　7：_____　8：_____　9：_____　10：_____

2. 写出双离合器自动变速器工作原理图中零部件名称

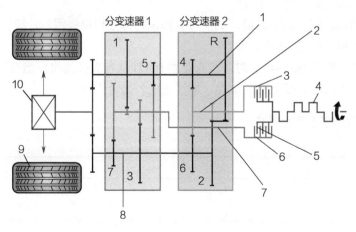

1：_____　2：_____　3：_____　4：_____　5：_____
6：_____　7：_____　8：_____　9：_____　10：_____

3. ATF 油位的检查

(1) 准备工作

1) 车辆处于水平位置。
2) 发动机运转时,将变速杆挂入 P 位,并拉紧驻车制动器。　　是□　否□
3) 连接故障诊断仪,然后按照显示屏提示选择车辆自诊断和车辆系统中的
　　自动变速器。　　是□　否□
4) 发动机处于怠速运转。　　是□　否□
5) 关掉空调制冷系统和暖风系统。　　是□　否□
6) 开始检查前,ATF 的温度不允许超过 30℃,必要时先冷却变速器。　　是□　否□

(2) ATF 油位的检查

1) 在故障诊断仪上读取 ATF 温度,变速器温度在 30~35℃时进行操作。
　　是否正常?　　是□　否□
2) 发动机处于怠速运转,踩下制动器,在所有档位(P、R、N、D)上
　　停留一遍,并且在每一个位置上发动机怠速运转约 2s,最后将变速杆
　　置于 P 位置。是否正常?　　是□　否□
3) 举升车辆,通过油面高度检查孔检查 ATF 是否有油溢出,如果没有需
　　加注 ATF,直到 ATF 从检查孔溢出为止。是否正常?　　是□　否□

4. 更换 ATF

1) 将发动机熄火,将接油盘放到变速器下面。
2) 拧下滤清器壳体,取下前轻轻敲击壳体,以使壳体内的油流回变速器,
　　更换滤芯后拧紧壳体。是否正常?　　是□　否□
3) 拧下放油螺栓及放油孔内的溢流管,排放掉旧的 ATF,并拧回溢流管。
　　是否正常?　　是□　否□
4) 将 ATF 专用加注器连接到加注口,加注 ATF,并接上 V.A.S5051,
　　读出变速器油温。是否正常?　　是□　否□
5) 起动发动机,踩下制动踏板,试挂所有档位,每个档位停留2s,最后
　　将变速杆置入P位。是否正常?　　是□　否□
6) 当变速器油温达到35~45℃时,检查是否有ATF从检查孔流出,当变速
　　器油开始滴出时,拧上放油螺栓,加注完成。是否正常?　　是□　否□

5. 本次实训中存在的疑问有哪些

_____
_____
_____
_____

6. 自我评价

你认为个人技能掌握程度是：非常熟练□　比较熟练□　一般熟练□　不熟练□

教师评语：

_____

_____

成绩：_____　　教师签字：_____

实训工作页 9　电控悬架系统的检修

实训项目	电控悬架系统的检修		日期	
学生姓名		班级	学号	
实训仪器设备				

1. 写出图中电控悬架系统的组成部件名称

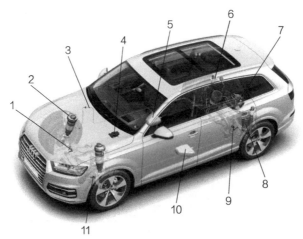

1：＿＿　2：＿＿　3：＿＿　4：＿＿　5：＿＿　6：＿＿　7：＿＿　8：＿＿　9：＿＿　10：＿＿　11：＿＿

2. 汽车高度调整功能的检查

　　1）检查轮胎气压：前轮为＿＿＿＿＿、后轮为＿＿＿＿＿。是否符合规定？　　是□　否□

　　2）检查汽车高度，下横臂安装螺栓中心到地面的距离为＿＿＿＿＿。

　　3）起动发动机，将高度控制开关由"NORM"转换到"HIGH"，
　　　　车身高度升高为＿＿＿＿＿，是否符合规定？　　是□　否□
　　　　从操作高度开关到压缩机起动的时间应为＿＿＿＿＿，是否符合规定？　　是□　否□
　　　　从压缩机起动到高度调整完成，所需时间为＿＿＿＿＿。是否符合规定？　　是□　否□

　　4）使车辆处于"HIGH"高度调整状态，起动发动机，将高度调整开关
　　　　从"HIGH"位置转换到"NORM"位置，车辆高度变化为＿＿＿＿＿，
　　　　是否符合规定？　　是□　否□
　　　　从操作高度开关到压缩机起动的时间＿＿＿＿＿，是否符合规定？　　是□　否□
　　　　从开始排气到高度调整结束的时间为＿＿＿＿＿，是否符合规定？　　是□　否□

3. 溢流阀的检查

　　当压缩机工作时，检查溢流阀是否工作。　　是□　否□

　　1）点火开关置于ON，将高度控制插接器的端子1、端子7跨接，

　　　　检查压缩机是否工作。　　　　　　　　　　　　　　　　　　是□　否□

　　2）压缩机工作一会儿后，检查溢流阀是否放气。　　　　　　　　是□　否□
　　　　如果不放气则说明：_____。

　　3）检查结束后。将点火开关置于 OFF，清除故障码。

4. 漏气检查

　　1）将高度控制开关置于 HIGH 位置，使车辆高度升高。
　　2）使发动机熄火。
　　3）在管子的接头处涂抹肥皂水，检查是否漏气。　　　　　　　　是□　否□

5. 汽车高度调整

　　在进行汽车高度调整时，必须将高度控制开关处于 NORM 位置。应在水平面上进行高度调整，务必将汽车的高度调整到标准范围以内。

　　（1）检查汽车高度
　　　　在相应的测量点检查车身高度为_____，是否符合规定？　　是□　否□
　　（2）调整汽车高度
　　　　1）旋松车身高度传感器连杆上的两只锁紧螺母。
　　　　2）转动车身高度传感器连接杆的螺栓以调节长度。车身高度传感器连接杆每转
　　　　　　一圈能使汽车高度改变大约为_____mm。
　　　　3）检查车身高度。传感器连接杆的尺寸是否小于极限值，　　　是□　否□
　　　　　　前、后悬架的极限值均为_____mm。
　　　　4）预拧紧两只锁紧螺母。
　　　　5）再检查一次汽车高度为_____，是否符合规定？　　　　　是□　否□
　　　　6）旋紧锁紧螺母。拧紧力矩为_____N·m。
　　（3）检查车轮定位是否正常　　　　　　　　　　　　　　　　　是□　否□

6. 本次实训中存在的疑问有哪些

　　_____
　　_____
　　_____
　　_____

7. 自我评价

　　你认为个人技能掌握程度是：非常熟练□　比较熟练□　一般熟练□　不熟练□

　　教师评语：

　　_____
　　_____

　　　　　　　　　　　　　　　　　　　　　　成绩：_____　教师签字：_____

实训工作页 10　液压式电控动力转向系统的检修

实训项目	液压式电控动力转向系统的检修		日期	
学生姓名		班级	学号	
实训仪器设备				

1. 写出图中液压式电控动力转向系统零部件名称

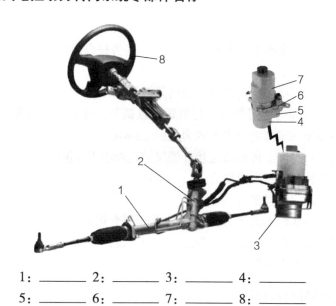

1：_____　2：_____　3：_____　4：_____
5：_____　6：_____　7：_____　8：_____

2. 检修前要求及注意事项

1）确定车辆的悬架是否没有被改动过。　　　　　　　　　　　　　　　　　是□　否□
2）轮胎尺寸_____，气压值_____，是否符合规定。　　　　　　　　　是□　否□
3）发动机怠速转速是否符合厂家规定的标准值，发动机运转是否稳定。　　　是□　否□
4）确定转向盘是否更换过。　　　　　　　　　　　　　　　　　　　　　　是□　否□

3. 动力转向储液罐液面的检查

1）将车辆停放在平坦的地面上，使前轮处于直行位置。是否正常？　　　　　是□　否□
2）起动发动机，并使其达到正常的工作温度。是否正常？　　　　　　　　　是□　否□
3）使发动机怠速运转大约2min，左、右打几次转向盘，使油温达
　　到40~80℃，关闭发动机。是否正常？　　　　　　　　　　　　　　　 是□　否□
4）观察储液罐的液面，此时液面应处于"MAX"（上限）与"MIN"

（下限）之间，液面低于"MIN"时，应加至"MAX"。是否正常？　　　是□　否□

5）对于用油标尺检查的汽车：拧下带油标尺的封盖，用布将油位标尺擦净，将带油位标尺的封盖插入储液罐内拧好，然后重新拧出，观察油位标尺上的标记，应处于"MAX"与"MIN"之间，必要时将转向油加至"MAX"处。是否正常？　　　是□　否□

4. V带张紧力的检查

1）将汽车停在干燥路面上，运转发动机使动力转向油液上升到正常温度，左右转动转向盘，此时驱动V带的负荷最大，如果V带打滑，说明V带张紧度不够。是否正常？　　　是□　否□

2）在发动机不运转的情况下，用手以大约100N的力从V带的中间位置按下，V带应有大约10mm挠度的变形量。是否正常？　　　是□　否□

3）用V带张紧度测量表测量V带在产生标准变形量时所需力的大小。新V带约为450~550N，旧V带约为200~350N。是否正常？　　　是□　否□

5. 动力转向系统转向液压油压力的检查

1）先关闭节流阀阀门，然后接好压力表和节流阀。是否正常？　　　是□　否□

2）将节流阀的阀门打开，起动发动机并以怠速运转，使转向盘向左、右旋转到极限位置，同时读出压力表上的压力，额定值为6.8~8.2MPa。是否正常？　　　是□　否□

6. 电控系统线路检查

1）电源线路检查。接通点火开关，用万用表（直流20V档位）测量B+端子与搭铁端子之间的电压，正常电压值应为10~14V（蓄电池电压）。是否正常？　　　是□　否□

2）搭铁线路检查。用万用表电阻档测量GND端子与搭铁之间的电阻值，正常电阻值应为0Ω。是否正常？　　　是□　否□

3）车速传感器线路检查。支撑起一侧前轮，用万用表电阻档测量端子SPD与端子GND之间的电阻值。当转动车轮时，电阻值应在0与∞之间交替变化。是否正常？　　　是□　否□

4）电磁阀线路检查。用万用表电阻档测量SOL+与端子SOL−之间的电阻值，正常电阻值应为6.0~11Ω。是否正常？　　　是□　否□

7. 电控元件的检查

1）电磁阀的检查。拔下电磁阀插接器，用万用表测量电磁线圈的电阻，电阻应为6.0~11Ω；也可将蓄电池正极与负极分别接到电磁线圈的两端子SOL+与SOL−上，此时应听到电磁阀动作的"咔哒"声。是否正常？　　　是□　否□

2）电控单元ECU的检查。举升车辆，起动发动机，在不拔下ECU插接器、发动机怠速运转的情况下,用万用表测量 ECU 的端子 SOL- 和 GND 之间的电压。所测电压应比原来增加 0.07~0.22V。是否正常? 是□ 否□

8. 本次实训中存在的疑问有哪些

_____

_____

_____

_____

9. 自我评价

你认为个人技能掌握程度是:非常熟练□ 比较熟练□ 一般熟练□ 不熟练□

教师评语:

_____

_____

成绩:_____ 教师签字:_____

实训工作页 11　电动式电控动力转向系统的检修

实训项目	电动式电控动力转向系统的检修		日期	
学生姓名		班级	学号	
实训仪器设备				

1. 写出图中电动式电控动力转向系统零部件名称

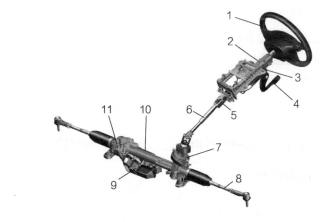

1：_____　2：_____　3：_____　4：_____　5：_____　6：_____
7：_____　8：_____　9：_____　10：_____　11：_____

2. 检修前要求及注意事项

1）维修过程中，当点火开关在打开状态下时，不要随意断开蓄电池导线，不要拆卸或安装控制模块及其插接器。　　是□　否□

2）确定车辆的悬架是否没有被改动过。　　是□　否□

3）轮胎尺寸_____，气压值_____，是否符合规定。　　是□　否□

4）发动机怠速转速是否符合厂家规定的标准值，发动机运转是否稳定。　　是□　否□

5）确定转向盘是否更换过。　　是□　否□

3. 警告灯的检查

1）打开点火开关处于 ON 位置（起动发动机），转向系统警告灯应点亮，发动机起动后警告灯熄灭为正常。　　是□　否□

2）警告灯不亮时，检查灯泡是否损坏，熔丝和导线是否断路。　　是□　否□

3）发动机起动后，警告灯是否仍亮着。　　　　　　　　　　是☐　否☐

4. 转矩传感器的检查

　　1）检测转矩传感器线圈电阻。拔下转矩传感器插接器，测量转矩传感器
　　　相应端子之间的电阻，是否符合标准值。　　　　　　　　　是☐　否☐
　　2）检测转矩传感器电压。将转向盘置于中间位置，用万用表直流电压档
　　　测量转矩传感器相应端子的电压，是否符合标准值。　　　　是☐　否☐

5. 直流电动机的检查

　　1）检查电动机电阻。用万用表检查电动机两端子之间的电阻值，
　　　是否符合标准值。　　　　　　　　　　　　　　　　　　　是☐　否☐
　　2）检查电动机运转情况。给电动机加上蓄电池电压时，是否听到电动机
　　　转动的声音。　　　　　　　　　　　　　　　　　　　　　是☐　否☐

6. 电控单元（ECU）检查

　　1）如果在自诊断系统中出现电控单元的故障码，说明电控单元可能损坏。
　　　是否出现电控单元的故障码？　　　　　　　　　　　　　　是☐　否☐
　　2）如果没有出现电控单元故障码，在电控单元电源和搭铁线路都正常
　　　的情况下，可采用换件的方法替换怀疑有故障的电控单元。
　　　是否替换零件？　　　　　　　　　　　　　　　　　　　　是☐　否☐
　　3）如果更换后故障排除，则说明电控单元损坏。故障是否排除？　是☐　否☐

7. 本次实训中存在的疑问有哪些

_____
_____
_____
_____

8. 自我评价

　　你认为个人技能掌握程度是：非常熟练☐　比较熟练☐　一般熟练☐　不熟练☐

教师评语：

_____
_____

成绩：_____　教师签字：_____

实训工作页 12　防抱死制动系统的检修

实训项目	防抱死制动系统的检修			日期	
学生姓名		班级		学号	
实训仪器设备					

1. 写出图中 ABS 零部件名称

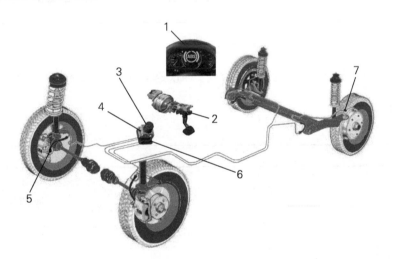

1：_____　2：_____　3：_____　4：_____　5：_____　6：_____　7：_____

2. ABS 初步检查

1）检查储液罐是否液面过低、液压装置是否外部泄漏及制动主缸工作
　　是否正常。　　　　　　　　　　　　　　　　　　　　　　　　是☐　否☐
2）检查驻车制动器是否完全放松以及驻车开关功能是否正常。　　是☐　否☐
3）检查 ABS 熔丝是否熔断。　　　　　　　　　　　　　　　　　是☐　否☐
4）检查导线及插接器是否有破损或插接器松动现象。　　　　　　是☐　否☐
5）检查所有的继电器、熔断器是否完好，插接是否牢固。　　　　是☐　否☐
6）检查蓄电池电压是否在规定的范围内，检查蓄电池正、负极导线的
　　连接是否牢靠，连接处是否清洁。　　　　　　　　　　　　　是☐　否☐
7）检查 ABS 控制单元、液压控制装置等的搭铁端是否接触良好。　是☐　否☐
8）检查车轮胎面纹槽的深度是否符合规定。　　　　　　　　　　是☐　否☐

3. 车轮转速传感器的检查

1）举升起前轮，使之离地，用双手转动前轮感觉前轮摆动是否异常。　　是☐　否☐

2）检查前轮轴承是否损坏或轴向间隙是否过大。　　是☐　否☐

3）检查齿圈是否变形或齿数残缺不全。　　是☐　否☐

4）检查齿圈是否被泥泞或脏物堵塞。　　是☐　否☐

5）检查前轮转速传感器与齿圈之间的间隙为_____。是否符合规定。　　是☐　否☐

6）以 30r/min 的转速转动前轮，用万用表或示波器测量输出电压为_____。是否符合规定。　　是☐　否☐

7）检查传感器电阻值为_____。是否符合规定。　　是☐　否☐

4. 本次实训中存在的疑问有哪些

_____
_____
_____
_____

5. 自我评价

你认为个人技能掌握程度是：非常熟练☐　比较熟练☐　一般熟练☐　不熟练☐

教师评语：

_____
_____

成绩：_____　教师签字：_____

实训工作页 13 驱动防滑控制系统的检修

实训项目	驱动防滑控制系统的检修		日期	
学生姓名		班级	学号	
实训仪器设备				

1. 写出图中 ASR 系统零部件名称

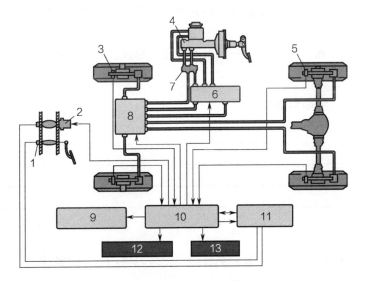

1：_____ 2：_____ 3：_____ 4：_____ 5：_____ 6：_____ 7：_____
8：_____ 9：_____ 10：_____ 11：_____ 12：_____ 13：_____

2. ASR 系统故障自诊断

连接故障诊断仪,是否有故障码。   是□ 否□

3. ASR 系统线路的检测

1）拔下电控单元（ECU）线束插头,使用专用适配器将 ECU 线束插头与
ECU 插座连接在一起。   是□ 否□

2）根据各端子的功能,用万用表对各端口进行测量。
测得的数值是否正常。   是□ 否□

4. 电控单元的检测

1）TRC电控单元（ECU）外部线束检查。检查ASR电控单元（ECU）线束

    插接器有无松动，插口有无损坏。　　　　　　　　　　　是□　否□

  2）TRC 电控单元（ECU）自身的检查。通过自诊断功能是否读取到
    相应的故障码。　　　　　　　　　　　　　　　　　　　是□　否□

  3）如果没有提示相应的故障码，在检查传感器、继电器、电磁阀及其
    线路均无故障后，可用新的 ECU 替代，看故障现象是否消失。　是□　否□

5. TRC 电动回油泵的检测

  1）拆下 TRC 回油泵电动机插接器，给回油泵电动机接上蓄电池电压
    （+ 接 3 号端子，– 接 1 号端子），是否能听到 TRC 回油泵电动机
    运转的声音。　　　　　　　　　　　　　　　　　　　　是□　否□

  2）若接上蓄电池电压后，TRC 回油泵电动机不工作，应更换 TRC 回
    油泵及电动机总成。故障现象是否消失。　　　　　　　　　是□　否□

  3）若回油泵电动机工作，检查端子 2– 端子 3 与端子 4– 端子 5 之间
    是否导通。　　　　　　　　　　　　　　　　　　　　　是□　否□

  4）如果端子不导通，更换 TRC 回油泵及电动机总成。故障现象
    是否消失。　　　　　　　　　　　　　　　　　　　　　是□　否□

6. 本次实训中存在的疑问有哪些

_____
_____
_____
_____

7. 自我评价

  你认为个人技能掌握程度是：非常熟练□　比较熟练□　一般熟练□　不熟练□

教师评语：

_____
_____

                 成绩：_____　教师签字：_____

实训工作页 14　电子稳定程序控制系统的检修

实训项目	电子稳定程序控制系统的检修		日期	
学生姓名		班级	学号	
实训仪器设备				

1. 写出图中 ESP 系统零部件名称

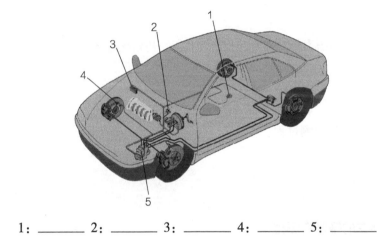

1：_____　2：_____　3：_____　4：_____　5：_____

2. ESP 警告灯故障诊断

1）ABS 警告灯 K47 不熄灭。打开点火开关及结束检测过程后，如果 ABS 警告灯 K47 不熄灭，分析可能存在的故障：

_____
_____
_____

2）ABS 警告灯 K47 熄灭和制动系统警告灯 K118 亮，分析可能存在的故障：

_____
_____
_____

3）ESP 警告灯 K155 不熄灭。如果打开点火开关且检测结束后，K155 不熄灭，分析可能存在的故障：

_____
_____
_____

3. ESP 自诊断与调整

1）操作并记录转向盘转角传感器 G85 零点平衡的初始化标定。

2）操作并记录侧向加速度传感器 G200 零点平衡的初始化标定。

3）操作并记录制动压力传感器 G201 零点平衡的初始化标定。

4）记录 ESP 启动的检测过程。

4. 本次实训中存在的疑问有哪些

_____
_____
_____

5. 自我评价

你认为个人技能掌握程度是：非常熟练□　比较熟练□　一般熟练□　不熟练□

教师评语：

_____
_____

成绩：_____　　教师签字：_____